KB260985

한국경제 : 위기와개혁

>> 관치에서 시장으로

한국경제

위기와 개혁

이진순 지음

http://www.book21.co.kr

한국경제의 개혁을 생각한다

6·25 이후 최대의 불황을 초래한 1997년 경제위기가 발생한지도 벌써 5년이 지났다. 그 동안 우리 사회는 경제, 사회, 정치, 문화 등 많은 부문에서 커다란 변화를 경험하였다. 이 책은 저자가 DJ 정부 전반기 경제개혁 설계에 참여한 경험에 기초하여, 지난 5년 동안 추진된 경제개혁의 성과와 한계를 냉정히 평가해 보고, 진정한 시장경제 확립을 위해 향후 추진되어야 할 개혁 과제를 모색하기 위해 집필되었다.

지난 30여 년 동안 고도성장을 지속해오던 한국경제가 1997년 갑자기 종체적 경제위기에 직면했던 사실은 국내뿐 아니라 세계 경제학계에 커다란 충격이었다. 그 동안 국내외에서 한국경제 위기의 원인과 처방에 대해 다양한 각도에서 수많은 연구가 이루어져왔으나, 아직 만족할만한 종합적인 연구는 드물다. 이 책은 그 동안 축적된 한국 경제위기의 원인에 대한 신고전학파적 분석을 종합한 후, 전후 독일의 '사회적 시장경제(Social Market Economy)'의 이론적 기초를 제공한 발터 오이켄(Walter Eucken)의 '중앙관리경제질서이론'에 입각하여, 보다 근본적인 경제위기의 원인을 관치경제의 시스템 실패에서 찾는다. 따라서 저자는 경제위기의 재발을 방지하기 위해서는 관치경제를 청산하고 진정한 시장경제를 확립해야 한다고 주장한다. 이러한 점에서 이 책은 저자의 「경제개혁론」(1994)의 후속편이다.

진정한 시장질서의 확립은 위기 재발을 방지하기 위해서 뿐 아니라, 한국경제가 새로운 성장 원천 발굴을 통해 선진국으로 도약하기 위해서도 중요한 필요조건이다. 세계경제는 과학 지식의 증가와 정보통신 기술의 급속한 발전으로 지식이 경쟁력에 있어서 가장 중요한 요소가 되고 있는 지식기반 경제로 이행하고 있다. 지식기반 경제는 모든 경제 활동에 있어서 지식의 창의적 개발과 효율적 확산, 생산적 활용을 그 발전 기반으로 삼는 경제를 의미한다. 그리고 여기서 지식이란 단지 추상적인 학문적 지식만이 아니라, 하이에크(Hayek)적 의미에서 구체적 지식까지 포괄하는, 좀더 많은 부가가치와 새로운 가치를 창출할 수 있는 능력 또는 아이디어를 지칭한다. OECD(1996)는 회원국들의 산업 활동의 구조적 측면을 볼 때, 무형의 지식 자산과 혁신 능력에 바탕을 둔 경제 활동의 비중이 점차 높아지는 '경제의 지식집약화 현상'이 지난 20여 년 동안 서서히 그리고 가속적으로 진행되어왔음을 밝혔다. 실제로 지식기반 경제 시대로의 이행은 80년대 중반 이후 본격화된 정보통신 혁명, 세계화, 과학기술 진보의 가속화 등 복수의 구조적 변화 요인들 간의 상승 작용을 그 배경으로 하고 있다. 세계은행(World Bank, 1998)이 지적했듯이, 선후진국 간 지식 격차가 자본 격차보다 더 크다. 따라서 종래의 자본을 중심으로 한 국제 분업이 지식을 중심으로 한 분업으로 대체되는 지식기반 시대의 도래가 개도국에게는 새로운 기회보다는 오히려 도전으로서의 의미가 강하다.

다른 한편 세계경제는 수송 및 통신기술의 획기적 진보로 인한 거래비용의 감축과 냉전 체제의 해체 이후 급속한 세계화의 진전에 따라 상호의존성 및 경쟁이 심화되고 있다. 선진 금융자본 및 다국적기업 주도의 세계화가 급진전됨에 따라 자본과 기술의 국제 간 이동성이 크게 높아졌다. 따라서 고부가가치를 창출하는 다국적기업 유치가 한 국가의 발전에 결정적으로 중요해지고 있으며, 이는 주로 국제 간 이동성이 낮은 노동력의 질과 경제 체제의 비교우위에 의존한다. 무엇보다도 1970년 말 중국경제의 지속적 고도성장으로 동아시아의 분업질서는 급격히 개편되고 있으며, 한국경제의 미래는 선진 다국적기업의 동아시아 지역 거점 유치를 둘러싼 중국과의 경쟁에서 성공하느냐에 달려 있다.

이러한 세계화와 지식기반 경제라는 시대적 전환기에 있어 우리의 강점은 세계적 수준의 교육 성취도와 산업 설비이고, 반면 약점은 선진국과의 현저한 지식 격차와 이의 효율적 활용에 필요한 시장질서의 미비 두 가지로 압축할 수 있다. 종합적으로 볼 때, 지식정보강국으로 가기 위한 발전 전략의 3대 핵심 과제는 진정한 시장경제의 확립, 다국적기업의 유치를 중심으로 한 과감한 개방, 교육·연구개발·정보화 등 국내 혁신 기반의 강화이다.

1997년 경제위기를 극복하기 위해 지난 5년 동안 경제개혁을 추진한 결과, 지식정보 강국으로 가기 위한 3대 핵심 과제들 중 시장질서의 확립, 외국인 투자의 유치 측면에서는 상당한 진전을 이룩하였다. 경세위기의 근본 원인이 관치경제에 있다는 국민적 공감대를 기반으로 진정한 시장경제 확립을 목표로 한 4대 부문의 구조조정이 추진되었으며, 외국인 직접투자를 전면 자유화함으로써 600억 달러가 넘는 외국인 투자를 유치하였고, 인터넷 보급률에 있어서는 세계 1위라는 성과를 달성하였다.

그러나 스티글리츠(Stiglitz)가 지적한 바와 같이, 시장경제는 가장 학습하기 어려운 한 나라의 시스템 자산인 것이다. 저자는 관치경제의 잔재를 청산하고 자유경쟁과 자기책임 원칙에 입각한 시장질서를 구축하기 위해 앞으로 어떻게 해야 할지를 제시하고 있다 : (1) 기업과 경영자가 시장의 힘에 의해 규율되는 환경을 조성하고 시장의 경쟁압력을 통해 혁신의 유인을 강화해야 한다. (2) 효율적 금융시스템을 구축하기 위해서는 근본적으로 시장에 의한 금융감독이 이루어질 수 있는 기반을 조성하고 위기 극복 과정에서 국유화된 금융기관의 민영화를 통해 금융기관의 자율·책임경영 체제를 확립해야 한다. (3) 또한 정부가 종래 관치경제를 통해서 민간 부문을 통제하던 기능을 청산하고, 시장이 원활하게 기능하도록 지원하는 역할로 그 기능을 전면 개편해야 한다.

아무쪼록 이 책을 계기로 지난 5년 동안의 경제개혁 성과에 대한 평가와 향후 경제개혁 방안에 대한 활발한 토론이 이루어져 국민적 합의에 기초한 진정한 시장질서가 확립되기 바란다.

2003년 2월
한국경제연구원 원장
좌승희

제2장 경제위기에 대한 질서학파적 진단

 **경제위기 극복을 위한 구조조정 추진**

제5장 노무현 정부의 개혁 과제

1. 향후 경제개혁의 기본 방향 __ 303

2. 정부 기능의 전면적 개편 __ 309

3. 기업구조조정 __ 320

4. 금융구조조정 __ 325

IMF를 기억하며

한국의 경제위기

한국경제는 1997년에 접어들면서 총체적 경제위기에 빠져 들어갔다. 1월 한보그룹의 부도에 이어 삼미(3월), 진로(4월), 대농(5월), 기아(7월) 등 거대 부실재벌이 연쇄 도산하였다. 1997년 당시 30대 재벌의 절반이 부도가 나거나 실질적인 파산 상태에 빠졌으며, 재벌의 도산 및 경기침체의 영향으로 무수한 중소기업도 연쇄 도산하거나 도산 위기에 직면하였다. 그로 말미암아 금융기관의 부실재권이 급증하면서 1997년 말 국민, 주택 등 극히 소수의 은행을 제외하고는 대부분의 은행들이 실질적인 파산 상태에 빠졌다. 조흥 · 상업 · 제일 · 서울 · 외환 등 대형 시중 은행, 동남 · 동화 · 대동 등 후발 신설 은행, 그리고 대부분의 지방 은행이 대규모 부실채권으로 인한 손실로 자본잠식 상태에 있었다. 은행뿐만 아니라 종금사, 생보사, 금고 · 신협 등 지역 금융기관, 그리고 리스사의 상당수도 자본잠식 상태에 빠졌다.

이처럼 대부분의 금융기관들이 경영 위기에 빠졌고, 또한 기업 도산

위험이 높아지면서 금융기관의 기업 대출이 극도로 위축되는 등 금융시장의 경색이 심화되었다. 회사채 유통금리는 1997년 말 29.0%까지 앙등하는 등 시장금리는 폭등하였으며, 기업어음(CP)의 주요 매입처였던 종금사들이 대부분 부실해지면서 기업의 자금조달원으로서 당시 80조 원대에 달했던 기업어음 시장이 거의 마비되었다.

국제금융시장에서는 1월 한보사태 이후 제일은행을 위시한 일부 은행권에 외화 부족 현상이 발생하였다. 그러나 우리나라 정부는 한국은행 독립, 금융감독 제도 개편을 둘러싼 금융 정책·감독 당국 간 갈등이 심화되면서 위기 상황에 대한 적기 대응은 물론 현황 파악도 제대로 하지 않고 있었으며, 기아 등 거대 부실재벌들의 처리를 지연시키고 있었다. 7월 태국 바트화의 폭락으로 촉발된 동아시아 외환위기까지 겹치자, 외국 금융기관들은 한국 정부의 위기대처 능력에 의구심을 가지면서 한국 금융기관에 대한 대출 회수, 외채 만기연장 거부 등을 본격화하였고, 일부 금융기관들은 외화 부도 사태에 직면하였다. 정부와 한국은행이 외환보유고로 금융기관들의 부족한 외화 결제 자금을 공급하면서 우리나라 외환보유고는 급격히 감소하여 12월 18일 가용 외환보유고는 39.4억 달러에 불과할 정도로 고갈되었고 환율은 달러 당 1965원까지 폭등하였다. 가용 외환보유고의 고갈로 대외 지급 능력이 상실되면서 한국 기업들의 경상적인 대외 거래도 어려워졌다.

이처럼 1997년 이후 한국경제는 거대 부실재벌의 연쇄도산→금융기관 연쇄도산→금융시장 마비→기업 연쇄도산→실물경제 붕괴→경제공황의 악순환에 빠졌으나, 정부의 위기극복 능력은 극히 저하되어 있는 실정이었다. 이로 인해 한국경제는 6·25 이후 최악의 불황을 경험하였다. 실질 GDP 성장률은 위기 전 5~10% 수준에서 98년 −6.7%로 급락하였고 실업률은 2%에서 99년 초 8% 수준으로 급등하였다.

연구의 목적

1997년 아시아 경제위기에 대해 국내외 학자들은 다양한 진단과 처방을 제시해왔다. 제프리 삭스(Jefferey Sachs)를 위시한 일부 학자들은 국제금융질서의 취약성을 강조한 반면, 폴 크루그먼(Paul Krugman)을 위시한 많은 학자들은 아시아적 경제발전 모형에 위기의 근본 원인이 있음을 지적하고 도덕적 해이를 방지하기 위한 금융·기업 구조조정을 그 처방전으로 제시하였다. 국내 학계(예컨대, Shin ed. 2000)에서도 이에 대한 많은 단편적 논의들이 이루어져왔으나, 아직 포괄적이고 수미일관된 체계적인 논의는 별로 이루어지지 않았다.

경제위기 원인에 대한 심층적이고 종합적인 명확한 진단이 결여되어 있었기 때문에, 이의 재발 방지를 위해 정부가 그 동안 추진해온 경제개혁의 원칙과 정책들에도 일부 혼선이 있었다. 여기에 1999년 이후의 급속한 경제회복과 정치적 고려 등이 가세하면서 경제개혁은 점점 방향성을 잃고 표류하는 경향을 보이고 있다. 김대중 정부의 경제개혁에 대한 평가도 논자들에 따라 천차만별이고, 그 당연한 귀결로서 향후 경제개혁에 대한 국민적 합의 도출을 위한 논의도 혼미에 빠져 있다.

이에 본 연구는 경제위기의 진단과 처방에 대한 그 동인의 다양한 논의들을, KDI의 공개 및 비공개 보고서를 중심으로 종합적으로 정리하는 것에서 출발하여, 질서자유주의의 관점에서 한 단계 보다 심층적이고 종합적인 분석을 시도한다. 그리고 이에 근거하여 경제위기 재발 방지를 위한 개혁의 핵심 과제와 우선순위, 다시 말해 개혁 평가의 기준을 도출하고, 이에 따라 김대중 정부의 개혁 정책의 성과를 평가하고 향후 개혁 과제를 도출하고자 한다. 경제개혁은 부분적으로는 정치 과정이므로, 그 동안 추진된 개혁 사례들의 정치경제학적 분석을 통해 정치적으로 실현 가능한 개혁 청사진을 모색하고자 한다.

이 책의 구성

이 책은 5개장으로 구성되어 있다. 서문에 이어 제1장 한국경제의 위기에 대한 신고전학파적 분석으로부터 출발하여, '국제금융시장을 무대로 한 인출 사태(bank panic)' 로서 외환위기의 3대 조건이 어떻게 동시에 충족되어 1997년 외환위기가 발발하게 되었는지, 그리고 이 과정에서 세계화 이후 국제금융질서의 변화와 구조적 취약성, 전염효과 등의 역할은 무엇인지 알아본다.

국제금융시장을 무대로 한 인출 사태(bank panic)의 핵심적인 원인으로서 신용위험의 급등은 길게는 지난 30여 년 동안, 짧게는 80년대 말이후 재벌들의 과다차입에 의존한 과잉투자, 그 결과로서 대규모 투자실패와 재벌들의 부실화, 그리고 그로 인한 금융기관의 무수익여신 누적 때문으로, 신고전학파적 접근으로는 이의 원인을 설명하기 어렵다.

따라서 본 연구의 제2장은 경제질서의 분석으로 나아갈 것이다. 제1장의 신고전학파적 분석의 결과 직면하게 되는 보다 근원적인 일련의 의문들을 오이켄(Walter Eucken)의 '중앙관리경제질서이론' 에 입각하여 해명해 보고자 한다. 한국경제의 근대화 과정에서 관치경제는 어떻게 도입·강화 그리고 개편되어왔는가, 각 단계에서 시장경제의 '자유경쟁과 자기책임 원칙' 이 어떻게 훼손되었는가, '보호와 통제' 라는 관치경제의 원리는 어떻게 기본 원리로 자리 잡게 되었는가, 대체로 10년을 주기로 나타나는 기업 및 금융 위기는 왜 그러하며, 이를 해결하는 과정과 '대마불사(大馬不死)' 의 신화는 어떤 관계가 있는가, 도덕적 해이를 몰고 온 재벌지배구조의 공백은 이들과 어떤 관계가 있는가 하는 의문들을 역사적 접근을 통해 해명해 보고자 한다.

중요한 것은 제도 자체가 아니라 그 배후에 있는 이념이다. 지난 40년 동안 경제개발 과정에서 주도적 역할을 담당해온 한국의 경제관료들은, 일본의 경제 관련 법령과 정책을 모방했을 뿐만 아니라, 이념적으로도 일본에서 1938년 국가총동원법의 제정을 전후해 일본판 나치경제질서를 정립한 '혁신관료'의 후예라 볼 수 있다. 즉 생산제일주의, 소유와 경영의 분리, 경쟁의 부정을 그 기본 이념으로 하고 있다(野口, 1995). 필자가 3년 동안(1998. 3~2001. 3) '관치경제를 청산하고 진정한 시장경제를 확립'하는 것을 기본 이념으로 한 김대중 정부의 경제개혁 과정에 참여한 경험에 비추어 볼 때, 정치·경제·사회 일반에 뿌리 깊게 박혀있는 반자유주의적, 반시장적 이념이 경제개혁의 가장 근본적인 걸림돌이었다.

제3장은 김대중 정부가 경제위기 극복과 경제선진화를 위해 추진한 경제개혁의 기본 이념을 개관하고 4대 부문 구조조정의 추진 과정과 주요 내용을 살펴볼 것이다. '통제와 보호' 원리에 입각한 관치경제를 청산하고 진정한 시장경제를 확립하기 위한 2대 개혁 과제는 '탈통제'와 '딜보호'였다. 이 중 김대중 정부는 후자, 즉 '감시자 있는 경영 체제' 구축을 위한 금융 및 기업 구조조정에 초점을 맞추어왔다. 그래서 이를 지원하기 위해 추진한 노동 및 공공 부문 개혁의 내용과 그 한계를 살펴볼 것이다.

제4장은 앞의 제1장과 제2장의 경제위기 원인에 대한 분석을 통해 정립된 구조조정의 평가 기준에 입각하여 김대중 정부의 개혁 성과를 평가하고, 그 한계를 검토한다. 시장 중심의 견실한 금융시스템 구축과 기업의 재무구조 및 지배구조 개선을 통해 시스템 리스크는 크게 감소

되었음을 강조한다. 그러나 김대중 정부의 구조조정 정책이 '미완의 개혁'으로 끝나게 된 원인을 구명하기 위해 정치경제학적 분석을 다양한 각도에서 시도한다.

이상의 분석에 기초하여 제5장에서는 두 가지 방향에서 향후 개혁과제를 제시한다. 재벌의 과다차입에 의존한 과잉투자가 재발하는 것을 방지하기 위한 '감시자 있는 경영 체제'의 확립을 위해, 사유재산 제도의 확립, 자율적 금융기관 확립, 그리고 사적구제 제도의 정비라는 정책 목표에 비추어 향후의 기업 및 금융 구조조정을 위한 정책 과제를 제시한다.

제4장의 분석은 지난 5년여 동안 김대중 정부가 관치경제를 청산하고 진정한 시장경제를 확립하는 것을 기본 목표로 삼고 구조조정을 추진하였음에도 불구하고 미완의 개혁에 그친 보다 근본적인 원인은 정부개혁의 실패로 인해 관치경제의 제도와 관행이 뿌리 깊게 잔존하고 있기 때문이라는 결론에 도달하였다.

따라서 효율적이고 공정한 선진적 시장경제를 확립하기 위한 최우선 과제는 '작은 정부'가 아니고 '정부 기능의 재편'에 초점을 맞춘 정부개혁의 추진이다. 물론 시장질서는 가장 학습하기 힘든 고도의 시스템 자산으로서 외형적인 법이나 제도의 도입만으로 쉽게 정착되는 것이 아니다. 특히 관치경제의 관습이나 관행에 익숙한, 특히 관치경제를 통해 세계경제사에서 유례를 찾아보기 어려운 지속적 고도성장이라는 눈부신 성과를 이룩한 우리의 경우, 진정한 시장질서를 정착시키기 위해서는 정부와 민간 공동의 오랜 학습 경험이 불가결하다. 시장질서를 정착시키는 일은 시장질서의 보편적인 기본 원리를 한 나라의 문화적 · 역사적 · 사회적 특성에 맞게 재구성하는 일종의 '혁신적 융합' 과정이다.

이런 관점에서 제5장에서는 주요 경제부처의 기능 중 관치경제 하에

서 민간 부문을 통제하던 기능을 청산하고, 시장 실패의 보정 등 시장
을 지원하는 기능을 강화하는 방향으로 정부 기능의 전면적 재편 방안
을 모색한다.

제1장 | 경제위기에 대한 신고전학파적 진단

경제위기에 대한 신고전학파적 진단

한국경제는 1960대 이후 수출주도형 공업화를 통해 지속적 고도성장을 이룩함으로써 불과 30여 년 사이에 세계 최빈국의 하나에서 1인당 소득 1만 달러에 이르는 중진국으로 발전하였다. 사실 이러한 한국경제의 성과는 대만·홍콩·싱가포르 등 '아시아의 네 마리 용'으로 불려온 나라들 이외에는 세계경제사에서 유례를 찾아보기 어려운 역사적 사건이었고, 일부 경제학자들은 '아시아의 기적'이라고 칭송하여 왔다. 이렇게 잘나가던 한국경제가 1997년 누구도 예상하지 못했던 총체적 경제위기에 갑자기 봉착했던 사실은 세계 경제학계에서 다시 한번 커다란 충격으로 받아들여졌다.

경제위기가 발발한 지도 벌써 5년여가 흘렀다. 그 동안 4대 부문 구조조정과 수많은 제도개혁이 이루어졌고, 이는 한국경제사에서 커다란 전환점으로 기억될 것이다. 이러한 개혁조치들은 위기의 원인을 해소하려는 것이었지만, 아직도 한국은 물론 세계 경제학계에서도 한국경제 위기의 원인에 대한 합의된 결론이 없다. 즉 세계경제사에서도 그 유례를 찾아보기 어려울 만큼 30여 년 동안 연평균 7%에 이르는 지속적 고도성장을 이룩한 한국경제가 왜 갑자기 1997년 말 붕괴되었는가에 대해 명확한 이해를 하지 못하고 있다는 것이다. 물론 이는 결코 용이한 과제가 아니다.

우선 연구자들은 한국경제의 위기를 설명하는 데 적합한 이론적 틀에 대해 견해를 달리하고 있다. 예컨대, 경제위기가 발발하자마자 위기가 진화되는 메커니즘에 대해 상호 경합하는 두 견해가 1998년 초 제시되었다. 코르세티 외(Corsetti 외, 1998)는 크루그먼(Krugman, 1979) 모형의 관점에서 경제위기의 근본 조건들을 열거하고 있다. 반면 라넬렛과 삭스(Ralelet · Sachs, 1998)는 위기의 원인을 국제금융시장의 구조적 불안정성에서 찾았다.

그 동안 한국의 경제위기에 대해 수많은 연구가 이루어졌다.[1] 1997년 한국경제의 위기는 외환위기, 금융위기 그리고 기업위기가 겹친 복합적인 것이었기 때문에 충격론, 정부실책론, 구조론 모두가 각각 위기의 한 측면을 설명한다. 한국경제의 위기는 한국의 기업과 금융 부문의 구조적 취약성이 악화되어 다른 하나의 기업 및 금융 위기가 내재되어 있는 상황에서 동남아 통화위기의 충격과 정부의 정책 실패가 겹쳐 촉발되었다는 견해가 가장 지배적인 것으로 보인다.

1. 지표 속에 숨어버린 문제

경제위기가 발발할 때까지도 한국경제의 거시경제적 근본 조건은 양호해 보였다. 〈표 1-1〉에서 보듯이, 1996년과 1997년 정부의 통합재정수지는 계속하여 거의 균형 상태에 있었고, 경상수지 적자의 대(對)

---

1 한국 경제위기에 대한 비교적 포괄적 문헌정리는 김동원(1998), 이종규(2001) 등 참조.

연도	1991	1992	1993	1994	1995	1996	1997	1998
재정수지흑자[1]/GDP	-1.9	-0.7	0.3	0.5	0.4	0.3	-1.5	-4.2
경상수지/GDP	-2.82	-1.25	0.29	-0.96	-1.74	-4.42	-1.71	12.46
실질실효환율[2]	93.5	98.8	100.9	98.3	98.0	96.0	104.6	131.1
소비자물가상승	9.3	6.3	4.8	6.2	4.5	4.9	4.5	7.5
실질 GDP성장	9.2	5.4	5.5	8.3	8.9	6.8	5.0	-5.8
총 저축률	37.3	36.4	36.2	35.5	35.5	33.8	33.4	33.2

주 : 1) 통합재정수지
2) 무역량 가중평균, 100 이하는 원화의 과대평가를 의미
자료 : 통계청, 한국은행, 재정경제부, KDI

GDP 비율은 4.4%에서 2% 이하로 감소하였다. 소비자 물가상승률도 5% 이하 수준이었고, 경제성장률도 6% 남짓을 유지하고 있었다. 총저축률도 30% 이상의 높은 수준을 유지하고 있었고, 실질 실효환율도 위기발발 전 3년 동안 큰 변화가 없었다. 이처럼 거시경제적 관점에서 보면 한국경제는 잘 관리되고 있는 것처럼 보였다. 바로 이 때문에 한국의 경제위기가 시장에서 놀라운 사건으로 받아들여졌던 것이다.

이처럼 한국의 경제위기는 거시경제적 근본 조건 때문이라고 할 수 없다. 사실 비슷한 시기에 위기를 경험한 다른 동아시아 제국 타일랜드, 말레이시아, 인도네시아, 필리핀 그리고 멕시코 등—의 경우에도 마찬가지였다(Corsetti 외, 1998).

그러나 한국의 대외지불부담[2]은 포괄적인 자본계정 자유화 정책을 추진했던 1994~96년 중 매년 30%가 넘는 속도로 증가하였다. 따라서

---

2 대외지불부담(external liabilities)은 세계은행 정의에 따른 외채(external debt)에 우리나라 은행들의 역외차입금과 우리나라 은행의 해외지점들의 해외차입금을 더한 금액이다.

대외지불부담의 대 GDP 비율도 94년 이전 20% 수준에서 1996년과 1997년에는 30%를 넘어섰다. 민간 기업 부문 해외차입-기업의 직접적인 해외차입과 기업에 대출하기 위한 은행차입금-의 급증이 외채 증가의 대부분을 차지하였다.

1997년 대외지불부담의 대 GDP 비율이 33% 수준까지 상승하였으나, 한국의 높은 성장 잠재력을 고려할 때 그 수준 자체가 지속 불가능한 것은 아니었다. 문제는 상대적으로 높은 단기외채 비중과 만기불일치로 인한 심각한 대외 유동성 위기의 가능성에 있었다. 1990년대 총 대외지불부담 중 단기 대외부채의 비중은 계속해서 50%를 웃돌고 있었던 데 비해, 외환보유고는 단기 대외부채 수준에 크게 미달하고 있었다. 국제금융시장에서 한 나라의 대외지급능력지수(단기대외지불부담/외환보유고)가 60% 이하이면 안정적, 60~100%는 요주의 그리고 100%

표 1-2 | 대외지불부담

단위 : 억 달러, %

연도	1992	1993	1994	1995	1996	1997	1998
총 대외지불부담[1]	629.0	670.0	887.0	1,197.0	1,643.4	1,580.6	1,493.5
(연간 증가율)		(6.52)	(32.39)	(34.95)	(37.29)	(-3.82)	(-5.51)
- 금융기관[2]	436.0	475.0	651.0	905.0	1,165.3	896.0	719.0
- 기업부문	137.0	156.0	200.0	261.0	417.5	462.0	410.0
대외지불부담/GNP	19.99	19.38	22.04	24.46	31.60	33.16	46.48
단기대외지불부담/총 대외지불부담	58.82	60.15	65.84	65.75	56.58	40.00	20.64
단기대외지불부담/외환보유고[3]	215.69	198.89	227.48	240.58	279.75	309.82	59.24

주 : 1) 대외지불부담은 IBRD 정의에 따른 외채에 한국의 은행들의 역외차입과 한국의 은행들의 해외지점의 해외차입을 더한 것임.
　　2) 한국에서 영업하는 외국 은행 지점 포함.
　　3) 대외지불부담과 외환보유고는 연말 값이다.
자료 : 재정경제부

를 초과하면 위험한 것으로 인식하는 것이 보통인데, 〈표 1-2〉에서 보듯이, 한국은 1996년에 이미 대외지급능력지수가 280%에 육박하였다. 건실한 정부재정, 높은 저축률, 낮은 물가상승률 등 비교적 건전한 거시지표들은 높은 외환유동성 위험이라는 구조적 취약성을 숨기고 있었던 것이다.

2. 국제적 금융패닉으로서의 외환위기

1997년 한국경제의 위기는 피상적으로 보면 김영삼 정부의 환율정책과 금융감독 정책의 실패로 인한 외환유동성 위기로 보이지만, 사실은 단순한 외환위기의 차원이 아닌 외환위기, 금융위기, 기업위기가 겹친 총체적 경제위기였다. 97년 말의 환율 급등과 급격한 자본 유출은 외환위기의 전형이었으며 이어진 금융기관의 연쇄파산은 금융위기의 특징을, 그리고 아직까지 이어지고 있는 대량의 기업부실 사태는 기업위기의 양상을 연출하고 있기 때문이다.

우리는 먼저 시간적으로 금융위기와 기업위기를 선행하였던 외환위기가 어떠한 성격이었는지를 구명하여야 한다.

신인석(1998)이 보였듯이, 1997년 11월 외환보유고의 급감은 원화에 대한 투기적 공격 때문이 아니라, 국제채권자의 인출 사태와 이로 인한 은행 부도를 막으려던 정책 당국자의 외환 공급 때문이었다. 이처럼 한국의 외환위기는 국제금융시장을 무대로 전개되었던 한국 금융기관에 대한 대규모 인출 사태, 즉 금융패닉(bank panic)이었다. 경제이론[3]에 따르면 이러한 금융패닉은 (1) 잠재적 유동성 부족 (2) 최종 대부자의 부재 혹은 역할 미흡 (3) 신인도 급락이라는 세 조건이 동시에 충족될 경우에만 발생한다.

여기서 주의할 점은 이들 세 가지 조건 중 어느 하나라도 충족되지 않으면 금융패닉은 발생하지 않는다는 점이다. 1997년 7월 태국 바트화의 폭락을 계기로 외환위기가 동아시아 제국에 급속히 전염되었지만, 홍콩, 싱가포르, 대만, 중국은 외환위기로까지는 번지지 않았다. 홍콩은 미국 달러화에 페그(peg)된 고정환율을 가지고 있었으나 비교적 유연한 노동시장, 거액의 외환보유고 그리고 건전한 금융기관들을 가지고 있었기 때문에 외환위기를 성공적으로 피할 수 있었다. 싱가포르 역시 건전한 금융기관, 거액의 외환보유고를 가지고 있었기 때문에 동아시아 위기로부터 커다란 충격은 받지 않았다. 대만 역시 커다란 충격을 피할 수 있었다. 대만은 비교적 엄격한 자본통제를 하면서 유연한 환율 정책을 추구하여 외환보유고를 충분히 확보하고 있었기 때문이다. 중국은 불건전한 금융 제도를 가지고 있지만, 엄격한 외환거래 통제와 높은 수준의 외환보유고 덕분에 전염효과를 피할 수 있었다.[4]

1) 세 가지 조건

이제 우리는 한국경제의 경우 금융패닉이 발생하기 위한 세 가지 조건이 어떻게 동시에 충족되어 외환위기가 초래되었는지를 하나하나 살펴볼 것이다(신인석, 1998).

---

3 Cole and Kehoe(1996), Goldfajn and Valdes(1997), Chang and Velasco(1998), Jacklin and Bhattacharya(1988).
4 Seicji Masuyama(1999), 25쪽.

잠재적 유동성 부족

1997년 한국의 외환유동성 부족은 관치경제 패러다임을 신봉하던 경제관료들이 두 측면에서 정책 실패를 했기 때문에 일어난 것이다. 첫째, 1996년 교역 조건 악화에 신축적으로 대응하지 못한 환율 정책의 오류와 그로 인한 막대한 경상수지적자의 누적. 둘째, 1994~96년 중 감독정책 부재 속의 금융자유화로 인한 금융기관 해외지점의 단기성 외화부채의 급증. 이 두 요인에 의해 외채 규모가 팽창하였을 뿐만 아니라, 단기화 하였고, 그 결과 대외지급능력지수(단기외채/외환보유액)는 1997년 말 300%를 상회하기에 이르렀다.

1996~97년 중 한국의 교역 조건은 약 20% 악화되었다. 이는 1974~75년 제1차 석유파동 이후 가장 큰 폭의 교역 조건 악화였다. 반도체, 철강, 석유화학 제품과 같은 주요 수출품의 국제가격이 크게 하락하였다. 일례로 반도체 가격은 70% 이상 폭락하였다. 그 결과 경상수지적자가 예상보다 급격히 확대되어 96년에는 230억 달러에 이르러 외환시장에서는 환율절하 압력이 누적되기 시작하였다. 이에 KDI는 외환시장에 환율절하 압력을 누적시키지 말고 이를 수용할 것을 건의하였으나, 당시 정부는 환율을 절하할 경우 물가가 상승하고, 수출 기업의 경쟁력 강화 노력을 이완시키며, 기업들의 외채 부담이 많아 환차손이 엄청날 것이며, 특히 환차손을 입은 외자가 대거 유출되면서 외환위기를 촉발시킬지 모르기 때문에, 결국 어려움을 내부에서의 경쟁력 강화로 극복해야 한다는 이른바 '경쟁력 10% 강화 운동'을 적극적으로 홍보하면서 시행하였다. 그러나 당시 KDI 보고서가 강조하였듯이, 외자유출 및 외환위기를 촉발하는 요인은 이미 발생한 환율절하가 아니라 환율절하에 대한 기대이며, 따라서 시장에 환율절하 압력이 누적되고 있음에도 불구하고 이를 수용하지 않는 정책이야말로 미래의 환율

절하에 대한 기대를 누적시켜 외환위기를 촉발하는 요인으로 작용할 수 있다. 돌이켜 보면, 1996년 하반기부터 보다 과감하게 시장의 환율절하 압력을 수용하였더라면 외환유동성 압박을 다소라도 완화할 수 있었겠지만, 관치경제의 패러다임에 익숙한 당시 정책 입안자들이 시장원리를 무시한 정책을 고집한 결과 외환보유고를 급격히 소진시켜 더 큰 화를 초래하고 말았던 것이다.

다른 한편, 정부는 90년대에 점진적으로 금융자유화를 추진하고 자본시장을 개방하였다. 특히 1995년부터는 OECD 가입요건을 충족시키기 위해 금융자유화 정책을 가속화했다. 이 금융자유화가 멕시코나 위기를 경험한 다른 동아시아 제국에서처럼, 대출 붐을 일으키지는 않은 것으로 보이나, 금융기관들을 외환위험에 보다 많이 노출시키는 데는 중요한 역할을 하였다. 즉 금융자유화 조치가 금융기관들에게 단기 해외차입을 증대시키도록 하는 하나의 자극제 역할을 하였다. 1993년 정부는 금융기관의 장기 해외차입한도 규제는 유지하면서 단기 해외차입은 자유화하였으며, 금융기관의 외화표시 대출 용도를 확대하였다. 그 결과 금융기관들은 1994년 경제가 호경기에 진입하면서 기업 부분의 강력한 투자자금 수요에 대응하여 단기 외채를 급격히 증가시켰다. 또한 금융자유화로 외화표시 영업에 종사하는 금융기관 수가 급격히 증가하였다. 즉 1994~96년 중 외환업무 취급이 허용되지 않는 24개의 단자사들이 외환업무를 할 수 있는 종금사들로 전환되었으며, 은행들은 28개의 해외지점을 신설하였다.

이러한 두 요인이 복합적으로 작용한 결과, 한국은 1996년 말부터 잠재적 외환유동성 부족 영역에 진입하였다. 〈표 1-3〉는 외환유동성 추이를 보여주고 있다. 지표A와 지표B 모두 1996년부터 단기 외채가 유동성이 높은 대외 자산을 초과하기 시작하였음을 보이고 있으며, 특

연도	1992	1993	1994	1995	1996	1997
매입외환	91	104	138	185	224	185
외환보유액	172	203	257	327	332	204
기타유동자산	22	29	34	48	49	61
기타	32	24	36	54	95	201
대외자산	317	360	465	614	700	651
총외채	428	439	568	784	1,047	1,208
(단기외채)	(185)	(192)	(304)	(453)	(610)	(512)
순 외채	111	79	103	169	347	557
(지표A)	(−100)	(−144)	(−125)	(−107)	(5)	(62)
(지표B)	(−54)	(−90)	(−51)	(−5)	(138)	(192)

주 : 1) 순 외채=총외채-대외자산
  2) 지표A=단기외채-(매입외환+외환보유액+기타유동자산)
  3) 지표B=지표A+0.3 국내금융기관 해외지점 단기대외지불부담
  4) 기타유동자산'에는 기업의 해외외화보유, 금융 부문의 외국통화, 예치금, 콜론을 포함하였음.
  5) 기타' 에는 유동성이 낮다고 신인석(1998)이 판단한 장기대외자산과 외화증권, 본지점 계정을 포함하였음.
자료 : 한국은행, 신인석(1998)에서 재인용

히 지표B가 보여주듯이, 국내 금융기관 해외지점의 단기지불부담의 급속한 증가가 외환유동성 위험을 크게 증가시켰다. 이러한 외환유동성의 악화는 금융자유화에 따라 1994년 이후 단기 외재를 중심으로 외채가 증가하여 외환유동성이 점차 악화되어오다가, 1996년 교역 조건 충격으로 요구되었던 환율절하를 정부가 지연시킨 결과 대규모 경상수지 적자로 급격히 악화되었음을 볼 수 있다.

최종 대부자의 부재

국제금융시장에서 최종 대부자로서 IMF의 무력함은 이미 중남미 외채위기에서 드러난 국제금융시장의 구조적 허점이다. 한국의 경우에도

외국 채권 은행들이 한국 금융기관에 대하여 만기 연장을 거부하며 상환을 집중적으로 요구하기 시작한 것은 한국 정부가 IMF 구제금융을 요청한 이후였으며, 11월 마지막 주간에 약 100억 달러 이상의 외채상환 요구가 있었던 것으로 추정되고 있다. 이는 IMF의 등장을 국제금융시장에서 금융패닉을 진정시킬 최종 대부자의 출현으로 해석하지 않았다는 사실을 말해주는 것이다.

한국 금융기관의 신인도 급락

1997년 한국의 경제위기는 과연 국제금융시장의 군집 행위와 결합된 동남아 외환위기의 감염효과인가? 특별한 문제가 없던 어느 금융기관의 건전성이 주변 금융기관의 부실을 계기로 의심받게 되고 그래서 인출 사태로까지 몰릴 수 있다는 것은 이론적으로는 물론 충분히 가능하다. 그러나 역사적 경험으로 볼 때 날벼락과도 같이 아무런 근거 없이 금융기관 인출 사태가 발생한 사례는 쉽게 찾아볼 수 없다.

우리의 경우도 예외는 아니었다. 90년대 초반 이후 한국 금융기관의 건전성은 비록 지표상으로는 감춰져왔으나 실상에 있어서는 지속적으로 악화되고 있었기 때문이다. 위기 이전 한국 금융기관의 자산건전성 분류 기준과 대손충당금 적립 기준은 국제기준에 비해 대단히 느슨했다. 건전성 규제는 점진적으로 강화되어왔기 때문에 은행의 재무제표를 일관성 있게 파악하기는 대단히 힘들다. 정부가 발표한 공식 통계에 따른 〈표 1-4〉를 보면, 은행의 총자산 대비 자본비율과 BIS 자기자본비율은 1997년까지 지속적으로 저하되는 추세를 보였으나, 위기 이전에 은행의 자본적정성이 심각하게 손상된 것은 아니었다. 예컨대, 미국의 건전성 규제에 따르면 BIS 자기자본비율이 8% 이상이고 총자산 대비 자본비율이 4% 이상이면 적정('adequately capitalized')한 것으로 분

표 1-4 | **국내 상업은행의 대차대조표 및 자산건전성 지표**(국내 20개 상업은행의 평균)

단위 : 연말기준, %

연도	1992	1993	1994	1995	1996	1997	1998
자본/총자산 비율[1]	6.77	6.13	5.68	4.78	4.26	2.99	2.82
BIS 자기자본비율[2]	11.18	11	10.62	9.33	9.14	7.04	8.23
무수익여신비율[3]	7.1	7.4	5.8	5.2	4.1	6	7.4

주 : 1) 은행의 총자산에는 신탁계정의 자산 포함.
　　2) 유가증권 평가손 및 대손충당금은 1998년부터 100% 이상 적립되었음.
　　3) 추정손실, 회수의문 그리고 고정이하 합계의 총여신에 대한 비율.
자료 : 금융감독원, 금융통계월보, 1999년 2월호, 함 · 미쉬킨(Hahm · Mishkin, 2000)에서 재인용

류되는 데 비추어 보더라도 1996년까지 총자산 대비 자본비율은 여전히 4%를 웃돌고, BIS 자기자본비율도 8%를 웃돌고 있었기 때문이다. 단지 위기가 발발한 1997년에 최소 기준 이하로 저하하였을 뿐이다. 반면, 무수익여신 비율은 1997년 이전까지 지속적으로 감소하여 은행 자산의 질이 개선되고 있는 것처럼 보인다. 이와 같이 공식 통계에 따르면 위기 이전에 은행들의 재무건전성이 악화되고 있었다고 결론내리기 힘들다.

2) 기업과 금융의 숨겨진 부실

그러나 사실은 공식 통계에는 잡히지 않았지만, 막내한 잠재 부실채권이 은행에 누적되어왔다. 개별 은행들의 포트폴리오에 대한 자세한 자료가 없는 상황에서 일관성 있는 은행 자산의 질을 측정하는 하나의 방법은 가상적인 자산건전성분류기준을 설정하여 그 기준을 기업 재무제표 자료에 적용하여 부실채권 규모를 추정하는 방안이다. 부실채권 여부를 판정하기 위한 단순한 기준으로 기업의 이자보상배율–지급이자와 조세공제 전의 영업이익에 감가상각 충당금을 더한 금액을 지급이자로 나눈 비율–을 이용할 수 있을 것이다. 이자보상배율이 1 이하라는

것은 경상현금흐름으로 이자조차 납부할 수 없다는 것을 의미한다.

김준경은 외부감사를 의무적으로 받아야 하는 6000개 넘는 법인(외감법인)을 표본으로 해서, 이자보상배율이 1 이하인 기업들을 추출하여 그 기업들의 차입금을 합산함으로써 잠재 부실채권 규모를 추정하였다 (1998, 1999). 이자보상배율 1 이하인 기업에 대한 대출금의 일부는 이미 공식 통계에서 무수익여신으로 분류되었을 것이다. 위기 이전 은행들은 잠재 부실기업이지만 아직 생존하고 있는 기업이 이자를 연체하지 않는 한 그 기업에 대한 여신을 정상으로 분류하는 것이 관행이었다. 따라서 잠재 부실채권 규모를 추정하기 위해 사실상 부도가 난 기업들은 매년 표본에서 제외하였다. 외감법인에 대한 총여신 중 잠재 부실기업에 대한 여신의 비율은 1992~93년 중 상승하다가, 호경기였던 1994~95년에는 하락세를 보이다가, 1996~98년에는 다시 급격히 상승하고 있다(〈표 1-5〉). 1994~95년의 반도체 수출 붐이 일시적인 현상이었다는 것을 고려하면, 90년대 내내 금융기관 자산건전성은 지속적으로 악화되고 있었으며, 은행들은 부실기업 여신에 대해 만기 연장을 해 줌으로써 부실을 숨기고 있었던 것이다. 이와 같은 잠재 부실채권의 증가는 한편으로 기업퇴출 제도의 비효율성, 다른 한편 정부가 대기업의 부도를 용인하지 않은 대마불사 정책에 기인한 것이었다.

함준호와 미쉬킨(Hahm·Mishkin, 2000)이 이와 같이 추정된 잠재 부실채권 자료를 이용해 은행 부문의 자산건전성을 추산한 바에 따르면, 총자산 대비 자본비율은 이미 1995년에 최소 수준 4%를 밑돌기 시작하여, 1996년 3.52%, 1997년 2.26%로 저하되었다.

1997년 경제위기로 가장 큰 타격을 받았던 종합 금융사는 1990년까지만 해도 외국 자본과 합작한 6개사에 불과하였으나, 1994년부터 금융 자유화 조치의 일환으로 진입장벽이 낮춰지고 업무 영역도 크게 확대되

연도	이자보상배율	5대 재벌		6~70대 재벌		기타 독립기업		계	
		업체수	차입금	업체수	차입금	업체수	차입금	업체수	차입금
1994	1배 미만 (A)	25	10.8	88	5.3	877	14.2	990	30.3
	1배 이상	96	47.5	287	35.4	3,641	35.4	4,024	118.3
	계 (B)	121	58.3	375	40.7	4,518	49.3	5,014	148.6
	A/B	20.7%	18.5%	23.5%	13.0%	19.4%	28.8%	19.7%	20.4%
1995	1배 미만 (A)	26	5.8	102	7.3	1,181	18.3	1309	31.4
	1배 이상	102	68.0	307	44.4	3,803	43.4	4,212	155.9
	계 (B)	128	73.8	409	51.7	4,984	61.7	5,521	187.3
	A/B	20.3%	7.9%	24.9%	14.1%	23.7%	29.7%	23.7%	16.8%
1996	1배 미만 (A)	27	11.2	143	18.2	1,287	25.4	1,457	54.8
	1배 이상	100	86.2	274	47.6	3,710	48.1	4,084	182.0
	계 (B)	127	97.4	417	65.8	4,997	73.5	5,541	236.8
	A/B	21.3%	11.5%	34.3%	27.7%	25.8%	34.6%	26.3%	23.1%
1997	1배 미만 (A)	69	99.1	233	55.4	2,527	50.7	2,829	205.2
	1배 이상	63	50.1	221	37.9	3,455	44.5	3,739	132.5
	계 (B)	132	149.2	454	93.3	5,982	95.2	6,568	337.7
	A/B	52.3%	66.4%	51.3%	59.4%	42.2%	53.3%	43.1%	60.8%
1998	1배미만 (A)	28	22.4	194	57.7	1,795	43.0	2,017	123.2
	1배이상	105	137.4	241	41.8	3,802	50.9	4,148	230.1
	계 (B)	133	159.8	435	99.5	5,597	93.9	6,165	353.3
	A/B	21.1%	14.0%	44.6%	58.0%	32.1%	45.8%	32.7%	34.9%
1999	1배 미만 (A)	34	70.3	105	15.1	776	27.2	915	112.7
	1배 이상	89	66.3	340	65.0	3,493	46.6	3,922	177.9
	계 (B)	123	136.6	445	80.1	4,296	73.8	4,837	290.6
	A/B	27.6%	51.5%	23.6%	18.9%	18.2%	36.9%	18.9%	38.8%
1999 (대우 제외)	1배 미만 (A)	24	20.5	105	15.1	776	27.2	905	62.8
	1배 이상	83	65.9	340	65.0	3,493	46.6	3,916	177.5
	계 (B)	107	86.4	445	80.1	4,269	73.8	4,821	240.3
	A/B	22.4%	23.7%	23.6%	18.9%	18.2%	36.9%	18.8%	26.1%

자료 : 김준경, 기업부실의 실상과 금융정상화방안, KDI, 2000.7.10

자 1997년에는 30개사로 증가, 기업어음(CP) 발행 및 할인 시장을 압도하였다. 금융감독 당국은 상업 은행에 대해서는 상대적으로 엄격한 감독 기준을 견지하여 온 데 비해, 재경원이 직접 감독을 담당하고 있었던 종금사들에 대해서는 고객 예금을 직접 수취하지 않는다는 이유에서 최소한의 감독 규제만을 적용하여왔다. 예컨대, 종금사에 대해서는 상업 은행에 부과한 엄격한 소유 규제를 적용하지 않았고, 그 결과 많은 종금사들이 재벌에 의해 소유되었다. 또한 상업 은행에 부과하던 BIS 자기자본비율과 같은 엄격한 자본적정성 규제도 종금사에는 적용하지 않았으며, 이자율에 대한 규제나 행정지도도 상업 은행에 비해 훨씬 관대한 규제가 적용되었기 때문에 종금사들은 준예금 상품을 제공함으로써 예금 유치 경쟁에 있어서 은행에 비해 유리한 지위를 향유할 수 있었다.

이와 같이 느슨한 규제 때문에 종금사들은 점점 위험한 영업에 종사하였고, 1995년부터 가속화된 금융자유화와 규제완화를 틈타 스스로를 이자율, 외환 그리고 신용위험에 노출시켰다. 재벌에 대한 여신 집중도가 상대적으로 높았고, 빈번히 단기 저리로 자금을 조달하여 장기 고리 자산에 투자하였으며, 심지어는 위험한 역외의 신용도가 낮은 국가들에 관련된 부외 거래도 일삼았다. 1996년 말 자본 대비 무수익여신 비율이 상업 은행의 12.2% 보다 훨씬 높은 31.9%에 이르렀다. 이처럼 종금사들의 자산건전성 문제는 상업 은행에 비해서도 훨씬 심각한 상황이었다.

그리고 이러한 건전성 악화의 이면에는 부실기업의 누적이 있었다. 즉 수익성의 악화로 금융 부채의 이자 부담조차도 감당하지 못하는 기업들의 비중이 점차 증대되고 있었다. 외감법인 이상의 기업을 표본으로 하여 분석해 보면, 이자보상배율이 1 이하인 기업의 총차입금은 90년 10조 원에서 지속적으로 증대되어 94년 30조 원, 96년 54조 원으로 증대되었으며, 97년에는 205조 원으로 폭증하였다. 특히 이들 부실기업들은 시장 기능에 의하여 퇴출되지 않고 계속 잔존하면서 '빚 얻어 빚 갚은' 악순환의 고리를 형성하면서 금융기관의 잠재부실 규모를 눈덩이처럼 불려왔던 것이다. 결국 한국기업의 평균 수익성이 국제적으로 낮고 부채비율이 높게 나타나는 배경에는 부실기업의 누적이라는 문제점이 자리 잡고 있었던 것이다.

3) 드러난 부실과 신인도 급락

1997년 1월 한보사태가 발생하면서 한국 재벌의 경영 행태에 대한 신뢰가 급격히 추락하기 시작하였다. 이어 삼미(3월), 진로(4월), 대농 및 뉴코아(5월), 기아(7월) 등 30대 재벌 중 8개 재벌들의 연쇄부도가 발생하면서 그 동안 누적된 기업 및 금융 부실이 표면화되었다. 또한 부도는 아닐지라도 경제위기 이전 30대 재벌 중 그룹 전체로 손실을 경험한 재벌이 반 이상을 차지하였다. 재벌이 한국경제 일반에서 차지하는 비중이 매우 높고 하청 관계 등으로 인하여 재벌 부실은 기업 부문과 금융 부문 전반에 대한 우려를 낳는다. 예컨대, 1996년 현재 30대 기업 집단은 광공업 총출하액의 39.6%, 고용의 17.7%, 자산의 45%, 부가가 치의 36.9%를 차지하고 있다.

이들 거대 부실재벌들에게 믹대한 여신을 제공했던 은행과 종금사 등 국내 금융기관의 신인도는 대외적으로 급속히 하락함으로써 일부 금융기관들의 외환유동성 부족 사태가 발생하였다. 국내외 금융 시장은 크게 출렁였으며, 마침내 정부는 부도유예협약이라는 극약 처방을 들고 나왔다.

더욱이 7월에는 태국을 시작으로 동남아의 외환위기가 급속히 확산되기 시작하였고, 마침내 10월 24일에는 아시아 지역의 금융 중심지인 홍콩의 고정환율제에 대한 국제투기자본의 공격이 발생하였다. 그 결과 홍콩을 비롯한 각 국의 증시가 폭락하면서 사태는 급격히 악화되기 시작하였다. 결국 외국 금융기관과 투자자들은 한국의 대외지급 능력을 의심하여 급격히 대출금과 투자금을 회수하기 시작하자, 국내 금융기관의 외화채무 만기연장 비율이 급속히 하락하여 일부 금융기관들이 외화부도 사태에 직면하게 되었다. 이에 정부는 이들 금융기관에 외환보유고의 외화 자금을 공급하여 가용 외환보유고는 급속히 고갈되었다. 그 결과 환율이 급등하는 등 외환위기가 촉발되었고, 11월 21일에는 IMF 구제금융을 신청한다는 정부 방침이 발표되었다.

4) 경제위기의 교훈

요컨대 한국의 외환위기는 환율 정책과 금융감독 정책의 오류, 국제금융질서의 구조적 허점, 그리고 부실기업의 누적이라는 한국경제의 구조적 취약성 등이 동시에 작용하여 발생한 금융패닉이었다. 그리고 외환위기로 시작된 금융패닉이 이후 금융위기, 기업위기로 이어지는 양태는 자연스러운 진행 과정이었다.

외환위기의 발생 메커니즘이 이러하였던 이상 그 교훈과 향후 과제를 논의할 때는 각 요인에 대한 균형 있는 인식이 필요하다. 삭스(Sachs)와 같이 국제금융질서의 구조적 허점을 지나치게 강조할 경우, 이는 자칫 다른 두 요인에 대한 면죄부를 제공하여 여론을 오도할 위험성이 있기 때문이다. 더욱이 국제금융질서의 경우 선진국 중심으로 형성되는 것이 객관적 현실이며 따라서 우리의 영향력은 제한되어 있다.

우선 이 주장은 동남아 국가에서 발생한 위기에 한국은 취약하게 노출된 반면 이 지역의 다른 국가들은 왜 경제위기가 발생하지 않았는가를 설명하지 못한다. 또한 동남아 외환위기 발생 이전에 이미 국내에서는 많은 재벌들이 이미 실질적인 도산 상태에 있었으며, 기업 부문과

1989년 베를린 장벽의 붕괴로 상징되는 냉전체제의 해체와 정보통신분야를 중심으로 한 급속한 기술진보는 세계시장을 하나로 통합해가고 있다. 한 나라에서 시장경제가 꽃피우기 위해서는 잘 정비된 법질서가 효율적으로 시행되어야 하듯이, 통합되어가는 세계경제가 안정적으로 발전해 가기 위해서도 잘 정비된 국제준칙이 엄정하게 시행될 수 있어야 한다. 이는 다시 세계를 주도하고 있는 미국, 유럽연합, 일본 등 강대국들의 상호협조와 이를 지원하는 정치적 기반을 요구한다.

그러나 냉전종식 이후, 길핀(Gilpin, 2000)이 지적하듯이, 개방된 글로벌 경제를 지지하는 정치적 요소들은 현저히 약화되었다. 미국, 서구 그리고 일본을 주축으로 한 냉전시대의 반공산진영의 정치적 연대는, 소련을 중심으로 한 공산권의 위협이 사라지자, 이들 주요국들이 각자 자신의 국가와 지역만의 이익을 중시함에 따라, 현저히 침식되었다. 80년대 이후 증대된 미국의 직업 불안정성(性)과 소득분배 불평등도(度), 그리고 서구의 지속적인 높은 실업률은 주로 기술변화에 따른 경제구조 변화와 그릇된 정책에서 비롯된 것임에도 불구하고, 미국과 서구의 시민들은 점점 세계화와 외국의 저임금 노동에 그 탓을 돌리고 있다. 이들 선진국에서마저 경제적 지역주의와 보호주의를 요구하는 목소리가 증대되고 있는 것이다.

이러한 정치적인 이유 때문에, 1987년 동아시아 경제위기 이후 국제금융질서의 재편논의가 활발히 진행되었으나, 아직도 별다른 실질적 진전은 이루어지지 않고 있다.

금융 부문의 취약성이 이미 심화되어 있었다. 예를 들어 한라, 진로, 삼미 등의 경우 1995년에 이미 부채비율이 2000%를 넘었으나 대규모 부실기업의 처리가 몇 년 동안 지연되면서 금융권의 잠재 부실채권이 급증하였다. 따라서 설령 외환유동성을 확보하여 외환위기를 방지하였더라도, 한국경제는 이미 대기업의 연쇄도산에 따른 기업 및 금융 위기는 피하기 어려운 상황이었다. 그러므로 이와 같은 입체적 인식을 전제로 하면서, 우리의 입장에서 내부적으로 비중 있게 받아들여야 할 교훈은 오히려 정책적 오류와 기업 부실의 누적이다.

이러한 관점에서 볼 때 경제위기의 교훈은 무엇이어야 할까? 그 답을 찾기 위해서는 부실기업 누적과 정책적 오류의 구조적 원인을 분석하여야 한다. 부실기업이 누적되어 있었다는 것은 한편으로는 기업 투자가 방만하게 이루어지고 있었을 개연성이 높다는 것을 의미하며, 다른 한편으로는 금융기관의 심사 기능과 사후적 부실처리 기능이 마비되어 있었음을 의미한다. 또한 환율 정책이 경직적으로 운영되고 금융 감독 정책이 사실상 부재하였다는 것은 정책 당국의 시장원리에 대한 존중과 그 바탕 위에서 스스로의 바람직한 기능에 대한 인식이 미흡하였음을 의미하는 것이다.

3. 기업의 구조적 취약성 : 높은 부채비율과 낮은 수익성

앞의 제2절의 분석은 한국의 외환위기, 나아가 경제위기는 금융기관들에 부실채권이 누적되어왔기 때문에 발생한 것이며, 이러한 금융부실은 광범한 기업 부실로 인해 일어난 것임을 밝혔다. 그러면 왜 부실기업들이 누적되어왔고, 그 결과 1997년 재벌들의 연쇄도산에 이르게 된 것인가?

우선 이러한 기업 부실 문제는 사실은 일시적 문제가 아니었으며, 지속적으로 존재한 구조적 문제가 대외 여건 악화 등에 따라 표출되었던 것임을 인식할 필요가 있다. 사실 한국경제는 1960년 말 차관 기업들의

무더기 부실화, 1972년 8 · 3조치를 몰고 온 광범한 기업부실화, 1970
년대 말 중화학공업의 과잉투자로 인한 부실화, 1984년 산업합리화 조
치를 몰고 온 대규모 기업 도산 등 대체로 10년 주기의 기업 및 금융 위
기를 경험하여왔다. 그리고 정부는 차입금 만기 연장, 이자율 경감, 신
규자금 지원, 조세 감면 등을 통해 부실 대기업들을 구제하였다.

　그런데 왜 1997년 기업위기 때는 정부가 개입하여 부실 문제를 해결
하지 못하였는가? 사실 정부는 1997년에도 진로, 기아 등의 실질적 부
도에도 불구하고 부도유예협약 등을 통해 이들 재벌들을 구제하려고
노력하였다. 그러나 1997년의 경우 상위 재벌들의 도산으로 기업 부실
의 절대적 규모가 커서 기존 정부의 구제 조치로는 문제를 해결하지 못
하고 IMF의 구제금융을 받아야 되는 단계까지 악화되었다고 볼 수 있
다. 30대 재벌 중 실질적으로 도산한 기업집단의 부채 합계는 24조 원
으로 1997년 정부예산의 35.5%, GNP의 5.3%에 이르는 막대한 규모였
다. 30대 재벌에 속하지는 않지만 대농 등 재벌급 기업들과 이들의 하
청 기업들을 포함하면 부채 규모는 이를 훨씬 웃돌 것이다. 이를 1984
~88년까지 시행된 '산업합리화 조치' 때의 금액(이자유예 및 감면대상
원금 4.2조 원을 비롯한 전체 금융지원 금액 7.3조 원, 한국은행이 6개 시중 은
행을 통하여 지원한 자금 1.7조 원)과 비교해 보면, 1997년 기업위기의 경
우 정부 구제조치의 한계를 넘어섰던 것으로 보인다(〈표 1-6〉).

　이처럼 정부가 더 이상 구제해줄 수 없을 정도로 많은 재벌들이 부실
화되었던 것은 일차적으로 이들 재벌들이 높은 부채비율과 낮은 수익
성으로 인해 재무적 취약성이 심화되어왔기 때문이다. 신동영에 의하
면, 1995~97년 중 법정관리, 화의, 부도유예협약을 경험한 77개 도산
기업은 부채비율이 높을 뿐만 아니라 총자산 대비 영업이익률은 2%p
이상 낮다.[5]

표 1-6 | 1997년에 실질적 부도를 경험한 30대 재벌의 재무구조

	한보	삼미	진로	기아	해태	뉴코아
실질부도(월/일)	1/23	3/19	4/21	7/15	11/1	11/4
재벌순위	14	25	19	8	24	28
부채(조원)	4.42	2.43	3.23	9.57	2.52	1.85
자본대비부채비율	648%	3,333%	4,836%	522%	669%	1,253%

주 : 실질적인 부도처리라는 표현을 사용한 것은 진로, 기아 그룹의 경우 부도유예협약일을 사용하였기 때문임.
자료 : 부도일 자료는 유승민(1999). 재벌순위, 부채비율 및 부채는 공정거래위원회, 조성욱(2001)에서 재인용.

1) 높은 부채비율

한국 기업들의 높은 부채비율이 1997년 경제위기의 핵심 원인이라고 지목되어왔고, 이러한 인식을 바탕으로 정부는 경제위기 이후 재벌들로 하여금 부채비율을 낮추도록 재무구조 개선 약정을 요구하였다. 한국 제조업체의 평균 부채비율은 1997년 말 기준으로 396.3%로서 미국의 153.6%, 일본의 193.3% 그리고 대만의 85.7%에 비해 월등히 높은 수준이다. 이처럼 높은 부채비율 때문에 불황 시 한국 기업들은 유동성 위기에 직면하여 연쇄도산을 당하게 되고, 그로 인해 금융위기가 발생했다는 것이다.

차입 경영은 지렛대와 같아서 기업의 성장을 촉진하여 규모의 경제 실현을 돕고 법인세 감면 효과를 가져와 기업 가치를 증가시키며 주주와 경영자 사이의 대리인 비용의 감소를 가져오는 등 순기능도 크다. 그러나 과다하게 차입에 의존하게 되면, 영업 실적의 악화가 기업의 부도로 연결되는 등 기업의 사활이 외부 여건의 변화에 취약하게 된다. 즉 재무위험이 증가한다.

---

5 신동영, 도산기업의 재무적 특성과 도산예측모형, 한일경상논총, 한일경상학회, 1999.

2) 낮은 수익성

한국 경제위기의 보다 근본적인 원인은 기업의 낮은 수익성에서 찾아야 할 것이다. 한국 기업들이 대규모로 부실화한 근본 원인은 낮은 수익성으로 인한 채산성 부족이다. 수익성이 없거나 낮은 기업의 경우 차입 경영을 하지 않더라도 장기적으로 생존할 수 있는 가능성은 극히 낮다. 수익성이 낮을 때 차입금 상환 부담으로 기업 부도위험이 높아지는 것은 사실이다. 대신에 차입 경영을 하더라도 사업에서 나오는 현금 수입이 원리금을 상환하기에 충분하다면 그 기업은 생존할 수 있으며, 오히려 이 경우 차입은 기업의 성장을 촉진시키는 기능을 한다. 한국 기업들의 차입 경영이 문제가 되었던 것은 이를 지탱해 주는 수익성이 낮았기 때문이다. 실제로 1970년대 일본 기업의 부채비율은 전 산업 600%, 제조업 500%에 이르렀으나, 이 기간 중 일본 기업의 평균 자기자본이익률은 20% 이상으로서 평균 차입금 금리를 웃돌고 있었다.

기업의 수익률 지표

투자자산을 제외한 총자본 대비 영업이익률은 기업의 주된 영업 활동인 생산 및 판매 활동에 따른 이익으로 기업의 자산이 이들 활동에 얼마나 효율적으로 사용되었는가를 나타낸다. 경상이익률은 기업의 생산과 판매활동 이외에도 금전적인 영업외 활동의 결과 얻어지는 수입과 지출을 차감한 수익률이다. 이는 투자에 따른 이자수익과 배당수익 등 영업외이익과 금융비용 등 영업외비용이 경상이익에 포함되므로 영업이익률과 비교할 때 투자자산의 효율성을 측정하기에 더 적합한 수익률이다. 순이익률은 특별손익과 법인세를 지출한 이후의 이익률이다.

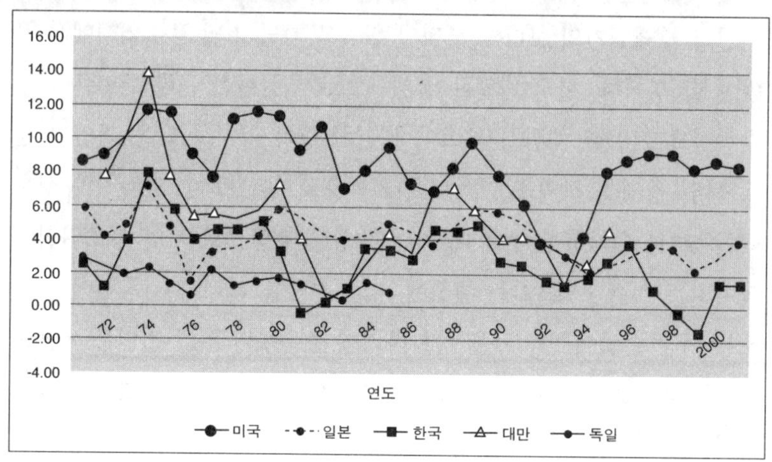

주 : 미국은 총자본 세전이익률, 독일은 총자본 순이익률로 하였음.
자료 : 한국은행, 기업경영분석, 각 연도

3) 선진국보다 낮은 총자본경상이익률

〈그림 1-1〉에서 보듯이, 한국 제조업의 총자본경상이익률이 경제발전 단계가 비슷한 대만보다 낮을 뿐만 아니라, 미국, 독일 등 선진국에 비해서도 현저히 그리고 지속적으로 낮다. 미국의 총자본경상이익률은 대체적으로 8~10%, 독일은 1970년대 후반에는 6%, 그 이후에는 10%, 대만은 6%, 일본은 4% 수준인 데 비해, 한국은 1970년대 평균 3.3%에서 1990년대 평균 1.3%에 불과하다.

국제적으로 볼 때 한국 제조업의 총자본경상이익률이 낮은 가장 큰 이유는 높은 차입 의존으로 인해 금융비용부담률이 높기 때문임을 〈표 1-7〉과 〈그림 1-2〉, 〈그림 1-3〉 그리고 〈그림 1-4〉 는 보여준다. 제조업의 수익성을 미국, 일본 및 대만과 비교해 보면, 예컨대 1994년의 경우 우리나라 매출액영업이익률은 7.7%로서 미국 7.4%, 대만 6.6%, 일본 2.9%보다 높으나, 매출액경상이익률은 2.7%로서 일본(2.4%)을 제외

연도	96	97	98	99	00	01. 3	미국(99)	일본(99)
부채비율	317.1	396.3	303.0	214.7	210.6	208.9	164.3	174.0
매출액영업이익률	6.5	8.3	6.1	6.6	7.4	8.7	7.7	2.9
매출액경상이익률	1.0	-0.3	-1.8	1.7	1.3	3.3	8.6	2.9
이자보상비율	–	129.1	68.3	96.1	157.2	186.8	354.0	367.5

자료 : 한국은행, 기업경영분석, 각 연도

한 미국(7.5%), 대만(4.9%)보다 현저히 낮다. 이는 우리나라 기업이 영업 활동에서는 이들 국가보다 높은 수익성을 올리고 있으나, 외부자금에 대한 높은 차입 의존으로 인해 금융비용 부담이 높아 영업외수지가 상대적으로 저조하였기 때문이다.

〈그림 1-4〉는 한국 제조업체들이 비교 국가들에 비해 부채비율이 높은 재무구조를 가지고 있음을 보여주고 있다. 한국 제조업의 평균

그림 1-2 | 각 국의 매출액영업이익률

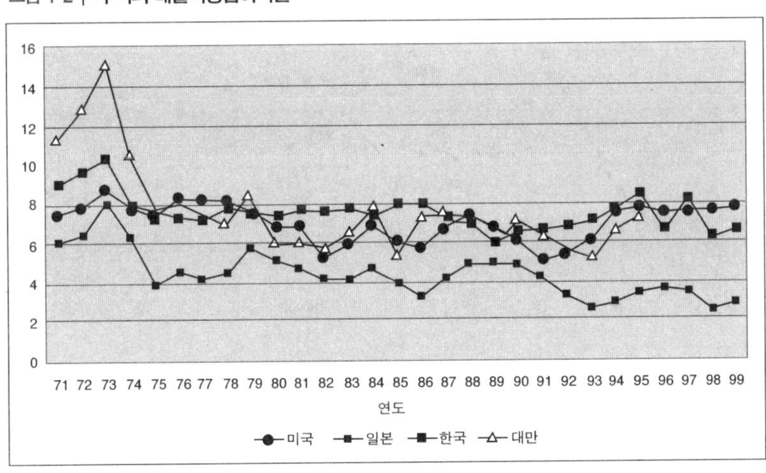

주 : 매출액영업이익률(OPS, Operating income to sale)

자료 : 한국은행, 기업경영분석, 각 연도

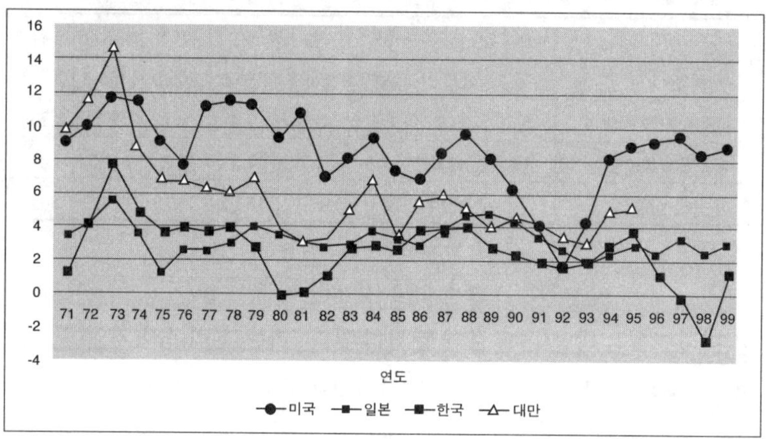

주 : 매출액경상이익률(ORS, Ordinary income to sale), 미국의 경우 총자산 세전이익률(IBTA, Income before income taxes to total asset)을 금융비용이 낮으므로 매출액경상이익률의 대리변수로 사용하였음.
자료 : 한국은행, 기업경영분석, 각 연도

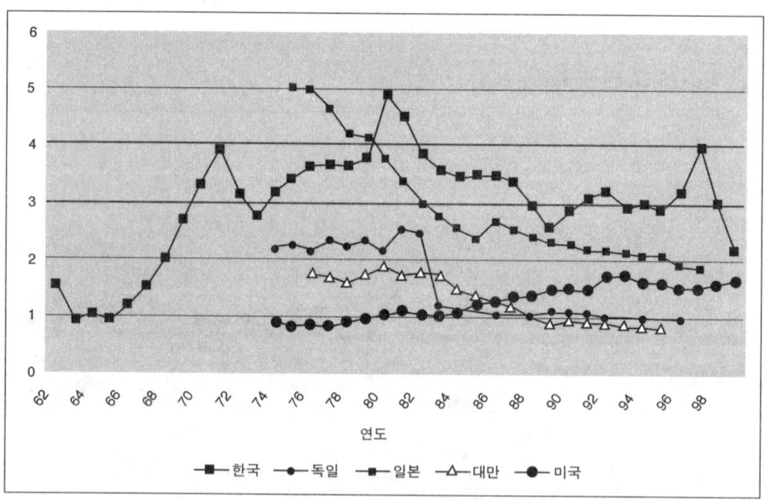

자료 : Bank of Japan, *Comparative Economic and Financial Statistic*
Bank of Korea, *Financial Statement Analysis*
Bank of Taiwan, *Zhong hua min guo tai wan di gu gong ye cai wu zhuang kuang bao gao*
(Report on Financial Conditions of Industries, Taiwan District, China)
Bureau of Census, US Dept of Commerce, *Quarterly Financial Report for Manufacturing, Mining, and Trade Corporation*

부채비율은 1960년대 초 1.0 수준에서 1970년대 초 3.0 수준으로 급속히 상승하였다. 그 이후 부채비율은 대체적으로 3.0 과 4.0 사이에서 등락을 거듭하였다. 이와는 대조적으로 미국, 독일, 대만 기업들의 부채비율은 대체적으로 2 이하 수준에서 안정세를 유지하고 있다. 예외적으로 일본 기업들의 부채비율은 1970년대 5.0 에서 1990년대 말 2.0 수준으로 지속적으로 하락하는 추세를 보이고 있다. 이처럼 한국 기업들의 부채비율은 다른 나라들에 비해 대체로 2~3배의 높은 수준이었다.

이처럼 한국 기업들의 부채비율이 높았던 중요한 원인 중의 하나는 정부의 인위적 저금리 정책이다. 〈표 1-8〉에서 보듯이, 정부의 은행금리 통제가 해제되기 전인 1982~85년 중 평균 자기자본비용이 연 24.3%인 데 비해 평균 타인자본비용은 그 1/3 수준인 연 8.9%에 불과하였다. 여기서 자기자본비용은 주당수익률을 나타내며, 타인자본비용은 실효 차입금리를 나타낸다. 이러한 여건에서 대기업들마저 신주 공모보다는 차입을 통해 자금을 조달했던 것은 지극히 합리적인 행동이었다. 1973~80년 중 한국 제조업체들의 부채비율이 다시 급상승하였던 이유도 중화학공업 정책을 추진하기 위한 국민투자기금 대출 등 우대금리를 적용하는 정책금융이 예금은행 총대출의 18~19%를 차지한 데서 비롯되었다고 볼 수 있다.[6]

표 1-8 | **자본비용 구조**
단위 : %

연도	82	83	84	85	86	87	88	89	90	82-85	86-90	82-90
자기자본비용	29.4	26.3	22.2	19.2	13.2	9.2	8.9	7.2	7.8	24.3	9.3	15.9
타인자본비용	9.2	8.6	8.7	9.0	7.8	8.9	8.4	8.5	8.5	8.9	8.3	8.6

자료 : 한국은행, 조사월보(1991.7)

연도	한국	독일	일본	대만	미국
1971~79	3.94	5.91	3.62	5.97	10.72
1980~89	2.69	9.43	4.74	6.03	8.38
1990~99	1.41	10.24	3.34	5.66	6.74

주 : 한국데이터 1971~99, 독일데이터 1975~96, 일본데이터 1976~97, 대만데이터 1976~95, 미국데이터 1975~99.
자료 : 크루거 · 유(Krueger · Yoo, 2001)

한국 제조업의 총자본경상이익률이 미국, 대만, 일본에 비해 지속적으로 그리고 현저히 낮은 가장 큰 원인은 타인자본 의존도가 이들 나라에 비해 현저히 높기 때문이다. 따라서 자기자본경상이익률 면에서는 〈그림 1-5〉에서 보듯이 미국, 대만, 일본에 비해 낮은 편이지만 그 격차는 현저히 감소됨을 알 수 있다.

그림 1-5 | 국가별 자기자본경상이익률

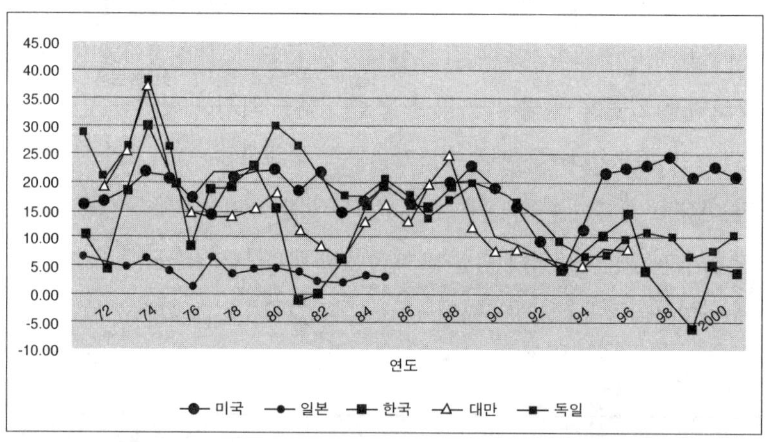

주 : 미국은 자기자본비율의 역수(총자본/자기자본) 총자본 세전이익률, 독일은 자기자본 순이익률로 하였음.
자료 : 한국은행, 기업경영분석, 각 연도

---

6 Anne Krueger · Yoo (2001)의 부표2 참조.

4. 이윤율의 추세적 하락과 그 원인

한국 기업들의 부실화가 누적되어온 것은, 기업 일반의 국제적으로 높은 부채비율과 낮은 총자본경상이익률이라는 구조적 취약성 때문이었고, 더욱이 이 구조적 취약성이 경제가 발전함에 따라 오히려 심화되어왔기 때문이다. 한국 기업들의 수익률은 저하하는 경향을 보이고 있다. 〈그림 1-5〉에서 보듯이 한국 제조업 부문 자기자본경상이익률은 강한 순환적 패턴을 보이고 있다. 1960년대에는 초기의 높은 수준으로부터 빠른 속도로 저하하는 경향을 보이다가 차관 기업 위기로 1971년 저점을 쳤다. 1970년대 들어 1972년 8 · 3조치를 통한 대규모 부채 이연과 이자율 통제로 자기자본경상이익률은 급속히 회복되어 상당히 높은 수준을 유지하다 정부 주도의 강력한 중화학공업화 정책에 따른 과잉투자와 제2차 석유파동으로 급격히 저하하여 1980년에는 두 번째 저점을 쳤다. 그 이후 회복세를 보여 1986~88년의 3저 호황기에 정점을 이룬 후 1997년 경제위기가 발발할 때까지 저하하는 추세를 보이고 있다.

여기서 주목해야 할 점은 한국 제조업 부문의 자기자본경상이익률이 하락하는 추세를 보이고 있다는 것이다. 즉 한국 제조업의 평균 총자본경상이익률은 1960년대 6.5%에서, 1970년대는 3.3%, 1980년대 2.5%,

표 1-10 | 한국 제조업 부문 수익률의 장기하락

연도	총자본경상이익률	자기자본경상이익률
1962~69	6.54	16.9
1970~79	3.29	14.5
1980~89	2.52	10.8
1990~99	1.29	5.0

자료 : 한국은행, 기업경영분석, 각 연도

그리고 1990년대 1.3%로 추세적으로 하락하여왔다. 자기자본경상이익률 역시 1960년대 16.9%에서 1970년대 14.5%, 1980년대 10.8% 그리고 1990년대 5.0%로 하락하여왔다. 그러나 미국, 독일과 같은 선진국들은 물론, 대만의 경우에도 제조업 부문 자기자본경상이익률은 장기적 하락 추세를 보이지 않고 있다.

이윤율은 경제성장 초기 단계에서는 하락하는 것이 일반적이나, 경제가 어느 정도 성숙 단계에 접어들면 하락세를 멈추고 일정한 수준을 보이는 것으로 알려져 있다(Dumenil · Levy, 1993). 미국의 경우 1960~70년대의 실질이윤율이 18% 수준을 유지하였던 것으로 분석되고 있다(Lynde, 1992).

1) 이윤율의 추세적 하락

1960년대 후반부터 1970년대 초에 걸친 미국 기업의 수익률 저하 현상에 착안하여 경제학계에서는 이윤율 저하 경향에 대한 논쟁이 재연되었다. 노드하우스(Nordhaus, 1974)는 미국 비금융법인의 이윤율이 저하하여왔으며, 이는 투자자들이 1929년 대공황이 재발할 위험이 거의 사라졌다고 인식하여 투자 위험이 저하됨에 따라 자금이 법인 부문으로 이동하여 자본집약도가 상승했기 때문이라고 결론 내렸다. 그러나 펠드스타인과 서머스(Feldstein · Summers, 1997)는 1948~76년 중 미국 정부 자료를 이용하여 비금융법인 부문의 실질자본(고정자본+재고+토지)에 대한 총수익(이윤+지급이자)의 비율로 정의된 이윤율을, 추계치를 이용해 회귀분석을 한 결과, 이윤율이 추세적으로 하락한다는 가설이 지지되지 않음을 발견하였다.

한국 제조업의 1971~2000년 중 자기자본경상이익률을 종속변수로 해서 펠드스타인 · 서머스와 유사한 회귀식을 추정한 결과는 〈표 1-11〉

식	종속변수	설명변수			회귀통계량	
		time	가동률	dummy	R^2	D.W.
1	ROE	-0.77** (0.26)			0.57	1.46
2	IOT	-0.17** (0.03)			0.64	1.89
3	ROE	-1.26** (0.22)	0.88** (0.20)		0.77	1.42
4	IOT	-0.23** (0.03)	0.10** (0.04)		0.73	1.98
5	ROE	-1.31** (0.32)	0.87** (0.20)	1.18 (4.83)	0.77	1.44
6	IOT	-0.224603** (0.05)	0.11** (0.04)	-0.22 (0.81)	0.73	1.97

주 : ROE-자기자본경상이익률; IOT-기업 경상이익률, ( )안은 표준편차.
**은 5%, *은 10% 수준에서 유의함을 나타낸다.

과 같다.

　가장 간단한 〈식 1〉은 단순히 자기자본경상이익률을 시간 추세에 회귀분석한 것으로 그 계수는 통계적으로 유의하게 0과 다르다. 이는 자기자본경상이익률이 매년 0.77%p씩 하락해온 것을 의미한다. 〈식 2〉는 기업경상이익률을 종속변수로 하여 동일한 회귀분석을 실시한 것으로서, 역시 시간 추세의 계수는 통계적으로 유의하게 0과 다르며, 기업경상이익률은 매년 0.17%p씩 지속적으로 하락해오고 있음을 의미한다.

　기업수익률은 경기변동에 따라 변화한다. 가동률이 높을 때는 고정비용이 많은 산출량에 분산되어 수익률은 높게 된다. 역으로 가동률이 낮을 때는 고정비용이 총수입의 많은 부분을 흡수하게 되어 수익률은 낮게 된다. 따라서 가동률의 변화가 수익률에 미치는 효과를 조정하는 것은 수익률의 순수한 추세적 변화를 평가하는 데 도움이 된다. 〈식 3〉

과 〈식 4〉는 1971년 이후 통계청이 발표하고 있는 제조업 평균가동률을 설명변수로 추가한 것으로서, 가동률의 변화가 수익률에 현저한 영향을 미쳤음을 보여주고 있다. 〈식 3〉에 따르면, 가동률이 70%에서 80%로의 상승은 자기자본경상이익률을 8.8%p 상승시킨다. 그리고 〈식 4〉에 따르면, 동일한 가동률 상승이 기업경상이익률을 0.1%p 상승시킨다. 가동률이 수익률에 미치는 영향을 통제하더라도, 수익률이 추세적으로 하락했다는 기본적 증거에는 변화가 없다. 자기자본경상이익률을 종속변수로 한 회귀식에서 시간추세 변수의 계수는 상당히 커졌으며, 여전히 통계적으로 유의하게 0과 다르다.

1997년 경제위기의 직접적 원인은 1980년대 말 이후의 지속적인 기업수익성 악화에서 비롯됐다고 볼 수 있다. 〈표 1-11〉의 〈식 5〉와 〈식 6〉은 과연 1980년대 말 이후의 기간이 그 이전과 다른가라는 의문에 대해 통계적 증거를 제시하고 있다. 이를 위해 공업발전법이 발효되기 시작한 1987년 이후의 기간을 1로 하는 더미변수를 추가하였다. 더미변수의 계수는 자기자본경상이익률을 종속변수로 할 경우, 부호가 예상과는 반대로 양수일 뿐 아니라, 통계적으로 유의미하게 0과 다르지 않은 것으로 나타났다. 그리고 기업경상이익률을 종속변수로 할 경우, 더미변수의 계수는 −0.22로서, 이는 1987년 이후 기업경상이익률이 그 이전 기간에 비해 약간 낮은 것을 의미하나, 통계적으로는 유의미하게 0과 다르지 않았다.

2) 자기자본경상이익률의 하락 원인

이상의 분석을 통해, 우리는 한국 제조업 부문의 기업수익률이 추세적으로 하락하여온 결과 많은 기업들이 부실해져왔고, 그것이 표출되면서 결국 경제위기로까지 이르게 되었다는 결론에 도달하였다. 그러면 선진국들과는 달리, 왜 한국 제조업 부문의 수익률은 추세적으로 하락하여온 것인가?

물론 1960년대의 예외적으로 높은 수익률은 장기간 지속될 수 없었다. 당시까지 충분히 활용되지 않았던 사업 기회들이 1960년대 초 정부의 수출주도형 공업화 정책을 위한 개혁 덕분에 높은 수익률을 실현할 수 있었을 것이기 때문이다. 그러나 다른 나라의 경험에 비추어 볼 때, 한국의 총자본경상이익률이 1960년대 6.5%에서 1990년대 1.3%로 급락한 사실과 35년여 동안 장기적으로 하락하여온 사실은 이해하기 어렵다. 한국과 비슷한 발전 단계를 경험하였던 대만의 경우 자본수익률은 경기변동에 따라 등락을 거듭하였지만 장기적인 하락 추세는 보이지 않고 있다.

이에 대한 체계적인 분석은 이론적 틀을 요구하나, 경제학은 아직 이윤에 관한 만족할 만한 이론을 가지고 있지 않다. 우선 아담 스미스 이후 경제학은 비노동소득(非勞動所得)의 범주로서 이자와 이윤을 별도로 구분하여오지 않았다. 종종 이윤은 모든 종류의 비노동소득과 동의어로 사용되어왔다. 신고전학파 경제학에서 이윤이 0인 것은 하나의 균형 조건이고 효율성 조건이다. 그러나 이것은, 비록 정상이윤까지 배제하는 것은 아니라할지라도, 그 크기는 여전히 불확정적이다. 본 연구에서의 이윤은 경제적 이윤(economic profit)과 자본에 대한 수익(return to capital)의 합으로서 회계적 이윤(accounting profit)이다. 솔로우(Solow) 성장모형의 정상균형에서 이윤율은 경제성장률과 일치한다. 그러나 자본이익률 혹은 이윤율은 투자율에 의존한다. 후자를 자본에 대한 수요, 요소-가격 대체로 설명하는 것은 순환논법에 빠지는 것이다.

따라서 우리는 한국 제조업체들의 평균 수익률이 1989년 이후 하락세를 보여, 결국 경제위기를 초래하였던 원인들을 다음 몇 가지 각도에서 추론해 볼 수밖에 없다.

자본생산성의 저하

1989년 이후 자본수익률 저하의 중요한 원인은 한국 제조업의 자본산출비율(K/Y)이, 아담 스미스와 칼 마르크스가 이윤율 하락 원인으로 지목했던 것처럼, 증대되었기 때문이다. 즉 기업의 비효율적인 투자 때문에 구조적인 수익률 악화가 초래되었다는 것이다.

아담 스미스는 실질임금과 노동생산성 상승의 잠재력을 보다 크게 보았다는 의미에서 후세 경제학자들에 비해 낙관적이었다. 그는 농업 부문의 생산성은 일정불변일 것으로 기대하였다. 그리고 공업 부문의 분업은 노동생산성을 크게 증대시킬 것이라고 예상하였다. 이 생산성 증대로 경제성장이 빠른 단계에서는 임금, 이윤, 지대를 모두 상승시키지만, 특히 이윤 몫을 증대시켜 이윤율도 상승할 것으로 기대하였다. 그러나 경제가 정상상태(stationary state)에 접근하게 되면, 우선 농업 부문에서 산출물 중 이윤 몫(P/Y)은 일정한데, 자본노동비율(K/Y)이 상승함에 따라, 이윤율(P/K)은 하락하는 경향을 보일 것으로 보았다. 그리고 이에 대응해 자본이 공업이나 상업으로 이동함에 따라 경쟁이 심화되어, 경제 전반의 이윤율이 하락하는 경향을 보일 것으로 전망하였다.

칼 마르크스 역시 자본이 산출보다 빠른 속도로 증가되는 경향을 갖기 때문에 이윤율이 추세적으로 하락할 것으로 예상하였다. 마르크스의 노동가치설에 입각한 가치의 척도인 노동시간 수로 측정할 때, 각 노동자는 하루에 V+S시간 노동한다. 이 중 V는 균형임금에 소요되는 임금재 생산에 충당되고, 나머지 S시간은 노동자의 최저생계비를 초과하는 잉여가치로서 자본경영자에 귀속된다. 증대되는 기계화와 분업의 확산에 따라 생산성이 증가되기 때문에, 노동력의 재생산에 필요한 노동시간 수는 감소하므로 V는 지속적인 감소 경향을 갖는다. 마르크스는 총노동시간수의 감소 경향을 보지 않았으므로, V가 하락함에 따라 S

는 증가되고, 따라서 착취율(S/V)은 지속적으로 상승하는 경향을 갖는다. S/V가 상승함에 따라 산출량 중 이윤의 몫이 증대될 것이다. 그러나 이윤 몫(P/Y)이 상승하더라도, 자본산출비율(K/Y)이 P/Y보다 더 지속적으로 상승할 경우에만, 마르크스는 이윤율(P/K)이 하락한다는 결론에 도달할 수 있다.

마르크스는 노동자 1인당 자본과 자본산출비율이 상승하는 강력한 역사적 경향성을 갖는다고 믿었다. 그는 변동자본(V)에 대한 고정자본(C)의 비율인 자본의 유기적 구성(C/V)은 지속적인 상승 경향을 갖는다고 믿었다. 이윤율[S/(C+V)]은 (S/V)/(C/V+1)로 다시 쓸 수 있다. 여기서 자본의 유기적 구성(C/V)의 지속적 상승 경향은 항상 이윤율을 하락시키지만, 착취율(S/V)의 상승 경향은 지속적으로 이윤율을 상승시킨다. 마르크스는 이윤율 저하 경향을 증명했다고 믿었지만, 사실은 자본의 유기적 구성과 착취율이 모두 상승 경향을 띨 경우, 이윤율이 저하할 것으로 추정할 사전적 근거는 존재하지 않는다.

이처럼 스미스와 마르크스는 모두 자본이 산출보다 빠른 속도로 증가하는 경향을 갖기 때문에 이윤율이 추세적으로 하락할 것으로 기대하였다. 영국과 미국의 자본산출비율은 1776년과 1886년까지는 실제로 상승하였다. 그러나 영국의 자본산출비율은 1867년 이후 대체적으로 안정적이며, 미국의 그것은 하락해오고 있다. 이제는 더 이상 자본산출비율이 장기적으로 증가 추세를 보인다고 주장하는 경제학자는 거의 없다.

함준호와 미쉬킨, 김대수와 박형수(2000)는 1990년대 들어 한국경제의 투자효율성이 저하되고 있음을 보였다. 국민경제 투자의 효율성을 측정하는 지표로 흔히 자본산출증분비(incremental capital output ratio: ICOR)를 사용한다. 이 비율은 산출량의 증가분에 대한 투자의 비율로서, 흔히 5년 정도의 기간 중 투자 누적액의 산출량 변화분에 대한 비율로 측정한다. 만약 투자와 자본배분이 효율적으로 이루어질 경우 산출은 주어진 투자 수준에 비해 보다 빨리 성장할 것이며, 따라서 자본산출증분비는 하락할 것이다. 국제금융계에서는 보통 한 나라의 자본산출증분비가 5 이하이면 양호하다고 간주하고 그 이상일 경우 그 나라에 대한 대출은 위험한 것으로 본다.[7]

함준호와 미쉬킨(2000)의 추정에 따르면, 1989년 이후 우리 경제의 자본노동증분비는 상승세를 보여 1992년 6에 이른 후 안정세를 보이고 있다. 이는 1990년대 기업 투자의 효율성이 1980년대에 비해 현저히 저하되어 기업수익률을 구조적으로 악화시켰음을 의미한다.

김대수와 박형수(2000)가 실시한 분석에 따르면, 1980년대 후반 이후 실질 자본증가율이 실질 생산증가율을 지속적으로 초과하였으며, 특히 1990년대 중반에는 실질생산의 증가세가 둔화된 가운데서도 자본증가율은 더욱 높아졌다. 인위적 경기부양 정책을 강력히 추진하였던 1994년과 1995년의 설비투자는 23.9%와 18.1%의 높은 증가세를 보였다. 아울러 총저축률이 주요 선진국보다 높은 30%대를 유지하였음에도 불구하고 1990년대 들어 외환위기 직전까지 총투자율이 총저축률을 웃돌았다. 이는 주지하다시피 1990년대 들어 재벌들이 외형 확대에 치중하여 투자를 적극 확대한 결과 자동차, 철강, 석유화학 등 일부 업종에서 과잉·중복 투자가 이루어진 것을 반영한 것으로 보인다.

그 결과 제조업 자본생산성(Y/K)은 1970년대 0.6 내외에서 1987년 0.9까지 상승하였다가 다음 해부터 하락세를 지속하여 1990년대 후반에는 0.5 수준으로 떨어졌다. 제조업 부문 자본이윤율에 대한 변동 요

---

7 Hahm · Mishkin(2000), 85쪽.

표 1-12 | 제조업 자본이윤율에 대한 변동 요인별 기여도　　　　　　단위 : %p

연도	1976~80	1981~85	1986~90	1991~95	1996~98
실질 이윤율 증감[1]	-1	-3.6	5.9	-3.5	-6.1
총비용 비율	-2.3	-291.8	3	1.5	-3.3
노동비용 비율	-0.8	-138.9	-3.2	-0.6	1.8
자본비용 비율	-1.5	-152.9	6.3	2.1	-5.1
자본생산성 수준	1.3	288.2	2.9	-5	-2.8

주 : 1) 기간 중 연 평균의 전기대비
자료 : 김대수 · 박형수(2000), 한국은행

인별 기여도를 5년 단위의 연평균 기준으로 계산한 〈표 1-12〉에서 보듯이, 1990년 전반 연평균 실질이윤율은 1980년대 후반에 비해 3.5% 감소하였고, 1996~98년의 그것은 1990년대 전반에 비해 6.1% 감소하였다. 이는 자본생산성 수준이 동 기간 중 각각 5.0%, 2.8% 감소한 것이 주된 요인이었다.

구조적 과잉투자

이상에서 살펴본 것처럼 한국 제조업체들의 자본생산성이 저하해온 가장 직접적 원인은 일단 과잉투자 때문이었다고 추론할 수 있다. 사실 〈그림 1-6〉은 1961~99년까지 38년간 한국 제조입은 평균 자기자본경상이익률이 차입금 평균이자율보다 밑도는, 즉 기업 가치를 파괴하는 과잉투자를 일상화해왔음을 보여준다. 한국 기업들은 회임 기간이 장기(長期)인 대규모 투자자금마저도 주식금융에 의존하기보다는 과도하게 차입에 의존하였다. 이러한 대규모 투자자금을 차입금융을 통해 조달하는 것은 투자수익이 높은 이자비용을 충분히 감내할 만큼 높을 경우에만 지속 가능하다.

그러나 한국 제조업 부문 기업들의 경우 자기자본경상이익률이 그 기회비용인 차입금 평균이자율을 상회한 기간은 오히려 예외적으로 단 두 기간에 불과하였다 : (1) 1972년 '8·3조치'에 의해 대규모적인 부채 탕감이 이루어졌고, 나아가 중화학공업화 정책을 추진하기 위해 인위적 저금리 정책이 지속되었던 1972~78년; (2) 저유가, 저국제금리, 1985년 '플라자 합의'로 인한 엔화 대비 원화의 저평가라는 3저 호황기였던 1986~88년 기간 뿐이었다. 특히 1988년 이후에는 반도체 특수가 있었던 1994~95년을 제외하고는, 제조업 평균 자기자본경상이익률이 차입금 평균이자율을 현저히 밑도는 현상이 지속되었다.

물론 일부 산업에서 차입금에 대한 이자율보다 낮은 수익률이 단기적으로 발생할 수 있다. 그러나 약 10년 동안 제조업 전반에 걸쳐, 기업의 영업 활동에 사용된 자본이 자본의 기회비용 하한으로 간주될 수 있는 차입금 금리보다도 낮은 수익을 얻고 있음에도 불구하고, 왜 영업 활동을 계속하고 있었을까 하는 수수께끼에 직면하게 된다. 위험 감수에 대한 보상이 이루어지지 않는 기업의 수익률은 비정상적이라고 할 수밖에 없다.

1995년의 반도체 특수가 종식되고 교역 조건이 악화되자 기업 재무구조의 취약성이 증대되었다. 기업 부채의 대 GDP 비율은 1995년까지 점진적으로 상승하다가 그 이후에는 현저한 증가세를 보여 1996년에는 1.5, 1997년 1.7을 웃돌았다. 부채자본비율도 1990년대에 상장기업 전체로는 250% 수준이었고, 30대 재벌의 경우에는 이 보다 훨씬 높은 400%에 이르렀다. 기업의 부채비율은 지렛대와 같아서 경기가 좋을 때는 이자를 지급하고도 엄청난 수익을 남길 수 있다. 그러나 경기가 나빠지면 이자비용도 감당하지 못해 심각한 자금난에 빠지게 되고 나아가 대규모 부실화와 연쇄도산에 이르게 된다. 실제로 1996년 들어 반도체를 비롯한 주요 수출품의 국제가격이 급락하는 등 교역 조건이 악화되자 국내 기업의 수익성이 크게 떨어짐에 따라 높은 부채비율을 지니고 있었던 기업들은 채무상환에 큰 어려움을 겪기 시작하였다. 비금융 상장 법인의 총자본경상이익률은 1995년 2.5%에서 96년 0.8%, 97년 −0.7%로 급격히 악화되었다. 특히 하위 재벌(11~30대)의 경우 호황기였던 1994~95년에도 총자본경상이익률은 각각 −0.06%, −0.08%를 보였다. 결국 1997년 하위 재벌들의 연쇄도산이 발생하여 대외 신인도가 급락함으로써 경제위기가 초래되었던 것이다.

상대가격의 왜곡

최근 박종규와 조윤제(2002)는 기업수익성이 1970년대 이후 추세적으로 악화되어온 원인을 기업의 활동에서 가장 중요한 상대가격인 임금, 금리, 지대, 환율의 왜곡에서 찾았다. 즉 3대 생산요소인 토지, 노동, 자본의 가격이 생산성에 비해 너무 높은 고지가 · 고임금 · 고금리로 인해 고비용 구조가 심화되면서 기업 이윤을 지속적으로 압박하였기 때문에 기업의 수익성이 추세적으로 하락해왔고, 결국 광범한 기업

그림 1-6 | **자본의 수익률과 기회비용(제조업)**

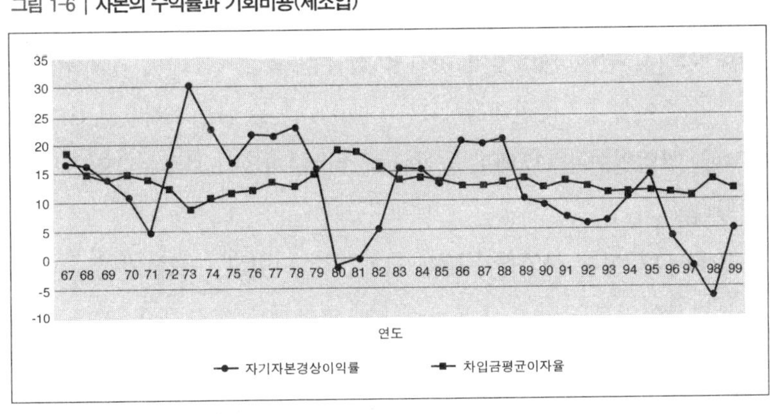

자료 : 한국은행, 기업경영분석, 각 연도

부실이 발생했다는 것이다.

한국은 1960년대 말 이후 대체로 10년 주기의 부동산 가격 인플레를 경험하여왔다. 그 결과 1990년 공시지가 기준 전국지가총액의 대 GDP 비율은 한국이 9배를 상회하여, 당시 일본의 5.3배를 크게 웃돌았다. 1991년 이후 지가는 하향 안정세를 보인 데 비해 고도성장이 지속된 결과 전국지가총액의 대 GDP 비율은 1997년 3.7 수준까지 떨어졌다. 그럼에도 불구하고 1997년 경제위기 직전, 달러 기준 서울의 사무용 건물의 임대료는 세계에서 네 번째로 높았다.

1960년대 이후 한국경제의 지속적인 고도성장에 따라 농림어업 부문의 잠재 실업 풀이 고갈되어가는 가운데, 1970년대 중반 이후 중동 건설 붐을 거치면서, 임금은 1970년대 후반 크게 상승하기 시작하였다. 1980년대 중반까지 정부가 인플레 퇴치를 위해 임금인상을 강력히 억제하였기 때문에 임금상승률이 노동생산성 증가율과 물가상승률의 합을 지속적으로 밑돌았다. 그러나 1987년 노동운동 활성화 이후 1996년까지 전(全) 산업 임금상승률이 노동생산성 증가율과 소비자 물가상승률의 합을 지속적으로 웃돌았다. 그 결과 1988~97년 중 평균, 달러 기준 한국의 1인당 국민소득(GNI)은 홍콩의 44%, 싱가포르의 45%에 불과하였으나, 한국 제조업의 시간당 임금은 홍콩의 110%, 싱가포르의 99% 수준이었다.[8] 국민계정상 1970~2001년 중 불변가격으로 GDP는 174배, 영업잉여는 115배로 늘어난 데 비해, 피용자 보수는 258배가 늘어났다.

1980년대 이후 물가상승률이 크게 저하되었고, 또한 기업의 자기자본경상이익률도 빠른 속도로 저하되었음에도 불구하고, 평균 대출

---

8 박종규 · 조윤제(2002), 27쪽 〈표3〉.

금리는 국제금리 5~7%의 두 배에 이르는 11~13%, 회사채수익률은 이보다 높은 12~18% 수준을 1990년대까지 유지하여왔다. 이처럼 3대 생산요소 가격인 지가, 임금, 금리가 과대하게 높아진 결과, 1985년 한국은 세계에서 57번째로 물가가 비싼 나라였는데, 1995년에는 7번째로 대표적인 고물가 국가였다. 물론 이는 부분적으로는 경직적인 환율 정책으로 인해 한국의 원화가치가 과대평가된 데도 일부 기인한 것이었다.

이러한 고비용 구조는 주기적 부동산 가격 인플레로부터 촉발되었다. 박종규와 조윤제(2002)는 부동산 가격 상승은 임대료의 상승과 음식·숙박업 등 서비스 가격 상승을 유발하고 이는 다시 근로자들의 주거비 및 생계비를 인상시킴으로써, 강력한 임금인상 요구로 이어지게 되었다고 주장한다.

필자(1995, 1997)는 당시 우리 경제의 고비용 구조의 원인으로 지적되었던 소위 '4고(高) 현상' 중 고지가뿐 아니라, 고임금·고금리·고물류비용 역시 토지 문제에 기인한 바가 크다고 주장하였다. 고지가는 국제적으로 볼 때 턱없이 높은 공장용지 가격, 상가 및 사무실의 임대료를 통해 생산비를 상승시켜 우리나라를 세계적인 고물가 국가로 만든 직접적인 요인일 뿐만 아니라, 사회간접자본 정비를 위한 정부의 토지취득비용을 상승시켜 한정된 예산으로 사회간접자본 확충을 어렵게 하여 고물류비용을 초래하고 있다. 또한 80년대 말 이후 근로자들의 임금이 큰 폭으로 상승하였지만 집값·전셋값은 더욱 크게 올라 더 높은 임금인상을 요구하였으며, 고금리 역시 금융자산의 대체재인 토지의 높은 수익률에서 비롯된 바가 크다.

3대 생산요소 중 자본과 노동은 (다른 나라에 비해 너무 높을 경우) 수입할 수도 있겠으나, 토지는 지가나 지대가 경쟁국에 비해 아무리 높더라도 수입할 수 없다. 물론 생산요소의 하나로서 토지의 비교역재성(非交易財性)이 절대적인 것은 아니다. 우선, 한 국가의 지가나 지대가 과도하게 높을 경우, 기업이 생산입지를 여타의 국가로 이전함으로써 간접적으로 그 비교역재성을 완화할 수 있다. 또한 여타 생산요소 및 생산물 시장이 충분히 개방되어 있을 경우에도 간접적으로 토지의 비교역재성은 완화될 수 있다. 그러나 기업입지의 국외 이전에 수반되는 높은 거래비용과 낮은 대외 개방도 때문에 토지의 비교역재성의 완화 메커니즘은 극히 제한적일 수밖에 없다. 따라서 우리나라의 고지가가 고임금·고금리·고물류비용을 일으키는 근원적 요인이라는 가설이 도출될 수 있다. 따라서 4고→고비용→고물가의 악순환이 지속되고, 높은 내외 가격차에도 불구하고 고비용 구조가 존속 가능하게 된 것이라고 볼 수 있다.

다른 한편 한국 기업, 특히 재벌들은 수익 극대화보다는 외형 확대에 치중하여왔다. 이러한 기업 행태는 자산 규모에 따라 기업들이 '계층화' 되어 대규모 자산을 보유하고 있는 기업들이 시중 자금은 물론 우수 인력과 기술을 거의 독점할 수 있다. 즉 대마불사의 신화가 지배하고 있는 환경에서는 이러한 재벌들의 행태가 일정한 합리성을 갖는 것이었다. 기업의 자금조달은 은행으로부터 담보대출에 주로 의존하였으며, 또한 부동산 가격 인플레로 인해 담보가치가 상승하면 더 많은 대출을 받아 기업의 외형 확대를 위해 투자를 지속하는 토지본위제를 통해 이루어졌다. 과잉투자로 인해 기업의 수익성은 낮아진 반면 자금과 인력에 대한 수요는 오히려 확대됨으로써 경제 전체적으로 항상 자금과 인력에 대한 초과수요가 존재하게 되어, 자본수익률을 넘는 고금리, 노동생산성을 넘는 고임금이 지속되었다. 심지어는 영업 활동에서 손실이 나더라도 부동산 가격 상승으로 인한 자본이득으로 상쇄하는 기

연도	한국	일본	영국	미국
1985	-	2.9	1.2	1.1
1986	-	3.7	1.3	1.0
1987	-	4.7	1.5	1.0
1988	-	4.8	1.9	1.0
1989	9.03	5.3	1.9	1.0
1990	9.03	5.4	1.6	0.9
1991	8.41	4.7	1.5	0.8
1992	7.32	4.1	1.3	0.7
1993	6.00	3.9	1.3	0.7
1994	5.07	3.8	1.1	0.6
1995	4.37	3.7	1.1	0.6
1996	3.97	-	-	-
1997	3.68	-	-	-
1998	3.24	-	-	-
1999	3.07	-	-	-

주 : 한국은 김진영 · 박창균(2001)에서, 일본 · 영국 · 미국은 한국감정원(1998)에서 인용.

업도 적지 않았다.

그러나 1991년 하반기부터 부동산 가격이 하향 안정세로 돌아섰다. 그 결과, 〈표 1-13〉에서 보듯이, 전국토지가총액의 대 GDP 비율은 1990년 9.03에서 1997년 3.68에 이르기까지 지속적으로 하락하였다. 기업들은 더 이상 영업손실을 보유 부동산 가격 상승으로 인한 자본이득으로 상쇄할 수 없었을 뿐만 아니라, 기업의 담보가치도 더 이상 상승하지 않았기 때문에 토지본위제도 더 이상 유지될 수 없었다. 그러나 국제투자자들이 아시아 지역에 대한 투자를 크게 늘림에 따라, 1991년 이후 우리나라에도 해외자본의 유입이 빠르게 늘어나게 되고, 이로 인해 '4고 현상'으로 대표되는 왜곡된 상대가격 체계는 별다른 조정을 받지 않은 채 1997년 경제위기 때까지 유지되었다(박종규·조윤제, 2002).

퇴출 제도의 미비

앞서 살펴본 바와 같이, 이자보상배율이 1 이하인 기업들의 차입금은 1990년 이후 급속히 증대되어왔다. 또한 적자를 신규 차입을 통해 메운 결과 부채가 눈 덩이처럼 늘어나 한라·진로·삼미 등 일부 재벌들의 부채비율이 이미 1995년 2000%를 넘어섰고, 또한 일부 재벌들은 이미 자본잠식 상태에 있었다. 수익성 악화로 사실상 부도가 난 기업들도 비효율적인 퇴출 제도로 인해 퇴출되지 않은 것이 1989년 이후 제조업 부문 평균 수익률을 하락시킨 한 원인이었던 것으로 보인다.

퇴출 제도가 제대로 작동되어오지 않은 일차적인 원인은 기업 회계 자료가 부실하여 기업의 실상 파악 자체의 어려움과 비효율적인 부실 기업 처리 과정이다. 대우의 예에서 보듯이, 일반적으로 분식회계가 만연하여 부실의 조기 파악이 어렵고, 부실 사실의 공개가 지연됨으로 인해서 부실 규모가 불필요하게 커진 이후에야 부실이 표면화되었다. 그리고 부실이 표면화된 이후에도 기업의 실상 파악에는 많은 비용과 시간이 소요되었고, 기업 가치에 대한 불확실성이 커서 이해관계자 간의 조기 합의나 제3자 매각을 힘들게 하였다.

공식적인 기업정리 제도인 회사정리법·화의법·파산법 등 도산3법이 존재하고 있었으나, 97년 경제위기 발발 이전에는 대기업이 이들 제도에 의해 처리된 사례는 드물었다. 우리나라의 도산 제도는 소유지배 구조의 근본적인 변경이 곤란하여 효율적인 처리에 한계가 있었다. 〈표 1-14〉에서 보듯이, 파산 사건은 거의 전부 중소기업과 개인에 한정되었으며, 대기업으로서는 2001년 파산 선고를 받은 동아건설이 대

연도	부도	파산	화의	회사정리
1983	U/A	U/A	U/A	47
1984	U/A	12	2	52
1985	U/A	11	2	40
1986	U/A	26	-	26
1987	U/A	20	-	30
1988	U/A	21	-	26
1989	U/A	37	2	27
1990	4,107	27	-	15
1991	6,159	16	-	64
1992	10,769	14	-	89
1993	9,502	26	-	45
1994	11,255	18	-	68
1995	13,992	12	13	79
1996	11,589	18	9	81
1997	17,168	38	322	151
1998	22,828	467	728	65
1999	6,718	733	140	37

자료 : 법원행정처, 『사법연감』, 한국은행, 『연차보고서』

기업으로서는 첫 번째 사례였다. 경제위기 이후 화의 사건이 급속하게 증가한 것은 경영권 유지를 추구하는 지배주주들이 회사정리 절차를 기피하고 화의 절차를 선호했기 때문이다. 회사정리 역시 법원에서 실질적으로 경영권을 행사하는 데 따른 비효율이 크고, 관리인에 대한 유인 구조에도 부적절한 부분이 있으며, 정리계획안에서 채무탕감 규모가 작아서 효율성 제고와 M&A에 있어서 제약 조건이 되어왔다. 무엇보다도 부실화에 따른 정리 과정과 정리 절차를 종결한 이후에도, 재벌

의 왜곡된 소유지배 구조로 인한 지배주주 위주의 이익 추구가 효율적
문제 해결에 가장 큰 걸림돌로 작용하여왔다.[9]

5. 재벌의 구조적 문제 : 높은 부채비율과 낮은 수익성

한국 제조업 부문의 총자본경상이익률이 다른 나라에 비해 낮고, 또
한 추세적으로 하락하여온 다른 하나의 원인을 비효율적인 재벌의 비
중이 증대되어온 데서 찾을 수 있을 것이다. 크루거와 유정호(Krueger ·
Yoo, 2001)는 한국의 자본수익률이 1980년대 중반 이후 하락 추세를 보
이고 있는 원인의 하나로 비(非)재벌 기업에 비해 효율성이 낮은 재벌 부
문의 비중 증대 가설을 암묵적으로 제시하고 있다. 아래에서 살펴보듯이
수익률이 낮은 재벌 부문의 비중이 총자산 기준으로 1985년 15.7%에서
점진적으로 상승하여 1996년 35.5%를 차지하고 있다. 따라서 1980년대
중반 이후에도, 중소기업 위주의 대만과는 대조적으로 한국 제조업의 자
본수익률이 하락하는 추세를 보이게 되었다는 설명이다. 그러나 비재벌
기업들의 자본수익률 역시 1989년 이후 하락세를 보이고 있다.

1) 독립기업보다 못한 재벌의 재무구조와 영업성과

기업의 조직형태는 독립기업과 기업집단으로 구분할 수 있다. 그 동
안 기업집단의 효율성에 대한 많은 논쟁이 있어왔다. 레프(Leff, 1978)
등이 지적하였듯이, 기업집단은 독립기업에 비해 다각화를 통한 도산
위험 감소와 정보전달 비용 감소 때문에 상대적으로 낮은 비용으로 자

금을 조달할 수 있고, 시장이 불완전한 경우 내부거래를 통해 거래 비용을 절감함으로써 기업 성과를 높일 수 있다. 반면, 기업 내부거래는 계열사 간의 지속적이고 안정적인 거래라는 특성상, 공급자는 비용 절감과 품질 개선의 유인이 적어 비효율성을 갖기 쉽고, 비효율적인 계열사가 퇴출되지 않을 경우 기업집단 전체의 효율성을 저해할 수 있다.

한국의 제조업 부문 외부감사 대상 기업들의 미시자료를 이용해 분석해 보면, 재벌 기업은 비재벌 기업에 비해 부채비율은 높고 수익성은 낮다. 〈표 1-15〉에서 볼 수 있듯이, 30대 재벌의 부채비율은 4 안팎을 보여 비재벌 기업에 비해 대체적으로 30~60%가 높다. 그리고 〈표 1-16〉에서 보듯이, 1980년대 중반 총자본경상이익률을 보면, 비재벌 기업의 경우 6~7%인 데 비해 30대 재벌은 그 절반 수준인 3~4%에 불과하다. 제조업 부문 30대 재벌의 총자본경상이익률은 그 이후 하락하여 1990년대에는 2% 이하로 떨어졌다. 다만 반도체 특수가 있었던 1994~95년은 예외적이었다.

1985~96년 중 제조업 부문 평균 부채비율은 비재벌 기업이 257.9%인 데 비해, 30대 재벌은 346.3%, 5대 재벌은 332.7%로서 상당히 높은 편이다. 반면, 동 기간 중 평균 총자본경상이익률은 비재벌 기업이 3.91%인 데 비해, 30대 재벌은 2.37%, 5대 재벌은 3.09%로서 독립기업에 비해 낮다. 반도체 기업을 제외할 경우, 동 기간 중 30대 재벌의 총자본경상이익률은 평균 1.85%, 5대 재벌의 그것은 2.33%로서 독립기업에 비해 지속적이고 현저히 낮다. 자기자본경상이익률 역시 비재벌 기업의 기간 중 평균은 14.00%인 데 비해, 30대 재벌은 10.51%, 5대 재벌은 13.08%로서 독립기업에 비해 낮은 것으로 나타났다.

이처럼 재벌계열 기업들이 비재벌 기업들에 비해 평균적으로 부채비율은 높고, 수익률은 낮기 때문에 이자보상배율이 낮아 부채상환 능력

연도	전 산업			제조업			
	30대재벌	5대재벌	비재벌	전 기업	30대재벌	5대재벌	비재벌
1985	4.62	4.40	3.40	3.49	3.83	3.44	3.07
1986	4.93	4.42	2.48	3.51	4.10	3.87	2.91
1987	4.62	4.45	2.35	3.40	3.92	3.09	2.73
1988	3.32	3.64	2.39	2.96	3.15	3.56	2.55
1989	3.31	3.14	2.00	2.54	3.08	3.08	1.89
1990	3.70	3.61	2.27	2.86	3.43	3.52	2.11
1991	3.89	3.77	2.49	3.09	3.57	3.73	2.30
1992	4.00	3.75	2.66	3.20	3.66	3.62	2.62
1993	3.51	3.17	2.70	2.95	3.10	2.81	2.58
1994	3.59	3.18	2.83	3.02	3.17	2.75	2.70
1995	3.53	3.07	2.97	2.87	3.05	2.57	2.74
1996	3.90	3.54	3.01	3.17	3.49	3.07	2.75
1997	5.24	4.67	3.50	3.96	4.92	4.27	2.98
1998	3.62	3.31	2.89	3.03	3.36	3.16	2.41
1999	2.55	2.73	1.93	2.15	2.06	2.04	1.85

주 : 1) 1987년 추정치들은 여타 연도들의 추정치들과 직접 비교할 수 없음.

　　2) '비재벌'은 30대 재벌 계열사가 아닌 기업들임.

자료 : '전 산업'은 한국은행 기업경영분석 각 연도, 여타 추정치들은 한국신용정보의 기업 수준 DB로부터 계산한 것임; 크
　　루거 · 유(Krueger · Yoo, 2001)에서 재인용

이 취약한 상황이 오랫동안 지속되었다. 남일총 외(Nam et. al, 1999)[10]는
상장기업과 외부감사 대상을 대상으로 조사한 한국신용정보(주)의 자

---

10 Nam, Il Chong, Joon-Kyung Kim, Youngjae Kang, Sung Wook Joh, and Jun-Il
Kim(1999), Corporate Governance in Korea, KDI Working Paper # 9915.

연도	전산업			제조업					
	30대 재벌	5대 재벌	비재벌	전기업	30대 재벌	30대 재벌*	5대 재벌	5대 재벌*	비재벌
1985	n.a	n.a	n.a	3.02	n.a	n.a	n.a	n.a	n.a
1986	1.95	3.03	5.23	4.45	3.03	3.01	3.93	4.02	6.66
1987	2.11	2.54	4.47	4.49	2.87	2.90	3.09	3.17	6.08
1988	3.96	4.23	7.44	4.93	4.99	4.88	5.11	4.93	7.91
1989	2.30	2.72	4.44	2.71	2.31	2.05	2.56	2.16	4.44
1990	1.57	1.71	3.74	2.52	1.67	1.84	1.61	1.88	3.65
1991	1.22	1.20	3.66	1.76	0.96	1.04	0.96	1.09	3.21
1992	1.09	1.49	2.86	1.39	1.01	0.90	1.42	1.33	1.97
1993	1.24	1.78	2.69	1.62	1.15	0.66	1.89	1.19	2.24
1994	2.50	3.82	3.05	2.69	2.88	1.24	4.77	2.29	2.79
1995	3.35	5.41	2.42	3.54	4.59	1.37	7.36	2.44	2.71
1996	0.61	1.18	1.29	0.93	0.68	0.47	1.29	1.12	1.45
1997	-0.87	0.37	-0.38	-0.31	-0.88	-0.92	0.48	0.85	0.12
1998	-1.82	-1.33	-0.95	-1.51	-1.94	-2.53	-1.84	-2.74	-1.19
1999	-2.48	-4.06	1.60	1.43	0.95	-0.39	1.10	-0.84	2.82

주 : * 은 재벌 계열사들 중 반도체 제조기업을 제외한 것을 나타냄.

자료 : 크루거 · 유(Krueger · Yoo, 2001)

료를 이용하여 재벌과 비재벌의 이자보상배율[11]을 비교하였다. 이들 표본 기업 가운데 기업집단에 소속된 기업이 60% 이상을 차지하고 있다. 1986~98년 중 재벌들의 이자보상배율은, 1995년 반도체 호황기를 제

---

11 이자보상배율(interest payment coverage ratio)은 세전, 지급이자 공제 이전의 영업이익을 이자비용으로 나눈 값으로, 기업의 차입금 의존도와 영업성의 효율을 동시에 고려한 기업의 차입금상환 능력을 나타내는 지표로 해석할 수 있다. 이자보상배율이 1보다 작은 경우 그 기업은 금융비용을 충당하기 위하여 영업 외적인 노력이 필요함을 의미한다.

외하면 일관되게 비재벌보다 낮다. 특히 6~70대 재벌들이 가장 취약하여 1997년의 경우 이자보상배율이 0.95로 5대 재벌 1.6, 비재벌 기업의 1.3보다 훨씬 낮았다. 경제위기 직후인 1998년 비재벌 기업의 이자보상배율은 1997년 수준을 유지하고 있는 데 비해 5대 재벌과 6~70대 재벌의 그것은 각각 0.94와 0.43으로 급격히 떨어졌다. 이는 재벌들의 부채비율이 비재벌 기업에 비해 상대적으로 더 높았기 때문에 외환위기로 인한 급격한 금리 상승에 따라 금융비용 부담이 더 크게 늘어났고, 또한 외화표시 외채의존도 역시 보다 높았기 때문에 환율 급등에 따라 환차손도 크게 입었기 때문인 것으로 보인다.

이처럼 재무 구조와 영업 성과의 측면에서 재벌들이 비재벌 일반 기업에 비해 상대적으로 취약한 것은 일시적 문제가 아니고, 적어도 1980년대 중반 이후 지속적으로 존재한 구조적인 문제였다. 따라서 1997년 이후 재벌 기업들의 연쇄도산은 일시적인 유동성 부족에서 비롯됐던 것이 아니라, 교역 조건 악화와 같은 외부 충격으로 구조적 취약성이 노출되었기 때문임을 시사한다. 그 결과 1996년 현재 30대 재벌에 속했던 한보, 기아, 한라, 진로, 해태, 신호, 뉴코아, 강원산업, 새한, 쌍용, 동아, 고합, 아남, 그리고 대우, 현대 등 절반 이상의 재벌들이 그룹 전체 혹은 일부 계열사들이 1997년 이후 사실상 도산하였다.

2) 재벌 부실의 원인

재벌은 비재벌 기업에 비해 생산물 시장에서 독·과점적 지위를 차지하고 있는 경우가 많기 때문에 독·과점 이윤을 획득할 수 있고, 금융 및 노동 등 생산요소 시장에서도 수요 독점적 지위에 있는 경우가 많았다. 그래서 일반 기업에 비해 유리하므로 재벌이 보다 높은 수익률을 보일 것으로 추정하는 것은 보통이었다. 그런데 앞에서 살펴본 바와 같이, 재벌이 비재벌 기업에 비해 재무 구조와 영업성과 측면에서 지속적이고 구조적으로 열등했던 원인은 무엇인가? 일반적으로 기업의 수익성과 재무적 안정성은 투자와 밀접한 연관을 갖는다. 그러므로 재벌 부실화를 해명하기 위해서는 재벌의 투자 행태 및 이러한 투자 행태를 낳은 기업 내·외부 요인에 대해 살펴볼 필요가 있다.

과잉투자

국찬표, 박영석, 그리고 이정진(1997)은 설문 조사를 통하여 재벌의 투자 목표가 기업 가치의 극대화보다는 그룹 규모의 극대화에 있음을 밝혔다.[12] 자본축적 초기에는 자본에 대한 수익률이 높았기 때문에 매출액 극대화는 수익 극대화와 어느 정도 부합할 수 있었을 것이다. 그러나 기업 규모가 일정 수준에 도달한 이후에는 규모 확대와 수익 극대화는 괴리되기 쉽다.

우리는 앞 절에서 한국 제조업 부문 기업 일반의 수익률이 추세적으로 하락하여온 중요한 원인으로 과잉투자에 주목하였다. 그런데 1990년대에 재벌들은 독립기업들에 비해 더욱 심한 과잉투자를 해온 것으로 드러났다. 한진희(1999)는 1992~97년 중 한국신용정보(주)의 상장기업 재무제표 사료를 이용한 실증분석 결과, 제조업 부문 평균 유형고정자산 대비 투자율은 5대 재벌 계열사의 경우 34.6%로 독립기업 25.4%보다 현저히 높았음을 발견하였다. 그리고 매출액 가속도 모형을 추정한 결과, 5대 재벌 유형고정자산 대비 투자율은 여타 기업에 비하여 매출액의 시차분포, 미래 수익성의 대리변수, 유동성, 기업 규모 등을 통제하더라도, 추정 모형에 따라 6~11%p 높은 것으로 나타났다. 그리고

---

12 국찬표·박영석·이정진(1997), 한국기업집단의 투자결정과 자본비용, 재무연구, 제13호.

이와 같이 5대 재벌들이 통상적인 투자결정 요인으로 설명할 수 있는 것 이상으로 투자를 하였다는 의미에서 과도한 투자를 하였던 것은 재벌의 부도를 정부가 정치·경제적 이유 때문에 수용하기 어려울 것이라는 대마불사(too big to fail)의 기대 때문이라고 해석하였다.

또한 5대 재벌과 비재벌 기업으로 나누어 각각 투자함수를 추정한 결과, 5대 재벌 계열사의 투자는 수익률에 대한 불확실성이 커질수록 증가하는 반면, 여타 기업의 투자는 이와는 대조적으로 수익률의 불확실성에는 별로 영향을 받지 않는 것으로 나타났다. 이 결과는 5대 재벌과 같은 큰 재벌들이 투자가 사후적으로 실패로 판명될 경우 정부가 구제해 줄 것이라는 믿음 하에 위험한 사업에 과잉투자를 하였다는 가설을 뒷받침하는 증거로 해석되었다.

비록 과거에 정부가 민간기업의 채무에 대하여 명시적인 지불보증은 하지 않았더라도, 뒤에서 자세히 살펴보는 바와 같이, 수차례에 걸친 부실기업 정리 과정에서 차입금의 규모가 큰 기업들은 투자의 손실로부터 보호받을 수 있다는 믿음이 형성되었다.

비효율적인 계열사 지원

조성욱(1999)은 1992년부터 1997년까지의 외부감사 대상 민간기업의 수익성에 관한 연구를 통해, 동일 산업에 있어 규모, 기업 형태, 그리고 산업에서의 지위 등을 제어한 경우 기업집단에 소속된 기업들은 독립기업보다 성과가 낮음을 발견하였다. 이는 기업집단이 거래비용 측면에서 얻을 수 있는 이론상의 효율성이 다른 요인들에 의해 상쇄되었음을 의미한다. 순이익률과 경상이익률을 살펴보면, 30대 재벌의 성과가 70대 재벌의 순이익률보다 낮다. 그러나 30대 재벌보다 최상위의 5대 재벌의 수익성은 상대적으로 덜 감소하였다.

　이론적으로 기업 외부와 내부 사이에 존재하는 정보의 비대칭성으로 인한 비효율성의 문제를 외부자금 시장 대신 내부자금 시장을 이용함으로써 해소할 수 있다. 그러나 샤프스타인(Scharfstein, 1998)은 일반적으로 독립기업에 비해 다각화된 기업의 수익성이 낮은 이유를 투자 자원이 사업부서 간에 비효율적으로 배분되는 투자 행태에서 찾았다. 한국 재벌의 수익성이 낮은 중요한 요인 중의 하나도 수익성이 낮은 계열사에 대한 지원 때문이었다. 기업의 생산 활동과는 직접 관련되지 않은 투자자산이 우리나라 기업의 총자산에서 차지하는 비율은 평균 13%로서 아주 높다. 관계 회사에 대한 유가증권과 기타 대여금 형태로 투자된 자본이 경상이익률, 순이익률 그리고 이자보상배율에 음(-)의 효과를 미치는 것으로 나타났다. 기업집단은 낮은 수익성에도 불구하고 계열사에 대한 투자자산을 줄이기는커녕 오히려 늘리는 경향을 보이고 있다. 이는 지난 1976년 젠슨(Jensen)과 멕클링(Meckling)이 증명한 바와 같이, 내ㆍ외부의 견제를 받지 않는 경영권을 장악한 재벌총수가 자신의 지배권 확장이라는 사적이익을 추구하고 있는 것으로 해석할 수 있다. 즉 재벌총수가 실제로 소유하는 지분은 낮음에도 불구하고 계열사 등에 대한 출자지분이 높아짐에 따라 재벌총수가 지배할 수 있는 지분율이 높아 재벌총수의 지위가 확고해진다. 공정거래위원회에 따르면, 대주주와 특수관계인을 제외한 30대 기업집단의 계열사 간 상호출자를 통한 내부지분율이 1995년 22.4%에서 1999년 45.1%로 증가하였다. 이러한 재벌 행태는 투자의 주요 목적이 소유를 통한 관계 회사에 대한 지배권 확보에 있음을 시사한다.

　또한 한국의 재벌들은 외부차입에 크게 의존하여왔고, 이를 위해 계열사의 채무보증을 광범하게 이용하여왔다. 〈표 1-17〉에서 보듯이, 30대 재벌의 채무지급보증 금액은 1993년 자기자본의 469.8%인 165조

표 1-17 | 30대 재벌의 채무지급보증 현황　　　　　　　　　단위 : 10조 원

연도	자기자본 (A)	채무보증금액			자기자본 대비 비율(%)	
		제한대상 보증금액(B)	제한예외 보증금액(C)	합계(B+C)	B/A	(B+C)/A
1993	3.52	12.06	4.49	16.55	342.4	469.8
1994	4.28	7.25	3.82	11.07	169.3	258.1
1995	5.07	4.83	3.38	8.21	95.2	161.9
1996	6.29	3.52	3.23	6.75	55.9	107.3
1997	7.04	3.36	3.13	6.49	47.7	92.2

자료 : 공정거래위원회, 조성욱(2001)에서 재인용

원에 이르렀다. 이후 정부의 규제 강화에 따라 감소세를 보였으나, 경제위기 직전 30대 재벌의 채무보증 금액은 자기자본의 92.2%인 약 65조 원에 이르고 있다. 특히 6대 이하 재벌은 1993~97년 전(全) 기간 동안 채무보증 금액이 그룹 전체의 자기자본보다 많다. 이는 계열사에 대한 채무보증이 그룹 내부와 외부자금 시장 사이에 존재하는 정보의 비대칭성을 낮추기 위한 수단으로 활용되었다기보다는, 재벌들의 차입 극대화를 위한 수단으로 사용되었음을 의미한다. 그 결과 1997년 일부 재벌 계열사의 도산이 채무보증을 제공한 상대적으로 건실한 다른 계열사마저 도산시키는 연쇄도산의 고리로 작용하였다. 요컨대, 재벌들은 내부자금과 외부차입에 의존해 외형성장 위주의 투자를 한 결과 수익성 면에서 낮은 성과를 보였다.

　기업공개 여부도 기업의 성과에 영향을 미칠 수 있다. 일반적으로 상장기업의 경우 시장에서의 압력에 의해 최소 요구수준의 기업 성과를 만족시키고자 할 것이다. 반면 내·외부의 견제장치가 제대로 작동하지 않을 경우 기업 성과의 극대화보다는 지배대주주의 사적이익을 추구하고자 하는 유인이 보다 강하므로 비상장기업보다 기업 성과가 낮

을 수 있다. 한국 기업에 있어 대부분 대주주가 경영을 직접 담당하거나 경영자에 대해 막대한 영향력을 행사해왔으므로, 주주와 경영자 사이의 대리인 문제는 심각하지 않았다. 오히려 지배주주와 소수주주 간의 이해상충 문제가 클 수 있다. 기업 경영에 간여하는 대주주가 기업의 자원을 사적이익을 위해 사용할 경우, 그 비용은 외부의 소수주주와 공동으로 부담하지만 편익은 독점하게 되므로 사적이익을 추구할 유인을 갖게 된다. 조성욱(1999)의 실증분석에 따르면, 상장기업의 영업이익률은 비상장기업보다 약 14% 낮다. 이는 부분적으로 주식 소유가 분산된 기업에 있어 지배대주주가 외부 소수주주의 재산권을 심각하게 침해하고 있는 데 기인한 것으로 해석할 수 있을 것이다.

기업지배구조의 미비

이처럼 재벌에 속한 기업의 경우 낮은 수익성과 총수의 전횡 때문에 기업 성과가 악화된 것은, 이에 대한 내·외부의 견제 장치가 제대로 작동하지 않았던 데, 즉 기업지배 구조가 제대로 작동하지 않았기 때문이다.

우선 기업 내부의 지배 구조 문제부터 살펴보자. 일반적으로 재벌총수들은 임원, 계열사 그리고 자기주식 및 우리사주 등을 통하여 총수 가족이 보유한 실실지분율보다 많은 지분에 대히어 영향력을 행사하여 왔다. 조성욱(Joh, 2002)는 한국신용정보㈜의 소유지분 자료를 이용해 분석한 결과, 비재벌 기업보다는 재벌에 소속된 기업에서 실질소유지분과 통제가능지분 간의 괴리가 크고, 기업집단에 소속된 기업 가운데는 규모가 큰 재벌에서 그 괴리가 크다는 사실을 발견하였다. 1995년에 실시한 전인우와 공병호 설문 조사 결과, 이사와 감사의 선임에 있어 75% 이상의 기업에서 소수주주의 의견이 거의 반영되지 않았던 것에서 알 수 있듯이, 재벌총수가 이사와 감사의 선출권을 장악해온 것이 일반적이었다.

대주주가 계열사와 우리사주 등을 통하여 대주주 가족이 보유한 실질지분율보다 더 많은 지분에 대하여 영향력을 행사하는 소유 구조에서, 또한 이사와 감사의 선출이 대주주에 의해 장악되고 있는 환경에서는 이사회를 통한 회장 또는 사장의 전횡을 통제하기 어려웠다. 이처럼 기업지배구조가 확립되어있지 않고, 총수의 실질지분율이 계열사마다 다른 상황에서는 내부거래를 통해 계열사의 자원을 총수의 사적이익에 부합하도록 다른 기업에 이전할 가능성이 높았다.

이로 인한 비효율성을 극복하기 위해서는 소수주주의 권한을 보호하여야 하며 기업공시 제도의 강화와 같은 기업지배구조의 개선이 필요하다. 또한 부채비율이 기업수익성에 음(-)의 효과를 미치는 것으로 나타났다. 이는 비효율적인 기업들에 자금이 공급되는 것을 금융기관 스스로 막을 수 있도록 금융기관의 지배 구조 역시 개선되어야 함을 의미한다.

외부 감시장치 역시 재벌 기업들이 기업 가치 극대화를 추구하도록 감시하는 데 실패하도록 제도화되어 있었다. 정부가 금융기관을 통해 행해온 부실기업에 대한 암묵적 보호가 성과가 낮은 기업마저도 시장에서 퇴출되지 못하도록 만들었다. 기업에 대해 중심적 자금공급자였던 은행 등 금융기관의 기업감시 기능은 미미하였다.

채권자로서 금융기관은 기업의 부실경영을 감시할 의무가 있다. 그러나 정부가 은행 최고경영진에 대한 인사권을 장악하고 있는 체제에서 은행은 수익성 극대화 대신 정부 정책에 협조하는 것을 보다 중요시하게 되었다. 또한 대기업에 대한 정부의 암묵적 보증(implicit guarantee)이 관행화된 여건에서 은행은 기업, 특히 재벌의 감시자로서의 기능을 제대로 수행할 수 없었다. 정부의 영향력 하에 있었던 은행

뿐만 아니라, 재벌에 소속된 비은행 금융기관 역시 기업감시자의 역할을 제대로 수행하지 못했다. 김준경(1999)은 비은행 금융기관을 소유한 재벌 계열사의 차입금 의존도가 그렇지 않는 기업들보다 1990~97년 중 지속적이고 현저하게 높은 반면, 이자율은 낮게 지불해왔음을 발견하였다. 또한 재벌이 소유한 비은행 금융기관은 비재벌계에 비해 낮은 자기자본비율과 총자산수익률을 보였다.[13] 이는 재벌에 소속된 금융기관은 계열사에 낮은 비용으로 자금을 공급하는 역할을 담당했음을 의미한다.

자본 시장에 의한 기업통제 역시 작동할 수 없도록 제도화되어 있었다. 1980년대 미국에서 M&A 시장은 어떤 기업이 잠재적 가치를 실현하지 못하거나 부실화되는 경우 인수·합병의 위협을 통해 가장 강력한 기업지배구조로서의 기능을 수행하였다. 그러나 경제위기 이전 한국의 경우 재벌 계열사 간에 간접 상호출자가 광범하게 이루어졌기 때문에 M&A가 원천적으로 어려운 기업 소유구조를 가지고 있었다. 게다가 외국인에 의한 인수·합병, 적대적 M&A는 법률로 금지되어 있었으며, 기존 대주주를 제외하고는 새로이 기업 주식을 25% 이상 매수하고자 하는 투자자에게 50% 이상의 공개매수를 의무화함으로써 M&A를 사실상 불가능하게 하는 특이한 제도가 시행되었다.

이러한 자본 시장과 금융기관에 의한 기업감시는 기업의 재무 정보가 정확하게 평가되고 투명하게 보고되는 것을 전제로 한다. 그러나 경제위기 이전 한국의 회계 기준은 국제기준에 뒤떨어져 있었을 뿐만 아니라 분식회계를 용인하는 등 감사 역시 부실하였다. 특히 재벌의 경우 결합재무제표가 사용되지 않아 계열사 간의 내부거래 등을 통해 기업

---

13 김준경(1999), 재벌의 제2금융권 금융기관 소유에 따른 문제점, KDI 경제전망, 제16권 1호.

표 1-18 | 2000년 대우계열사에 대한 특별감리 결과　　　　　　　　　　단위 : 조 원

	자기자본(1999.8)		실사차이[1]	분식회계금액[2]
	회사제시	실 사		
(주) 대우	2.6	-17.4	20.0	14.6
대우자동차	5.1	-6.1	11.2	3.2
대우중공업	3.1	1.0	2.1	2.1
대우전자	0.7	-3.0	3.7	2.0
대우통신	0.3	-0.9	1.2	0.6
소 계	11.8	-26.4	38.2	22.5
기타7사	2.5	-2.2	4.7	0.4
총 계	14.3	-28.6	42.9	22.9

주 : 1) 1999. 8월 말 기준.
　　2) 1998. 12월 말 기준.
자료 : 금융감독원 보도자료(2000.9.15)

의 매출 등이 과대하게 보고되었으며, 계열사 간의 출자 또는 채무보증이 불성실하게 보고되었다. 대우 계열 12개사에 대한 조사 결과는 분식회계의 정도가 얼마나 심각했는지를 보여주었다. 1998년 8월 워크아웃과 관련해 실사를 벌일 때 대우 계열 12개사가 제시한 자기자본은 14.3조 원이었으나, 실사 결과는 -28.6조 원으로 그 차이가 42.9조 원에 달하였으며, 이 중 53%에 해당하는 22.9조 원이 분식회계 금액임이 밝혀졌다(〈표 1-18〉).

조성욱(2001)은 기업이 도산 신청을 하면 기업에 대한 실사가 이루어지는 점에 착안하여, 워크아웃을 포함한 법적 도산 절차에 들어간 8개 기업의 부실회계 정도를 살펴본 결과, 부채에 관한 정보는 어느 정도 정확하나, 자기자본은 실제 가치보다 크게 과장되게 회계 처리를 했음을 발견하였다.

여타의 기업 규율시스템이 실패할 경우, 생산물 및 생산요소 시장에

서의 경쟁이 비효율적 조직의 퇴출을 통해 기업을 규율한다. 생산물 시장에서의 경쟁압력이 높아질수록 기업의 효율성을 증가시켜야 생존할 수 있으므로, 자원의 비효율적 이용을 수반하는 재벌총수의 사적이익 추구 기회는 감소한다. 그러나 최종적인 기업통제 역할을 담당하는 생산물 시장의 압력 역시, 한국의 경우 독·과점적 시장 구조로 인해 유효하게 작동할 수 없었다. 불필요한 인·허가 제도를 포함하여 새로운 경쟁자의 진입을 방해하는 각종 규제의 존재, 금융 시장이 발달하지 못해 생기는 자금조달에서의 신규 기업의 불리한 위치, 이로 인한 신규 기업 진입의 어려움 등을 고려하면, 생산물 시장에서의 경쟁압력은 약하다고 볼 수 있다. 물론 상위 3개사의 시장 집중도의 합이 75%를 넘는 산업은 1981년 35.0%에서 1997년 18.9%로 하락하는 추세를 보이고 있으나, 상위 3개사의 시장 집중도의 합의 평균이 전체 시장의 약 50%로 여전히 높다. 공정거래위원회의 자료에 의하면 품목 기준으로 60% 이상의 시장 지배적인 사업자가 30대 재벌그룹에 소속된 것으로 보인다.[14]

6. 재벌의 과잉투자 원인

지금까지의 분석을 통해 1997년 발발한 한국경제 위기의 핵심적인 원인은 재벌들의 과다차입에 의존한 과잉투자로 인해 기업수익성이 악화되어 재벌들이 외부 충격에 대해 대단히 취약한 구조를 가지고 있었다는 사실 때문이라는 결론에 도달하였다. 한국의 제조업 부문 기업들은 대체로 10년 주기로 기업수익성 위기를 경험하였다. 특히, 우리는

---

14 조성욱(2001) 및 공정거래위원회, 공정거래백서, 2001.

1997년 경제위기의 직접적 원인이었던 1980년대 말부터 재벌들이 과
잉투자를 광범하게 시행한 제도적 원인을 해명하여야 한다. 이에 대해
서는 다음과 같은 몇 가지 가설들을 생각해 볼 수 있을 것이다.

1) 가설 1 : 급격한 임금 상승에 대한 노동의 자본 대체설

〈그림 1-7〉은 1987년 6 · 29선언 이후 노동운동의 활성화로 임금이
급격히 상승하자, 기업들은 이에 대응하여 노동을 자본으로 대체하기
위해 투자를 급격히 증대시켰다는 가설을 지지하고 있다. 제조업 평균
노동소득분배율(인건비/총부가가치)은 1986년 46.7%에서 지속적으로 상
승하여 1991년에는 역사상 최고치인 54.3%까지 상승하였다. 이에 대
응하여 동 기간 중 투자율은 29.2%에서 지속적으로 상승하여 39.1%까
지 상승하였으며, 그 결과 자본생산성은 3.0 수준에서 2.0 수준까지,
1997년 경제위기가 발발할 때까지 지속적인 하락 추세를 보이고 있었
다. 단지 반도체 특수가 있었던 1994~95년은 예외적이었다.

그림 1-7 | 자본생산성, 투자율, 노동소득분배율

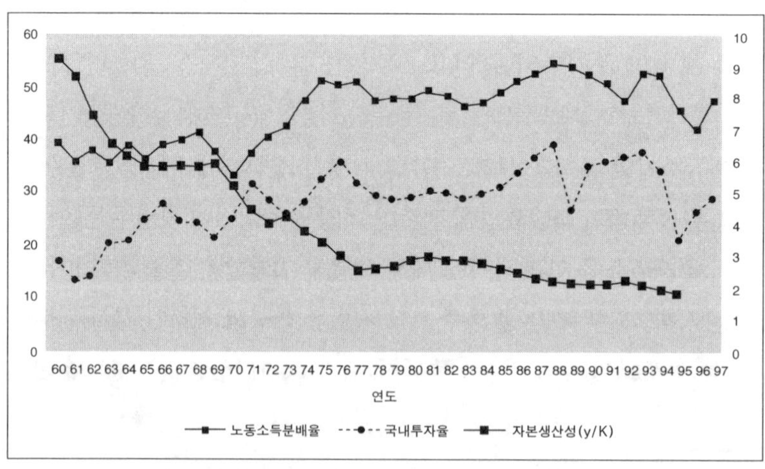

자료 : 한국은행, 기업경영분석, 각 연도

실증분석 : 수익성의 변동 요인 분석

1980년대 말 이후 기업수익성 악화를 초래한 위의 두 요인-임금 상승, 과잉투자로 인한 자본생산성의 저하-의 기여도를 분석하기 위해 다음 항등식을 이용하였다.

$$\langle \text{식 1} \rangle \ P/K=(P/Y)(Y/K)$$

여기서 P는 이윤, Y는 부가가치 그리고 K는 총자본이다. 한국은행의 기업 경영 분석에서는 펠드스타인과 서머스(1997)가 정의한 이윤율에 가까운 변수로 기업경상이익률[(경상이익+이자비용)/총자본]을, 자본생산성(Y/K)은 총자본투자효율(부가가치/총자본)을 대용하였으며, 창출된 부가가치 중 총자본(자기자본+타인자본)의 몫은 개략적으로 '1-노동소득분배율'과 일치한다고 보았다.[15]

제조업 부문 기업경상이익률이 시기별로 어느 요인에 의해 영향을 크게 받았는지를 분석하기 위해 기업경상이익률에 대한 노동소득분배율과 총자본투자효율 두 요인별 기여도를 5년 단위의 연평균 기준으로 계산하여 보았다. 〈표 1-19〉에서 보듯이, 80년대 후반에는 노동소득분배율의 상승이, 1990년대에는 자본생산성의 저하가 각각 기업경상이익률의 추세적 하락의 주된 원인이었다. 두 요인의 기여율의 합이 1이 되지 않는 이유는 부가가치 중 조세공과, 감가상각비, 임차료 등의 존재 때문에 위의 〈식 1〉이 정확히 항등식으로 성립되지 않기 때문이다.

다시 기업경상이익률을 종속변수로 하고 노동소득분배율과 총자본투자효율을 각각 설명변수로 한 회귀분석에 기초하여, 추정계수의 안

---

15 한국은행 기업 경영 분석에서 부가가치는 경상이익, 순금융비용뿐만 아니라, 감가상각비, 임차료, 조세공과를 손익계산서 및 제조원가명세서에 나타난 해당 항목들을 합산하여 산출한다.

기간	71~75	76~80	81~85	86~90	91~95	96~97
기업경상이익률 합	5.00	5.08	4.88	4.86	4.46	1.79
평균	1.00	1.00	0.98	0.97	0.89	0.89
1-노동소득분배율 합	-1.04	-1.44	-1.43	-1.47	-1.59	-0.65
평균	-0.21	-0.29	-0.29	-0.29	-0.32	-0.32
총자본투자효율 합	6.92	7.27	7.06	7.26	7.02	2.66
평균	1.38	1.45	1.41	1.45	1.40	1.33

기간	71~75	76~80	81~85	86~90	91~95	96~97
기업경상이익률의 증가율		1.69	-3.98	-0.53	-8.05	0.06
1-노동소득분배율의 증가율		-38.26	1.11	-3.22	-8.14	-1.61
총자본투자효율의 증가율		5.11	-2.96	2.82	-3.21	-5.49

정성을 CUSUM 검증을 하였으며, 그 결과는 〈그림 1-8〉, 〈그림 1-9〉와 같다.

분석 기간 중에 기업경상이익률의 노동소득분배율에 대한 탄력성은

그림 1-8 | 총자본투자효율의 추정계수 안정성

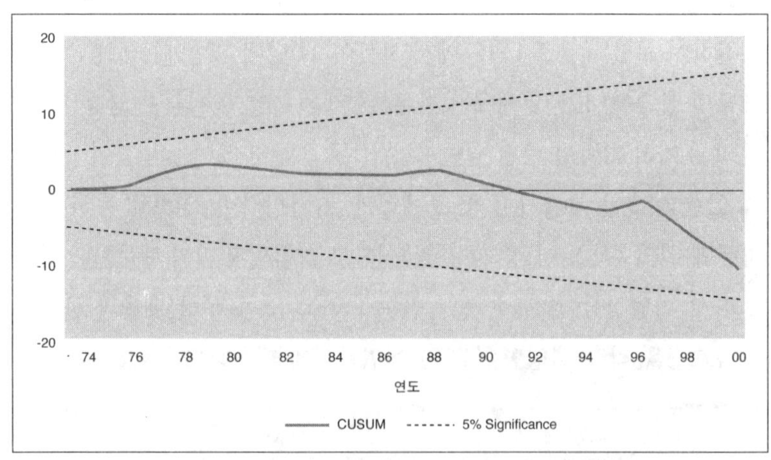

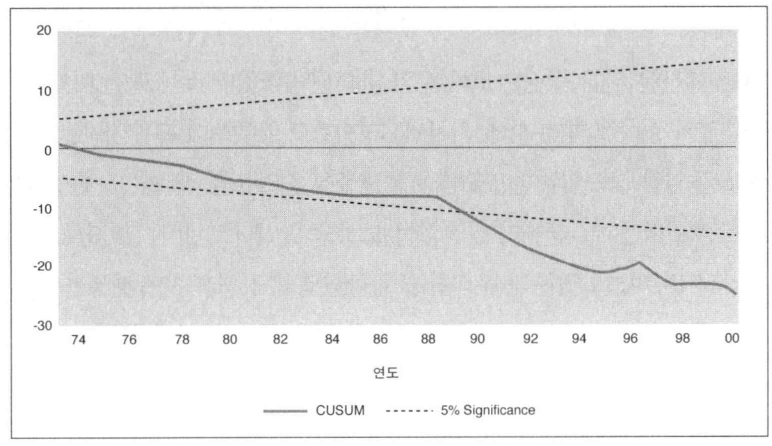

5% 유의 수준에서 안정적인 데 반해, 자본생산성 탄력성은 1980년대 말 이후 1 이하로 현저히 저하하였음을 알 수 있다.

〈표 1-20〉은 위의 항등식에 로그(log)를 취하여 회귀분석한 결과이다. 〈식 1〉에서 보듯이, 기업수익성은 노동소득분배율과 자본생산성 양자에 의해 크게 영향을 받으나, 자본생산성에 대한 탄력성이 보다 높음을 알 수 있다. 그리고 〈식 2〉는 경기변동에 따른 기업수익성의 변화를 통제하기 위해 제조업 평균가동률을 독립변수로 추가한 결과이다. 1987~2000년도의 더미변수의 계수가 5% 유의 수준에서 0과 다르며, −0.14를 보이고 있다. 이는 기업경상이익률이 1987년 이후에는, 노동소득분배율, 자본생산성, 가동률 등을 고려하더라도, 그 이전에 비해 평균 1.15%p 낮음을 의미한다. 이제 우리의 과제는 1987년 이후 어떠한 제도 변화가 기업(특히 재벌)들로 하여금 과잉투자를 하게 만들었는가를 해명하는 것이다.

1980년대 후반 기업 여건은 두 가지 측면에서 중요한 변화가 있었다. 첫째, 1987년 6 · 29 선언 이후 활성화된 노동운동의 결과 임금, 특히 대기업의 임금이 급격히 상승하였고, 이에 대응하여 재벌들은 노동을 자본으로 대체하기 위해 시설투자를 급격히 증대시켰다. 그러나 이러한 급격한 임금 상승이 기업수익성을 압박하였다고는 보기 어렵다. 김대일과 이주호의 분석에 의하면, 1970년대 후반과 1980년대 전반에는 노동억압으로 임금상승률이 노동생산성 증가율을 밑돌았으나, 1980년대 후반에는 이 경향이 반전되어 보상을 받았다고 할 수 있다(2000). 따라서 1970년대 정부의 무리한 중화학공업화 정책으로 자본생산성은 급격히 하락하였으나, 임금억압으로 기업수익성은 안정세를 유지할 수 있었다. 그러나 1987년 6·29선언 이후에는 임금억압을 통한 기업수익성 확보가 어려워진 것이 1989년 이후 기업수익성의 추세적 하락의 하나의 원인이었다고 볼 수 있다.

둘째, 1986년 공업발전법의 제정으로, 종래의 기계, 조선, 전자, 철강, 비철금속, 석유화학 등 업종별 공업진흥법들이 폐지됨에 따라 정부의 산업별 투자허가제가 폐지되어[16] 투자에 대한 부분적 탈통제(decontrol)가 이루어졌으나, 대마불사의 믿음 등 암묵적 보증은 여전히 남아 있었기 때문에, 재벌들이 석유화학, 자동차, 철강 등 자본집약적인 산업에 경쟁적으로 진입하였다. 그 결과 경쟁이 심화되자 재벌들은 수익률보다는 시장점유율 경쟁에 몰두하였다.

결국, 제2장에서 자세히 살펴보듯이, 부분적 탈통제로 관치경제적 규율은 무너진 반면, 암묵적 보증의 잔존으로 자기책임 원칙이 확립되지 않아 시장규율 역시 작동하지 않았기 때문에, 즉 탈보호를 수반하지

---

16 업종별 공업진흥법은 그 사업을 영위하고자 하는 자는 상공부령이 정하는 바에 따라 상공부에 등록하도록 규정하고 있으나, 사실상은 진입허가제였다. 이들 업종별 공업진흥법은 1986년 공업발전법으로 대체되면서 폐지되었고, 업종별 공업진흥법에서 규정하고 있던 사업등록제도 자동적으로 폐지되었으며, 그 시행은 1986년 7월 1일부터였다.

표 1-20 | 회귀분석 결과 2

식	종속변수	설명변수				회귀통계량	
		ln(1-노동 소득분배율)	ln(총자본 투자효율)	ln(제조업 가동률)	더미변수	R^2	D.W.
1	ln IOT	1.10** (0.20)	1.16** (0.13)			0.77	1.76
2	ln IOT	0.93** (0.27)	1.17** (0.13)	-0.27 (0.29)		0.78	1.82
3	ln IOT	0.90** (0.25)	0.96** (0.15)	0.00 (0.00)	-0.14** (0.06)	0.82	2.101

주 : **은 5%, *은 10% 수준에서 유의함을 나타낸다.

IOT : 기업경상이익률

식 1. ln(기업경상이익률)=c+ 0ln(노동소득분배율)+ 1ln(총자본투자효율)

   2. ln(기업경상이익률)=c+ 0ln(노동소득분배율)+ 1ln(총자본투자효율)+ 2ln(가동률)

   3. ln(기업경상이익률)=c+ 0ln(노동소득분배율)+ 1ln(총자본투자효율)+ 2ln(가동률)+dumy

않는 탈통제(decontrol without de-protection)가 1980년대 후반 재벌들의 방만한 과잉투자를 이끈 중요한 요인이었다고 볼 수 있다(김준경 1991, 김준경 · 조윤제 1997, 임원혁 2001).

2) 가설 2 : 위험을 위험으로 없애려 한 투기성 투자설

최도성(1997)은 1996년 4월부터 1997년 4월 사이에 기아그룹의 계열사 수가 16개에서 28개로 12개가 증가하였고, 진로그룹의 계열사 수도 14개에서 24개로 증가하였던 현상에 착안하여 재벌기업의 '투기성 투자' 가설을 제기하였다. 기아와 진로그룹은 이미 1996년부터 어려움을 겪고 있었음에도 불구하고 계열사 수를 늘린 것은 투기적 기업 확장 및 다각화로 볼 수 있다는 것이다. 차입의존도가 높아질수록 주주의 기대 투자 수익률은 증가하지만 경기 하강 등의 경우에는 재무위험이 증가한다. 기업의 경영진은 부채의존도가 높아져 재무위험이 일정 수준을 초과할 경우, 재무위험의 상쇄를 위해 비관련 다각화 투자를 시도할 인센티브가 있다는 것이다. 물론 비관련 다각화는 위험 분산 기능과 기업의 사업구조 재편을 돕는다. 고위험·저효율 투자는 기업 실패 가능성이 높은 기업에게는 '한탕 잘하면' 살아날 수 있는 가능성을 제공하므로, 비록 채권자의 부에는 손실을 가져오지만 주주의 입장에서 이러한 투자를 선호하게 된다. 더욱이 높은 재무위험에 직면한 재벌들은 대마불사의 신화에 의존하기 위해 "비관련 다각화와 함께 외형 불리기를 시도하였고 그 결과 기업채산성이 더욱 악화될 경우 금융기관 차입을 더 요구하게 되었다. 정부와 금융기관도 정치적 사회적 불안을 감안하여 추가 대출을 하지 않을 수 없게 되고, 결국 차입→위험 증가→투기성 투자→추가 차입의 악순환 구조가 더욱 심화되게 된 것이다." 국민경제 자원배분에 주도권을 쥐고 있는 재벌총수·금융기관·정부 3자가 죄인의 딜레마(Prisoner's dilemma)에 빠져 기업과 금융의 부실을 누적시켜온 것이다.

제2장 | 경제위기에 대한 질서학파적 진단

경제위기에 대한 질서학파적 진단

제1장에서 실시한 한국 경제위기의 원인에 대한 신고전학파적 분석의 주요 결론을 다음과 같이 요약할 수 있다.

1. 1997년 한국경제의 위기는 부분적으로 국제금융시장의 구조적 취약성, 경직적 환율 정책 및 금융감독부재 하의 금융자유화 등 정책적 오류에서 비롯된 점도 있지만, 기업과 금융의 부실화가 광범하게 누적되어 한국경제가 구조적으로 취약했던 것이 가장 핵심적인 원인이었다. 따라서 설사 외환위기를 모면하였더라도 기업 및 금융 위기는 이미 예정되어 있었다.

2. 한국의 제조업 부문 기업들은 국제적으로 부채비율은 높고 수익성은 낮은 구조적 취약성을 지속적으로 안고 있었으며, 그 결과 1997년 경제위기 이전에도 이미 1960년대 말 차관 기업의 위기, 1980년대 초 중화학공업 위기 등 주기적인 기업 및 금융 위기를 경험하였다.

3. 시간적으로 볼 때 기업수익률은 국제적으로 특이하게 1970년대 이후에도 추세적으로 하락하여왔다. 이러한 이윤율의 추세적 하락은 주로, 주기적인 부동산 가격 인플레에 기반한 소위 '4고(고지가 · 고임금 · 고금

리·고물류비용)' 현상의 심화로 인한 기업이윤 압박, 그리고 자기자본경
상이익률이 차입금 평균금리를 밑돈다는 의미에서 과잉투자가 지속적이
고 광범하게 이루어져왔기 때문인 것으로 추정된다.

4. 특히 재벌 계열사들은 독립기업들에 비해, 적어도 1980년대 중반 이
후 지속적으로 부채비율은 높고 수익률은 낮아 이자보상배율이 저조하
여 취약한 채무상환 능력을 보여왔다. 이는 재벌총수를 견제할 기업지
배구조의 미비에서 비롯된 것이다. 독립기업에 비해 효율성이 낮은 재
벌이 제조업 부문에서 차지하는 비중이 총자산 기준으로 1985년
15.7%에서 1996년 35.5%로 상승함에 따라 경제시스템의 위험이 증대
되어왔다.

5. 1980년대 말 이후 재벌들의 과다차입에 의존한 과잉투자가 지속되고,
비효율적인 계열사 지원과 낙후된 기업퇴출 제도 때문에 기업 부실이 누
적되어온 결과, 1997년 외환위기·금융위기·기업위기가 겹친 총체적 경
제위기가 발생하였다.

우리는 여기에서 보다 근원적인 다음과 같은 일련의 의문에 직면하게
된다.

의문 1 | 왜 우수한 한국의 경제관료들은 시장원리를 무시한 정책을 무리
하게 추진하여온 것인가?

의문 2 | 한국경제의 고비용 구조의 핵심적 원인인 부동산 가격 인플레가
국제적으로 특이하게 왜 10년 주기로 반복된 것인가?

의문 3 | 왜 국제적으로 특이하게 한국경제에서는 재벌 중심의 경제발전
이 심화되어온 것인가?

의문 4 | 왜 재벌들은 지난 30여 년 동안 과다차입에 의존한 과잉투자로
기업 가치를 파괴하는 경영을 하여온 것인가? 많은 논자들이 지적하였듯

이, 앞의 제1장에서 우리도 그 원인을 재벌총수의 전횡을 견제할 기업지
배구조의 미비에서 찾았다.

의문 5 | 만약 그렇다면, 한국은 이미 1960년대 말 차관 기업의 위기를 비
롯해 수차례의 기업 및 금융 위기를 경험하였음에도 불구하고, 이에 대처
하기 위해 기업지배구조 개선을 위한 법 제도의 정비, 자율적 금융기관의
확립 등의 정책을 추진하지 않았던 것인가?

의문 6 | 종전의 기업 및 금융 위기와는 달리, 1997년 총체적 경제위기는
정부가 더 이상 부실기업 및 금융기관들을 구제할 수 없을 정도로 1980년
대 말 이후 과잉투자가 확대 · 심화되어온 까닭은 무엇인가?

물론 이러한 의문들에 대한 해답은 다양한 각도에서 탐구할 수 있을 것이
나, 오이켄(Walter Eucken)의 '중앙관리경제질서이론'에 입각한 1960년
대 이후 한국 경제질서에 대한 역사적 고찰을 통해, 종합적이고 체계적으
로 이해할 수 있다는 것이 본 연구의 입장이다.

1. 관치경제

독일 프리버그(Freiburg) 학파의 지도자였던 오이켄(1940, 1952)은 현
대의 고도로 분업화된 경제 과정을 제어하는 순수이념형 경제질서 형
태를 교환경제(시장경제)와 중앙관리경제로 나누고 중앙관리경제질서
이론을 전개하였다. 여기서 중앙관리경제는 사회의 일상적 경제 과정
이 중앙 당국의 계획에 의해 제어되는 경제질서로서, 역사적인 대표적
사례로 생산수단의 집단적 소유에 기초한 1928년 이후의 구소련 경제,
사적지배에 기초한 1938~48년 중 나치 하의 독일경제와 1938년 국가

총동원법 하의 일본경제를 들 수 있다. 한국과 일본에서는 사유재산 제도에 기초한 중앙관리경제질서를 흔히 '관치경제'로 일컬어왔다. 따라서 이하에서는 관치경제라는 용어를 주로 사용하고자 한다.

오이켄(1952)은 여러 역사적 경험의 구체적 검토를 통해 시장경제에 있어서 기업은 이윤극대화를 추구하는 데 비해, 중앙관리경제의 지도부는 국민들에게 눈에 띄는 성과를 과시하여 권력을 강고하게 만들기 위해 기념비적인 '투자에 의한 권력의 극대화'를 추구한다는 명제를 정립하였다. 이를 위해 중앙 지도부는 기념비적인 건조물, 산업 장비의 급속한 완성 등을 목표로 한다. 따라서 관치경제에 있어서는 끊임없이 자유로이 이용할 수 있는 저축자금을 초과하여 투자가 이루어진다. 그리고 그 '갭(gap)'은 통화증발로 메워지므로, 개방적인 혹은 억압된 인플레를 초래한다. 또한 중앙계획 당국은 비용 계산을 무시하고 총괄적 평가에 의해 경제 과정을 제어하므로 가격은 희소성의 계기 혹은 자원 재배분의 신호 기능을 수행하지 못한다. 자본 시장은 존재하지 않거나 존재하더라도 본연의 역할을 수행하지 못하며, 이자율도 거의 의미를 갖지 못한다. 중앙관리경제에 불황과 실업이 없고 투자 규모의 감퇴가 없다는 것은 경제 과정의 불균형을 의미한다. 그리고 중앙지도 관청에 의해 특정한 투자가 촉진되기 때문에 제3, 제4의 불균형이 초래된다.

1960년대 이후 한국의 경제질서는 일본형 체제를 모방한 것이었다. 많은 일본의 경제사학자들의 최근 연구 성과와 이를 종합한 노구치(野口, 1995, 1999)는 일본경제의 기본적 메커니즘, 즉 일본형 경제질서가 1938년 국가총동원법 제정을 전후해 기획원 등이 인위적으로 만든 통제 시스템을 원형으로 하고 있다는 것을 보여주고 있다. 따라서 보다 정확히 말하면, 한국 고도성장기의 경제질서는 일본판 나치경제 체제라 할 수 있는 1938년 국가총동원법 하의 일본 경제질서를 모델로 한 것이었다.

1) 일본의 관치경제

250년에 이르는 쇄국정책 때문에 구미 선진국과 일본 사이에는 커다란 기술 격차가 있었다. 그리고 이런 상황에서 관세율의 대폭적인 인하를 실시하라는 불평등 조약으로 명치개국(明治開國)이 이루어졌다. 이러한 상황에서 명치정부는 식산흥업(殖産興業) 정책을 추진하여 선진국으로부터 기술과 제도를 도입하고, 이를 전통적 기술과 제도에 적합시켜 산업을 일으켰다. 그리고 그 제품을 수출하는 수출촉진형 경제성장 정책을 추진하여 고도성장을 달성하였다.

그러나 1930년 세계대공황으로 세계경제의 블록화가 진전된 결과 일본경제의 공황으로 은행 도산과 불황의 심화, 농촌의 피폐화가 초래되었다. 그러자 그 근본적 원인은 자유주의경제 체제 때문이라는 여론이 비등하였다. 이러한 배경에서 일본의 군부와 관료 주도로 종래의 영·미형과 대륙형을 혼합한 구미형 자유주의경제 체제가 총력전을 준비하기 위한 통제경제 체제로 개편되었다. 일본 사회는 1936년 2·26 사건 이후 군부에 의한 파시즘 지배가 대체적으로 확립되었다. 1937년 시작된 만주사변이 장기적인 전면전으로 발전하자 일본정부는 당시까지의 고전적 자유주의경제를 통제경제 체제로 개편하기 위해 각종 법령을 정비하였다. 국가총동원 체제의 확립을 이상으로 삼았던 일본의 군부와 혁신관료들은, 1937년 국가총동원의 중추 기구로서 내각에 기획원을 설치하고, 1938년 '국가총동원법'을 제정하였다. 이 법은 1933년 독일 나치의 수권법(授權法)을 모방하여 제정한 것으로, 국가의 모든 자원과 노동력을 전쟁 목적을 위해 동원하는 통제 권한을 정부에 위임한 수권입법이었다.

일본 정부는 이를 계기로 나치의 독일 경제질서를 모방하여 관치경제질서를 도입하였다. 그 특징은 일상적인 경제 과정에 대한 관료의 광

범한 개입, 중앙집권, 생산제일주의였다 : ⑴ 주주 권한의 제약, 직접금
융으로부터 간접금융으로의 전환, 금융 정책을 국가 목표에 종속시키
기 위한 일본은행법의 제정(1942), 주거래은행을 통한 기업의 모니터링,
이들 제도를 기반으로 한 일본 기업의 주주 중심에서 종업원 중심으로
의 개편; ⑵ 근로소득에 대한 원천징수 제도의 도입(1940)에 기초한 세
원의 중앙 집중화와 특정 보조금으로서 지방에의 배분; ⑶ 관제카르
텔을 중간 기구로 한 광범위한 행정지도; ⑷ 식량관리법의 제정, 차
지 · 차가법(借地 · 借家法)의 강화를 통한 사회적 약자 계층 보호제도
등이 도입되었다. '1940년 체제'로 불리는 이 체제는 경쟁을 규제하여
국민 전체를 동원함으로써 총력전을 수행하기 위한 것이었다.

태평양전쟁에서 일본은 패전으로 끝났지만, 이 체제에는 종전이 없
었다. 점령군의 직접 통치가 이루어졌던 독일과는 달리, 점령군이 일본
정부를 통해 간접 통치를 실시하였기 때문에 1940년 체제는 실질적으
로 커다란 변화 없이 전후에도 잔존하였다. 전후 미 점령군 하에서 재
벌 해체, 농지 개혁 등 대대적인 경제 민주화 조치가 이루어져 시장 기
능이 대폭 회복되었다. 그럼에도 불구하고 이 40년 체제의 잔재는 일본
경제질서의 요소요소에 남아 있다. 즉 전후에는 목적만 총력전에서 경
제성장으로 바뀐 채, 자민당 일당 지배하에서의 관치금융, 관제카르텔
을 매개로 한 광범한 행정지도 그리고 중앙 집중화한 재정 등이 완화되
기는 하였지만 아직까지도 남아 있다(野口, 1993, 1995).

이 점에서 일본은 전후 독일과 크게 다른 길을 걷게 되었다. 서독은
전후 에르하르트(Erhard)의 탈통제(decontrol) 정책을 통해 관치경제를
전면적으로 청산하여 자유시장경제로 이행하여 라인강의 기적을 이룩
하였다. 물론 일본의 경우에도 자국 산업의 국제경쟁력의 강화에 따라
중상주의적 산업 정책은 60년대 이후 서서히 청산되어왔으며, 금융도

1973년 이후 대폭 자유화되었다. 교환을 핵으로 한 진정한 시장경제는 본질적으로 평화로운 체제이다. 그러나 일본의 법인자본주의가 함의하듯이, 일본의 기업 자체가 마치 영토 확장을 목표로 한 전투 조직처럼 이윤 극대화가 아닌 시장점유율 극대화를 추구하여온 측면도 있기 때문에, 일본시스템은 세계의 자유무역 질서를 파괴하는 측면이 많았다는 비판을 받아왔다.

이러한 일본형 관치경제는, 노구치(1995)가 지적하였듯이, 전후 일본경제의 고도성장을 실현하고, 그것을 지탱한 기본적인 요인이었다. 그러나 현재에 있어서는 이 체제가 미래의 발전에 대한 커다란 질곡이 되고 있다. 일본이 '캐치 엎(catch-up)' 단계를 넘어서 경제 대국으로 부상하자, 일본적 노사관계 등 여타의 일본형 경제시스템과 관치경제적 요소들은, (최근의 구조 불황에서 드러났듯이) 일본경제 발전에 족쇄로 부각되고 있다. 따라서 이 구조 불황을 계기로 시장경제의 기본 원리인 (1) 자유경쟁과 자기책임 원칙의 확립 (2) 규제법정주의 (3) 국제화를 기본이념으로 한 규제 완화의 대합창이 진행되었고, 규제 완화의 주 대상도 금융과 건설, 토지, 농업, 유통업 등 비제조업에 집중되고 있다. 사실 일본에 필요한 것은 미국식 규제 완화가 아닌 전후 독일의 에르하르트(Erhard)식 탈통제라고 할 수 있다.

2) 관료의 사상적 기반

> 사상의 계보를 폭로하는 것 보다 더 분노를 일으키는 발견은 좀처럼 없다.
>
> —로드 액턴(Lord Acton)

제도를 만드는 것이 인간인 이상, 중요한 것은 제도 그 자체보다도 그 배후에 있는 이념과 사상이다. 관치경제에서 주도적 역할을 담당하였던 한국의 경제관료들은 일본의 제도를 모방하였을 뿐만 아니라 사상적으로도 일본관료, 그 원형인 '혁신관료'의 후예라 볼 수 있다. 이러한 관점에서 우리는 앞의 〈의문 1〉에 대한 해답의 단초를 찾기 위해 일본 경제관료의 기본 이념에 대해 살펴보고자 한다.

1938년을 전후해 일본 경제가 통제경제 체제로 개편되는 과정에서 통제를 강화하려는 군부 및 관료와 그것에 반대하는 재계 사이에 경제 체제를 둘러싼 격렬한 논쟁이 있었다. 군부와 관료는 재계의 영리주의를 비난하고 종합적인 계획경제의 시행을 주장하였다. 반면 재계는 관료 통제를 비판하고 민간의 창의를 존중할 것을 요구하였다(野口, 1995).

이 시기에 중요한 역할을 담당하였던 것은 '혁신관료'로서 이들이 주장한 정책은 전후에도 승계되어 일본의 경제 정책에 사상적으로 심대한 영향을 미쳤다. 혁신관료의 전신은 '신관료'로서 부패한 기성 정당을 개혁하여 이해의 대립을 일소한 전체주의적인 국가의 형성을 목표로 하였다. 혁신관료는 신관료의 계보를 승계하였지만, 신관료가 내무 관료 중심인 데 비해, 혁신관료는 경제 관료 중심으로서 내각 기획원이 주요한 활동 무대였다. 이들은 마르크스주의에 감화된 인사들도 많았지만 전체주의적 국가 통제를 지지하는 나치 독일의 직능단체주의(corporatism)의 영향을 강하게 받았다.

그들은 나치즘과 마찬가지로 사유재산을 인간 활동의 자극이자 유인으로 인정하지만, 개개인이 사유의 절대성을 주장하고 국가의 목적에 희생적으로 노력하지 않는다면 거국일치의 물질적 기초가 근본적으로 파괴된다고 생각하여 소위 '민유국영론(民有國營論)'을 주장하였다. 그들은 소유와 경영을 분리한 새로운 경영 형태가 민영기업에 비해 국책의 요구에 더 잘 순응할 수 있기 때문에 우월할 뿐 아니라, 국유국영에 비해서도 국가 보상, 공채의 증발, 관리의 증원 없이 생산을 확장할 수 있기 때문에 우월하다고 주장하였다.

일본정부는 1940년 재계의 반대를 무릅쓰고 "자본과 경영을 분리하여 기업 목적을 이윤으로부터 생산으로 전환시켜야 한다"라는 사상에 기초하여 기획원을 중심으로 "관민협력에 의한 계획경제의 수행"을 목표로 한 경제질서로 개편하였다.

요컨대 일본의 1940년 체제는 총력전을 지원하기 위해 국민 전체가 일치단결하여 생산력을 증강시키기 위한 체제였다. 이를 위해 도입된 생산우선주의, 소유와 경영의 분리, 경쟁부정주의는 전후 일본의 고도성장 과정에서 강화되어 하나의 가치관으로까지 승격되었다.

생산우선주의과 소유와 경영의 분리

40년 체제의 첫 번째 특징은 생산우선주의이다. 즉 생산력의 증강이 모든 것에 우선하고, 이것이 실현되면 갖가지 문제가 해결된다는 사고방식이다. 이로부터 '소비는 낭비이고 따라서 악덕이다', 혹은 '생활의 질 향상 등은 나태한 자들의 요구' 라는 사회적 통념이 도출되었다. 이러한 사고방식은 전후 일본의 고도성장기에 성장제일주의로 지배적인 사회적 통념이 되었으며, 이는 한국에서노 마찬가지었다.

그러나 원래는 생산력의 증강은 수단에 불과한 것이다. 그러나 이러한 상황이 오래 계속되면, 그 자체가 최종적인 의미라는 착각이 만연하여, 수단이 목적이 되어버린다. 생산제일주의가 하나의 사회적 가치관으로 자리 잡은 결과 한국과 일본 모두 국제적으로 높은 저축률을 보여왔다. 그리고 다시 높은 저축률은 고도성장을 지탱하는 주요한 요인으로 작용하였다.

그리고 이러한 생산제일주의를 실현하기 위해 혁신관료가 제창하였던 방식은 '민유국영(民有國營)'이었다. 민유(民有)로 하는 것은 비효율적이기 때문에 좋지 않고, 반면 민영에 맡겨 두면 생산우선주의가 실현될 수 없다. 따라서 소유와 경영을 분리하여 기업을 이윤동기 이외의 것에 동기지울 필요가 있다는 것이다. 이러한 사고방식은 한국의 경우 1972년 8·3조치 이후 정부가 추진한 기업공개촉진 정책에서, 그리고 1980년대 이후 재벌 정책에 커다란 영향을 미쳤다.

경쟁부정과 평등주의

40년 체제의 두 번째 특징은 경쟁의 부정이라는 보다 근원적인 것이다. 이 체제는 전쟁 수행 혹은 전후에는 경제성장이라는 단일의 목적을 위해 국민이 협동하는 것을 그 목적으로 하고 있었다. 이를 위해 팀워크와 성과의 평등분배가 중시되고 경쟁은 부정되는 경향이 있다. 여기서의 지상 목표는 탈락자를 발생시키지 않는 것이다. 결국 전체적으로 보면 하나의 커다란 사회보장시스템인 것이다(野口, 1995, 140쪽). 이 시스템은 고도성장기에 있어서도 사회적 안정을 달성하는 데 기여하여왔다.

일본에서 전시에 자유주의를 주장하였던 재계마저도 전후에는 협조를 중요시하여, 자유경쟁 대신에 자유협조를 주장하기까지 하였다. 과당경쟁이라는 말이 함축하고 있듯이, '경쟁은 약자를 무시한 강자의 일반적 논리로서, 사회적 공정의 관점에서 배제해야 할 악'이다. '협조하고 공존하는 것이 소망스러운 상태이다'는 것이 일반적 사회적 통념으로 자리 잡았다. 금융행정에 있어 '호송선단방식'은 예금자 보호라는 명목으로 실제로는 한계적인 금융기관의 존속을 가능하게 하는 정책이었다.

이러한 경쟁의 부정은 시장경제의 기본 원칙에 대한 도전이다. 경제적 조건의 변화에 대응하여 낡은 기업은 소멸하고 새로운 기업은 탄생하는 길을 열어주는 것이 시장경제 다이너미즘(dynamism)의 원천이다. 기업이 공생해야 한다는 공생 철학은 경쟁에 의한 변화와 진보를 거부하고 과점과 규제에 의한 정체만을 초래할 뿐이다. 이것이 90년대 이후 일본경제의 장기 침체의 근본 원인이 되고 있다.

일본 혁신관료의 사상적 후예로서 한국의 경제관료들 역시 자유경쟁과 자기책임 원칙에 입각한 시장경제를 신뢰하지 않았다. 우선 정보전달망으로서의 가격기구를 신뢰하지 않았기 때문에, 행정 규제에 의한 주요 생필품 가격 통제, 금리 및 환율의 통제, 그리고 심지어는 신규 아파트 가격까지 통제하였다. 또한 발견 과정으로서의 경쟁을 신뢰하지 않았기 때문에, 총량적 경제계획에 입각해 산업별로 자원을 배분하고, 민간 대기업들의 투자에 깊숙이 관여하였으며, 호송선단방식을 통해 부실한 기업과 금융기관들을 구제하였다.

2. 관치경제로의 개편

시장경제는 '자유경쟁과 자기책임 원칙'에 입각하고 있는 데 반해, 관치경제는 '보호와 통제'를 그 기본 원리로 한다. 박정희 대통령은 낙후된 농업경제를 기반으로 급속한 공업화를 추진하기 위해 사유재산제도에 기초한 중앙관리경제질서, 소위 관치경제를 도입하였으며, 이에 기초하여 압축성장을 이룩하는 데 성공하였다.

1960년대 초 군사 정부는 '거대한 투자에 의한 권력 극대화'를 목표로 투자지배를 위한 각종 중앙관리적 경제질서를 도입하였다. 물론 한국은 적어도 외형상으로는 전형적인 중앙관리경제인 명령에 의하여 움직이는 경제(command economy)는 아니었다. 그러나 실질적으로는,

1960년대 이후 한국 정부는 민간 부분에 강제적으로 의무를 부과할 수 있는 능력과 중앙계획을 달성하는 방향으로 행정적 재량을 행사할 수 있는 능력을 갖추고 있었다.

"비록 국가가 이용 가능한 자원의 어떤 큰 부분만의 사용을 직접 통제한다 하더라도 경제시스템의 나머지 부분에 대하여 정부의 의사결정이 미치는 영향은 너무 커서 정부는 거의 모든 것을 간접적으로 통제하게 된다."
(Hayek, 1943, 45쪽)

1960년대 초 박정희 정부는 개인과 기업이 중앙계획에 순응하도록 자극 또는 강요하는 강력한 메커니즘을 창출하였다. 우선 투자지배를 위해, 주요 상업 은행의 국유화와 국가권력이 금융기관의 인사와 경영권을 장악할 수 있는 제도적 장치(즉, 관치금융)를 마련하였다. 자본부족 경제에서 기업에게 여신은 가장 중요한 것인데, 여신배분을 정부가 재량적으로 통제할 수 있다는 사실은 정부가 원하는 어떠한 명령에도 민간기업은 이에 순응할 수밖에 없음을 의미한다. 따라서 정부의 은행 지배는 정부가 민간기업을 통제할 수 있는 가장 중요한 경제적 수단이었다. 그리고 이를 지원하는 수단으로 조세, 가격통제, 비공식 지도, 공식 지도 등이 활용되었다(사공일·존스, 1981).

자본부족 상황에서 권력 극대화를 위한 주요 목표인 고도성장의 기반이 되었던 것은 소수 대기업 부문의 계획사업에 대한 원활한 자금 공급이었다. 이를 위해 5·16직후 군사 정부는 금융기관의 인사 및 금리 결정, 신용배분 등 경영권을 장악하기 위해 한국은행법 및 은행법의 개정 등 제도적 장치를 마련하고, 1961년 말에는 민영화되었던 일반 은행을 국유화함으로써 모든 은행을 정부의 강력한 통제하에 두었다.

또한 정부는 해외차관 도입을 촉진하기 위해 산업은행 등 특수 은행
및 일반 은행 등이 국내 차입자의 채무이행을 보증하는 지급보증을 담
당하게 하였다. 이는 정부가 민간기업의 외채에 대해 실질적으로 지급
보증을 하는 결과를 초래하여 정부가 민간기업의 투자에 대해 책임을
짐으로써 '정부·민간 위험공유 체제'를 출범시키는 계기가 되었다.
시장경제의 기본 원칙인 자율과 자기책임 원칙의 파괴로 인해 도덕적
해이(moral hazard)를 만연시키는 이러한 구조는 본질적으로 1997년 경
제위기까지도 지속되었다.

협상은 차입자와 차관선 간에 직접 이루어졌고, 은행은 정부의 지시
에 의해 단지 보증서를 발행하였을 뿐이다. 따라서 은행은 사업의 타당
성 평가에는 거의 책임을 지지 않았다. 이 때문에 나중에 차관에 의존
한 사업이 부실화되더라도 정부가 은행을 문책할 근거가 없었고 은행
부실화를 해결해 주기 위한 특별대책을 강구하여야만 했다. 이것이 지
시금융에 의해 발생한 부실을 정부가 해결해 주는 악습의 시초가 되었
다. 이후 대체로 10년 주기로 도래한 기업위기로 인해 은행이 부실화될
때마다 은행의 부실을 한국은행의 특별융자로 해결하는 관행이 형성되
었으며, 결국 '은행은 망하지 않는다(銀行不死)'는 그릇된 인식이 고착
되었다.

그 결과 우리나라 금융 조직은 정부가 주도한 경제개발 5개년 계획
의 실물적 계획 목표들을 차질 없이 수행하기 위한 하위 정책 수단의
하나로 전락하였다. 금융기관은 독자적으로 금융서비스를 생산, 판매
하여 이윤 극대화를 추구하는 상업적 조직체로 인식되지 않았으며, 단
지 실물 부문의 투자, 생산 및 수출 목표를 달성하는 것을 우선적으로
지원하는 부차적 역할만 하면 되는 것으로 간주되었다(정운찬, 1991).

그리고 통화가치의 안정은 다시 그 하부 계획인 재정안정계획에 맡

겨졌다. 만성적으로 투자는 저축을 초과하였고, 그 갭은 일부는 외자도
입으로 충당했으나 주로 중앙 은행의 통화증발을 통해 메웠다. 그 결과
1980년대 이전 한국경제는 인플레 기조가 특징이었다. 1961년 이후 정
부에 예속된 한국은행은 '통화의 파수꾼'으로서의 기본적 임무는 소홀
히 한 채 과대한 통화공급을 일삼아왔다. 그 결과 한국경제는 때로는
개방적 인플레, 또 때로는 억압된 인플레를 반복적으로 경험하여왔다.

또한 총량적 계획의 하위 집행기구로서 주요업종별 협회를 중심으로
관제(官制)카르텔을 형성하였으며 산업에의 진입·투자·생산·무역
을 통제하였다. 이러한 시스템의 원형은 독일 나치 정부가 1936년 이후
관치경제로 이행하면서, 기존의 신디케이트나 콘체른을 중앙관리 기구
의 일부로 편입하여 중앙계획 기구의 총량적 생산명령을 개별 기업에
전달하는 중간 기구로 활용하였던 것에서 찾을 수 있다. 보다 직접적으
로는 국가총동원법 하의 일본정부가 각종 '사업법'에 기초해 중요산업
별 '통제회'를 결성토록 하고, 정부는 통제회를 통하여 민간기업에 대
한 상세한 정보를 얻고, 정책을 통제회를 통하여 수행했던 관제카르텔
시스템이 있다. 각종 사업법의 내용은 사업 경영을 허가제로 하고 사업
계획도 허가제로 하여 기업은 정부의 감독과 통제를 받는 대신, 정부는
세제상의 우대, 보조금, 자금조달상의 우대 등을 제공하는 것이었다. 그
리고 통제회는 형식적으로는 민간의 자율 규제였지만 실질적으로는 정
부의 하부 기구로서 정부의 감독을 실시하기 위한 조직이었다. 전후 일
본에서 이 관제카르텔은 변형된 형태로 업자행정에 이용되었다.

1960~70년대에 걸쳐 한국 정부는 일본의 '사업법'을 모방하여 중요
산업 육성법들을 제정하고 산업별 협회 형태의 관제카르텔을 조직하여
중요 산업에 대한 관료통제를 실시하여왔고, 그것은 아직도 잔존하고
있다. 특정 산업에의 진입장벽은 독·과점 이윤을 보장하였고 중소기

업의 발달을 압박하여 산업의 독·과점화를 심화시켰다.

그리고 이러한 관치경제를 법적으로 뒷받침하기 위하여, 주로 나치 독일에서 발전하여온 "국가에 의하여 계획적으로 조직되고 규제된 경제에 관한 법"이라는 의미에서의 각종 경제법(Wirtshaftrecht)[1]들이 일본을 거쳐 한국에 도입되었고, 진입규제 등을 통해 특정 기업을 경쟁압력으로부터 보호해 주고, 대신 중앙계획에 순응하도록 규제하였다.

그러나 1971년 이전까지만 하더라도 정부의 경제 정책은 비교적 시장원리를 준수하였던 것으로 평가되고 있다. 우선 미국의 금융 경제학자들인 걸리(Gurley), 쇼(Shaw), 패트릭(Patrick)의 권고에 기초하여 1965년 9월 금리현실화라는 획기적인 조치를 단행하였다. 예금은행의 예금금리를 연 15%에서 26.4%(1년 만기 정기예금)로, 대출금리를 연 14%에서 24%(상업어음 할인)로 대폭 인상하였다. 그 결과 예금은행의 예금은 대폭 증대되었다. 예컨대 저축성 예금은 1964년 18억 원에서 1965년 186억 원, 그리고 1968년 1418억 원에 이르도록 크게 증대되었다. 당시까지 만해도 주로 한국은행과 정부 예산상의 대충자금에 의존하던 금융기관의 국내 자금조달에 있어서 은행예금의 비중은 1964년 19.0%에서 1970년 80.3%로 크게 향상되었다. 그 결과 1966~70년 사이에 은행의 자산승가율이 연병균 64.9%에 이르는 등 은행은 급성징하여 금융중

---

1 경제법(Wirtshaftrecht)이라는 용어는 1918년 리처드 칸(Richard Kahn)에 의하여 최초로 사용된 이래 대단히 다양한 의미로 사용되어왔다. 독일 나치정권은 이 개념을 통해 경제에 대한 국가의 간섭을 급격하게 증가시켰으며, 이러한 경향은 제2차 세계대전 중에 그 절정에 달하게 된다. 즉 경제의 조직화, 그 결과 관치경제로의 이행에 따라, 조직화된 경제의 고유한 법으로서 경제법이 등장하였다(Hans Goldschmidt, 1923). 혹은 국가에 의하여 계획적으로 조직되고 규제된 경제에 관한 법을 경제법이라고 규정하고, 여기서는 개인의 이익보다 공공의 이익이 우선하며, 경제의 독립성은 국가에 의해 설정된 방침에 따라 제한된다(Hermann Haemerle, 1937). 또는 자본주의가 통제경제 단계로 이행함에 따라, 민법이나 상법과 같은 전통적인 사법(私法)을 수정 보완하기 위하여 나타난 법을 경제법이라 하며, 개인이나 기업의 경제생활에 대한 국가적인 통제를 규정하는 법체계이다. 이러한 의미에서 경제법은 자유로운 시장질서에 대한 반대 개념으로 등장하였다(황적인·권오승, 경제법, 법문사, 1994).

개 기능을 원활히 수행하였다.

그러나 이러한 금리현실화 조치는 단지 은행 산업이 산업지원을 위한 자원동원의 창구역할을 원할히 할 수 있도록 하는 조치이었기 때문에 은행 산업의 자생적 발전에는 기여하지 못했다. 모든 지급보증과 대부분의 거액대출은 정부가 결정하였기 때문에 은행이 신용배분에 관한 의사결정에 있어서 폭넓은 독립성을 얻은 것은 아니었다. 정부는 금융자금의 가격과 배분을 모두 통제하였다. 즉 정부가 정한 투자 우선순위에 따라 자금을 인위적으로 낮은 가격에 배분하였다. 이와 같은 인위적 저금리 정책과 인위적 자금배분이 관치금융의 양대 축이다. 정부의 금융자금의 가격통제는 금융 산업의 이윤동기와 기업가 정신을 감퇴시켰으며, 금융자금의 배분통제는 금융기관의 자산건전성을 악화시켰다. 반면 정부는 진입장벽 등의 규제를 통해 금융기관들을 과보호하였기 때문에 금융기관들은 위험관리를 소홀히 하였다. 그 결과 금융기관들은 자율성과 책임성을 결여한 방만한 경영을 함으로써 금융 산업은 크게 낙후하였다.

1960년대 중앙계획 당국의 슬로건은 수출입국이었다. 수출을 촉진하기 위해 일반 대출금리의 1/4 수준에 불과한 연 6.0%라는 특혜적 금리로 수출금융을 자동적으로 공급하였을 뿐 아니라 흔히 수출금융을 과잉으로 제공하였다. 금리현실화 조치로 크게 늘어난 은행자금을 수출 산업에 집중적으로 지원하였을 뿐만 아니라, 외자도입도 적극적으로 촉진시켰다. 정부의 지불보증으로 위험이 제거되었기 때문에 외국자본들은 국내외 금리 격차를 노리고 대거 유입되었다. 그러나 국내 은행의 일반 대출금리에 비해 훨씬 낮은 외자 도입이 모든 기업에 허용되었던 것은 아니다. 당시 주요한 경제지대는 외자 도입의 허가를 둘러싸고 창출되고 분배되었다. 정치적 고려로 외자가 과잉으로 유입되자 금융 당국은 인플레이션을 억제하기 위해 국내 신용공급을 억제하였다. 그 결과 수출 산업과 외자기업은 자금과잉인 데 비해, 여타 산업의 기업들은 극심한 자금난에 빠져, 이 두 부분을 연결시키는 장치로서 은행금리 현실화 조치로 위축되었던 사채 시장이 다시 크게 성장하였다. 당시 사채 시장의 규모는 8 · 3조치때 신고된 것만도 당시 통화량(M1)의 80%에 달하는 방대한 규모였다. 이러한 방대한 사채 시장의 존재는 중앙관리 당국의 금융통제를 통한 경제제어의 기반이 크게 잠식되었음을 의미한다.

3. 관치경제의 강화 : 효율성의 저하와 분배의 원천적 악화

1972년 8월 3일의 '경제성장과 안정을 위한 긴급명령' 과 1973년 이후의 무리한 중화학공업화 추진 과정을 통해 관치경제는 확대 강화되었다. 그리고 이로 인해 생긴 각종 시장의 왜곡이 초래한 문제를 해소하기 위해 규제가 새로운 규제를 불러오는 규제의 악순환(intervention spiral)이 반복되었다. 1980년대 이후 이러한 관치경제적 요소는 다소 완화되기는 했으나 그 기본 구조는 1997년까지 유지되었다

1970년대 초 박정희 정부는 딩면한 정치 · 경제적 위기를 타개하기 위해 중화학공업화라는 새로운 기치를 들고 나왔으며 이를 추진하기 위한 경제 제도의 전면 개편이 추진되었다. 1943년에 하이에크가 지적하였듯이 계획경제는 민주주의 국회에 대한 불신을 유발할 수밖에 없고, 결국은 독재로 몰고 가는 것이다(BOX 3. 참조).

이러한 경제정책 기조 전환의 논의는 제3차 경제개발 5개년 계획(1972~76년)을 입안하던 1971년부터 표면화되었고, 1971년 말 세제 개편에서 일부 구체화되기도 하였으나, 1972년 10월 유신보다 두 달 앞선 8월

3일 '경제성장과 안정을 위한 긴급명령'을 계기로 강력히 추진되었다.

60년대에 토지투기에 몰두했거나 외자에 의존해 무리한 기업 확장을 추진했던 수많은 대기업들이 1970년대 초 불황으로 도산 위기에 빠지게 되었다. 이를 정상적인 방법으로 해결할 수 없게 되자, 사채업자의 희생 위에서 부실화된 기업의 구제책인 8·3조치가 단행되었던 것이다. 8·3조치는 유신형 경제 제도로 개편되는 전환점이었다. 일반 대출금리를 연 19.0%에서 15.5%로 인하하고 예금금리를 연 21.3%에서 12.6%로 인하하였다. 그 결과 실질 예금금리는 1971년 +12.7%에서 −2.7%로 대폭 저하됨으로써 인위적 저금리 정책이 본격적으로 추진되었다. 은행자산의 15%에 해당하는 규모가 장기 저리대출로 전환됨에 따른 손실을 보전하기 위해 은행들의 특별금융채권을 한국은행이 인수하는 방식으로 지원하였다. 이로써, 기업 부실로 인한 은행 부실을 한국은행의 특별대출로 해결하는 관례가 남게 되었다. 이를 계기로 대규모 기업 부실이 있을 때마다 한국은행 특별융자를 제공함으로써 은행 불사의 인식을 심어주었고, 그 결과 은행의 방만한 경영으로 인한 금융 시스템의 체질이 약화되었다.

또한 세제 면에서도 자본에 대한 조세특혜를 확대하였다. 중요 산업의 감가상각률은 30%에서 40~80%로 대폭 인상하고 투자에 대한 투자세액공제율은 6%에서 10%로 대폭 인상하였다. 산업합리화 추진 과정에서 기업합병 또는 자산양도에 대해 부동산투기억제세, 취득세, 등록세, 법인세 등을 면제하였다.

8·3조치를 계기로 강화된 관치경제는 관치금융과 재벌에 대한 조세특혜를 두 축으로 한 것이었으며, 이것은 제1차 석유파동으로 인한 경제위기와 1973년 이후 무리한 중화학공업화의 강력한 추진 과정에서 확대·강화되었다.

경제계획과 민주주의

사회주의, 나치즘을 비롯한 모든 집산주의(集産主義, collectivism) 체제의 공통적인 특징은 명확한 하나의 사회적 목표를 달성하기 위해 그 사회의 노동을 의식적으로 조직하는 것이다. 따라서 개개인의 목적을 지상(至上)으로 여기는 자율적 영역을 인정하지 않는다는 의미에서, 자유주의나 개인주의와 다르다.(42쪽)

구소련이나 나치 하의 독일의 경험에서 명백해졌듯이, 계획경제는 민주주의 국회에 대한 불신을 유발할 수밖에 없다. 어떤 일관된 계획이 수립되어 그것을 세부적으로 나누고 거기서 나오는 특수한 문제마다 투표로 결의한다는 것은 있을 수 없다. 민주주의 국회가 보통의 법안을 심의하듯이 포괄적인 경제계획을 한 조문씩 투표하고 수정한다는 것은 웃음거리밖에 되지 않는다. 전체를 구성하는 모든 부분들이 주의 깊게 서로 조정되기 위해서는 전문가에게 위임하는 것이 불가피하게 된다.(48쪽)

특수한 기술적 문제를 별개의 단체에 위임하는 것은 민주주의가 경제계획으로 인해 점차 그 권력을 양도하는 과정 중 단지 그 첫 번째 단계일 뿐이다. 별개의 기관에 특정한 권력을 위임하는 것은 이들 개별 계획들을 하나의 포괄적인 전체 계획으로 통합하는 문제에 부딪히게 된다. 결국 경제적 혼돈상태를 피하기 위해서는, 책임 있는 당국이 민주적 절차라는 구속으로부터 해방되어야 한다는, 경제 독재자를 요구하는 신념이 점점 확산된다. 독일은 1933년 이전에 이미 이익집단의 발흥에 따른 시장의 마비로 경제적 혼돈상태에 빠졌다. 결국 이를 피하기 위한 유일한 대안으로 여겨졌던 히틀러가 다수의 지지를 받아 집권하여 국가위임법을 성립시켰던 것이다.

"계획이 독재로 몰고 간다. 그 이유는 독재가 계획이라는 이상을 강행하는 가장 효과적인 수단이며, 또한 중앙집권적 계획이 대규모로 가능하게 된다면 그 자체만으로 독재가 필연적이기 때문이다. 경제활동의 통제에 반드시 필요한 자유의 억압에 민주주의가 장애

관치금융의 강화

지난 30여 년 동안 금융중개에 있어서 압도적 역할을 담당해온 은행
에 대한 정부 통제는 관치경제의 핵심적인 수단이었다. 우리나라 기업
들은 운영자금뿐만 아니라 투자자금까지도 정부 통제하에 있는 은행에
크게 의존하여왔다. 은행의 기업에 대한 대출의 일부는 장기적인 것도
있었으나, 많은 부분은 형식적으로는 단기대출이었으며, 수차에 걸쳐
경신함으로써 실질적으로는 장기자금화하는 방식으로 운영되어왔다.
융자의 경신은 국가의 통제를 받았다. 중앙관리 당국에 순응하는 기업
의 경우, 융자의 경신은 자동적으로 이루어졌으나, 그렇지 못한 기업의
경우 어려움을 겪었다. 민간기업의 신규투자재원 역시 대부분 국내 은
행의 대출이나 혹은 은행의 지급보증에 기초한 외자를 통해 조달되었
는데, 이와 같은 신규여신 역시 중앙관리 당국의 심사와 승인을 받은
후에야 이루어졌다(Cole · Park, 1981).

중앙계획 당국은 중화학공업화를 추진하기 위해 금융통제를 강화하
였다. 중화학공업화 정책은 정책금융이 본격화한 계기가 되었으며, 정
책금융비율(정책대출/총대출액)이 1970년대에 들어서면서 40%를 넘어
섰다. 은행의 운용자산 중 정책금융 비중의 증대는 대출자산에 대한 은
행의 통제력 상실을 초래하여 대출심사 기능의 발전과 경영의 효율성
제고를 억제함으로써, 금융기관의 도덕적 해이를 조장하는 결과를 초
래하였다.

1971년 이전에도 시장금리보다 낮은 수준으로 억제해왔던 은행금리를 다시 대폭 낮추었다. 금리현실화 정책을 추진하였던 1965~71년 중에도 은행의 대출이자율은 연 25% 내외로서 사채금리의 절반 수준에 불과하였다. 이것을 8·3조치를 계기로 다시 절반 수준으로 인하하였다. 1972~81년 중 은행의 예금 및 대출의 실질금리는 마이너스이거나 영에 가까운 수준으로 통제되었다. 이자율의 자원배분 메커니즘은 박탈되고, 시장금리와 규제금리의 격차로 인해 금융 시장에, 〈그림 2-1〉의 빗금 친 사각형 면적으로 표시된 거대한 지대(地代)가 창출되었다. 그리고 이 지대의 분배를 둘러싼 정경유착과 지대추구행위(rent-seeking)로서 부정부패가 구조화되었다.

이와 같은 중앙관리 당국에 의한 인위적 저금리 정책은 한편으로 〈그림 2-1〉에서 은행자금에 대한 수요를 q에서 q_1로 팽창시키고, 다른 한편 은행의 시중여유자금의 흡인력을 떨어뜨림으로써 자금 공급을 q

그림 2-1 | **금융 시장**

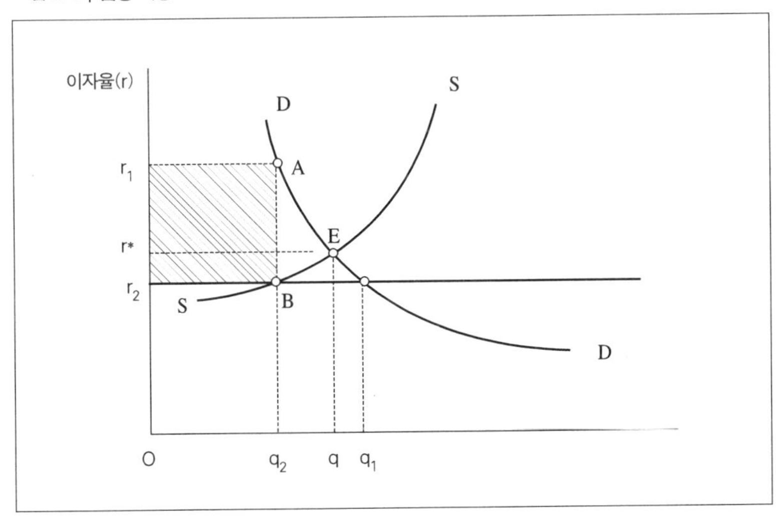

에서 q_2로 위축시켜, 통제금융 시장에는 자금에 대한 만성적인 초과수요가 존재하게 되었다. 따라서 경제외적 방법에 의한 자금배정이 불가피해졌다. 금융시장에서 이자율의 자원배분 기능을 중앙계획 당국이 대신하게 되었다. 중앙계획 당국이 국내 은행과 외자 도입에 의해 조달한 자금을 자신에게 순응하는 기업에 할당하였다. 소위 정책금융의 경우 더욱 그러하였다. 은행의 신규대출 중 정책금융이 차지하는 비중은 1963년 72.8%에서 금리현실화 정책 추진기(1965~71년)에는 40% 수준까지 하락하였다가, 유신 이후 80%까지 다시 상승하였다. 금리현실화 정책 추진기에 급속히 성장하였던 은행들은 금융중개 기능을 사실상 상실하고 중앙계획 당국의 하부 기관으로 전락되어 후진성과 침체의 늪을 벗어나지 못했다. 중앙계획 당국은 주로 관치금융을 통해 민간기업을 통제하였다.

높은 인플레 상황에서의 인위적 저금리 정책은 저축 증대의 걸림돌이 되었으며, 기업으로 하여금 과도하게 차입에 의존하게 하여 재무구조 개선 및 경영합리화 노력을 게으르게 하는 도덕적 해이 현상을 조장하였다.

소득과 부의 역분배

인위적 저금리와 신용할당을 양 축으로 하여 운영되는 관치금융은 효율성 면에서 자원배분의 효율성을 떨어뜨려 후생손실을 야기할 뿐만 아니라, 형평성 면에서도 경제지대 형태로 일반 대중으로부터 소수에게 소득과 부를 이전시키는 제도화된 통로로 기능하였다. 첫째, 은행금리를 균형금리 이하로 인위적으로 낮게 책정하는 것은 지대를 조성하여 다수의 은행예금자와 은행대출에서 소외된 중소기업가들로부터 은행자금을 독차지했던 소수의 재벌들에게로 소득을 이전시킨다.

둘째, 관치금융은 다시 구조적으로 인플레이션을 유발한다. 인위적 저금리 정책으로 인해 은행의 저축동원 능력이 떨어지는 반면, 은행대출 수요는 증가하여, 만성적 초과수요를 부분적으로나마 충족시키기 위해서는 은행들은 한국은행으로부터 차입할 수밖에 없었다. 통제된 금융기관의 한은차입이 한국은행의 화폐증발인 본원통화 증가의 주된 요인이었다. 한국은행 『자금순환계정』에 따르면 금융기관 한은차입이 한국은행 본원통화 증가에서 차지하는 비중은 1963~64년 203.4%에서, 금리현실화 추진기(1965~71년)에는 40.7%로 하락하였다가, 유신시대(1972~79년)에는 58.4%로 증가하고, 1980~85년에는 844.3%로 증가되었다.

가격통제

이와 같은 통화증발로 인한 만성적인 인플레이션을 억제하기 위해서, 소련 · 나치 하의 독일 · 국가총동원령 하의 일본 등 여타의 중앙관리경제에서와 마찬가지로, 행정규제에 의한 가격통제가 광범하게 실시되었다. 그래서 시장가격 기구의 왜곡과 휴지는 보다 광범하게 확대되었다.

우리나라 가격규제의 역사는 행정규제를 통한 물가안정 정책의 역사라고 해도 과언이 아니다. 1973년 3월에는 보다 강력한 물가통제를 위해 '물가안정에 관한 법률'을 제정 · 공포하였다. 이 법률은 행정 당국으로 하여금 주요 생필품 가격, 부동산 임대료 등의 최고가격을 지정할 수 있게 하였고, 매점매석 · 부당한 가격조작 · 허위표시 등 불공정거래행위의 제한을 그 골자로 하고 있다. 통화증발로 인한 인플레 압력에 제1차 석유파동으로 수입인플레마저 가세하자, 정부는 1974년 2월 생필품 및 기초 원자재를 비롯한 32개 품목에 대한 가격사전승인제, 그리고 이 중 21개 품목에 대한 최고가격 및 기준가격을 지정 · 고시하는 등 정부의 직접적 가격통제를 골자로 한 '종합 물가안정 대책'을 발표하였다. 그 이후 국제 원자재 가격이 진정세를 보임에 따라 가격규제는 부분적으로 직접규제에서 간접규제로 전환되었다.

고비용 구조 : 주기적인 부동산 가격 인플레이션

전국토가액(全國土價額)의 대 GDP 비율을 국제적으로 비교하여 보면, 미국·영국·독일·프랑스·덴마크 등을 포함한 선진제국의 경우 1.0 안팎이다. 그러나 한국은 예외적으로 이 비율이 1990년 9.03까지 상승하였다가 그 이후 저하하여 1997년 3.68까지 하락하였다.

1980년 말 이후 이와 같이 높은 한국의 지가가 시장의 기본요인(market fundamentals)에 의한 것인가, 아니면 투기적 거품(speculative bubble)에 의해 부풀려진 것인지에 대해서는 많은 논쟁이 있었고, 아직도 명확한 결론에 이르지 못하고 있다. 필자(1997)가 플러드·가버(Flood·Garber, 1980) 모형을 이용해 실증분석을 실시한 결과 1960년대 말, 1970년대 말 그리고 1980년대 말 한국의 지가인플레는 부분적으로 투기적 거품에 의한 것이라는 결론에 이르렀다. 거품의 생성·성장·붕괴의 국면들 중 경제학은 거품의 성장 메커니즘에 대해서는 설득력 있는 모형을 제시하고 있으나, 거품의 생성과 붕괴에 대해서는 만족할 만한 모형을 제시하지 못하고 있다. 이에 필자(1997)는 질서자유주의의 시각에서 한국 토지시장에 주기적으로 거품이 생성되고 그것이 장기간에 걸쳐 붕괴되지 않고 유지되는 근본 원인은 관치경제에 뿌리박고 있다는 가설을 제시하였다.

즉 수요 측면에서는 (1) 국민들에게 눈에 띄는 성과를 과시할 수 있는 '거대한 투자에 의한 권력 극대화'를 추구하기 위해 만성적으로 투자가 저축을 초과하였고 그 '갭'은 통화증발에 의해 메워졌으므로 만성적 인플레가 초래되고, 투자지배를 위한 관치금융으로 금융시장이 시중의 여유자금에 적절한 자산 증식 기회를 제공할 수 없도록 하였으며, (2) 더욱이 부동산보유세의 실효세율은 국제적으로 대단히 낮은 수준에 머물러, 결국 자금의 흐름을 왜곡시키고, 토지에 대한 투기적 수요를 크게 증대시켰다.

공급 측면에서는 1970년대까지 주요한 도시용 토지공급 방법이었던 토지구획정리사업의 인 · 허가를 지나치게 까다롭게 운영하였다. 그 결과 1970년대 후반 전국에 걸쳐 부동산 투기 붐이 일자, 정부는 관치금융의 원리를 부동산 시장에 원용하여 부동산의 중앙관리를 제도화하였다. 1978년 주택공급에 관한 규칙을 제정하고, 아파트 분양가 통제로 인한 주택건설 업체의 채산성 악화를 해소하기 위해 80년대 이후 공영 개발 방식으로 전환함에 따라 대규모 도시용 토지(특히 대규모 택지)의 공급을 공공 부문이 독점하고 또한 그 공급 정책을 시장수요와는 비탄력적으로 운영하여왔다. 이러한 질서 하에서 급속한 공업화와 도시화가 진행됨에 따라 도시용 토지 시장에는 주기적으로 초과수요 갭이 형성되어 도시지가를 폭등시켰다. 도시지가의 상승은 그 대체재인 농어촌 지역(특히 대도시 주변의)의 지가를 상승시킨다. 그 결과 토지가 최선의 자산 증식 수난이라는 토지 신화가 형성되고, 다시 이를 기반으로 하여 자기 충족적 거품이 형성되고 성장하였다.

거품은 그 정의상 단기적으로만 존속할 수 있고, 장기적으로는 결국 붕괴된다. 1980년대 미국 보스턴 지역과 캘리포니아 지역 토지시장의 거품은 결국 붕괴되었다. 심지어는 일본의 경우까지도 1990년대 이후 거품의 붕괴로 일본지가는 평균적으로 절반 수준으로 하락하였다. 그런데 한국의 전국 평균 명목지가는 1992년 이전까지 하락한 적이 없다. 1992~94년 중 전국 평균지가는 11% 하락하였다. 그러나 이를 1987~

91년 중 178% 상승한 것과 비교해 볼 때 거품이 붕괴된 결과로 보기는 어려울 것 같다.

요컨대, 토지 시장에 주기적으로 거품이 생성된 것은 관치경제의 필연적 귀결인 규제의 악순환, 그로 인한 각종 시장의 경직성에서 비롯된 것이다. 그리고 이 시장의 경직성 때문에 부동산 경기순환의 하강기에도 거품이 붕괴되지 않고 유지되고 있어서 고비용이 구조화되었다. 결국 우리 경제의 고비용 구조는 토지 시장의 거품에 기반을 둔 부문이 많으며, 거품을 생성·유지시키는 관치경제에 뿌리박고 있다는 결론에 이르게 된다. 다른 한편 정부의 과도한 규제로 노동 시장, 금융 시장 그리고 유통 시장이 경직화되어 고임금·고금리·고물류비용이 구조화된 측면이 많다. 우리의 〈의문 2〉, 즉 한국 기업들의 수익을 압박해온 고비용 구조를 초래한 주기적 부동산 가격 인플레이션의 원인 역시 근본적으로 관치경제로 인한 시장 기능의 파괴에서 찾을 수 있다는 것이다.

재벌로의 경제력 집중

우리의 〈의문 3〉, 즉 한국경제에 있어서 불과 30여 년이라는 단기간에 소수 재벌에의 경제력 집중이 급속하게 진행된 근본 원인은, 앞의 분석을 통해 명백해졌듯이, 바로 관치경제 때문이었다. 중앙계획 당국이 '거대한 투자에 의한 권력 극대화'를 추구하기 위해, 관치금융을 통한 특혜금융, 과다한 세제상의 혜택, 진입규제를 통한 경쟁 기업의 출현 봉쇄, 경쟁 상품의 수입 제한 그리고 부실기업 정리 과정에서 금융 및 세제상의 특혜 등의 혜택을 대규모 재벌에 집중시켜온 것이 가장 기본적인 이유였다. 즉 관치경제 하에서 인위적 저금리 정책, 구조적 인플레, 그리고 주기적 부동산 가격 인플레의 소득역분배 기능이 일반 국민으로부터 소수 재벌들에게로 소득과 부를 이전시켜온 것이다.

　또한 수출드라이브 정책 등을 추진하며, 매출 순위, 수출 실적, 자산 순위 등 외형 규모를 기준으로 금융 및 세제상의 특혜가 분배되었기 때문에 재벌들이 문어발식 규모 확장을 추구하여온 것은 지극히 합리적인 행태였다. 그리고 코어스(Coase, 1960)의 거래비용의 경제학 관점에서 보면, 기업활동 전반에 걸친 정부규제와 간섭이 과도하게 이루어져, 기업들의 거래비용을 극히 높게 만들었다. 이러한 외부거래에 따르는 높은 거래비용을 극소화하기 위해, 조직 내 거래를 선호하여온 결과 문어발식 경영과 재벌 집단의 내부거래를 통한 매출의존도가 높게 되었다. 또한 지난 30여 년 동안 정부 정책에 있어서 '거대한 것은 죽지 않는다'는 원칙이 자유사회에서의 자기책임 원칙을 대체하는 관행이 재벌들의 문어발식 경영을 촉진해온 것이다.

　흔히 재벌 문제를 해결하기 위해서는 재벌을 국가의 감독하에 두거나 혹은 국가의 수중에 놓아야 한다는 주장이 널리 제기되어왔고, 그것이 김영삼 정부까지 포함한 재벌에의 경제력 집중 억제 정책의 기조를 이루어왔다. 80년대 이후 꾸준히 강화되어온 경제력 집중 억제 정책은 그 원인을 제거하기 위한 근본적인 개혁—관치경제로부터 진정한 시장경제로의 체제 전환—은 소홀히 한 채, 생산 집중 억제, 다변화 전략의 상쇄, 소유의 분산 유도 등을 목표로 한 대증요법(對症療法 : 병의 근원과는 관계없이 병의 증세에 따라 적절히 다스리는 치료법)적 정부규제들을 확대·강화해왔다. 즉 재벌에의 경제력 집중을 초래한 모(母)규제라고 볼 수 있는 중앙관리경제적 정부규제를 청산하여 경쟁질서를 확립하기 위한 정책을 추진하는 대신, 모규제의 부작용을 완화하기 위한 부차적인 자(子)규제를 법치주의, 영업의 자유, 사유재산권까지 침묵해가면서까지 무원칙하게 양산하여왔다. 여신관리시행세칙이 그 대표적인 예이다. 인위적 저금리 정책 하에서 은행대출을 받는다는 것 자체가 특혜가

되기 때문에, 이로 인한 재벌에의 편중 여신을 규제하기 위하여 이 제도가 도입되었다. 나아가 이 제도는 신규업종 참여, 기업투자, 부동산 취득 등의 사전신고 및 승인을 통한 업종 전문화 정책의 도구로 변질되었다. 또한 소액주주를 보호하기 위해 도입된 기업공개의 자격 요건에 대한 규제가 재벌기업의 주식소유의 분산과 소유와 경영의 분리를 추구하기 위한 수단으로 자의적으로 운영되었다.

그러나 이러한 정책들은 진정한 해결책일 수 없다. 1920년대 독일의 역사적 경험은 우리에게 중요한 시사를 제공한다. 당시 독일정부는 카르텔 협정을 계약자유의 관점에서 허용하고 단지 국가가 그 권력남용만을 감독하는 정책을 채택하였다. 그러나 경제상의 권력적 지위의 남용에 대한 독점규제는 실패로 끝났다. 그 이유는 (1) '남용'을 정확히 정리하는 것이 원천적으로 불가능하고 (2) 경제권력이 국가 내에서 강대한 정치세력이므로 국가가 효과적으로 독점을 통제하는 것이 불가능하였기 때문이다. 따라서 경제 정책은 독·과점의 남용이 아니고 그 발생 자체를 억제하는 데 역점을 두어야 한다.

또한 "사적 경제권력의 문제는 경제권력을 국가 수중에 넣어야만 해결될 수 있다" 하는 주장 역시 오류이다. 그 방법으로 (1) 사유재산은 존치하고 중앙적 계획기관에 권력을 이양하거나 아니면 (2) 국유화하는 길뿐이다. 그러나 위 두 실험은 역사적으로 모두 실패로 끝났다. 이 제도 하에서 사적 경제력과 국가권력의 양 영역의 유착이 이루어져 권력 집중이 초래되고 권력의 집중은 자의적 행위를 유발하고 다른 사람의 자유를 위협하여 질서를 파괴하는 결과가 나타났다(Eucken, 1952). "정부에 관리되는 독점은 항상 정부에 의해 보호된 독점으로 변모하는 경향이 있다. 또한 정부의 대규모기업에 대한 투쟁은 (대기업의 횡포에 대한 가장 유효한 견제 수단인) 규모가 규모에 대한 대항 수단으로 발전하는

것을 방해하는 결과를 낳았을 뿐이다."(Hayek, 1982, 제2권 제15장)

4. 정부·재벌 위험공유 체제와 구조적 과잉투자

이제 우리는 제1장에서 재벌들의 과잉투자의 원인으로 지목한 대마불사의 신화 혹은 암묵적 투자손실 보전에 대한 기대가 역사적으로 어떻게 형성되었는가를 살펴봄으로써 〈의문 4〉에 대한 해답을 찾아볼 차례이다. 이를 위해서는 관치경제에서의 정부·재벌·은행의 관계 및 종래의 부실기업 정리 과정을 간략히 살펴볼 필요가 있다.

정부가 대기업의 외자도입에 지급보증을 서는 것으로부터 시작된 정부·민간기업 간 위험공유 체제(government-business risk partnership) 혹은 민간위험의 공공적 관리체제는 민간기업의 투자위험을 감축시켜 투자를 촉진하였다. 그러나 이 제도는 잠재적인 도덕적 해이의 위험성을 내포하고 있었다. 정부는 직접적 감시와 수출 실적에 기초한 시장검증을 통해 도덕적 해이 비용을 통제하였다. 민간투자 위험에 대한 정부 관리 체제에서는 급속한 자본 축적이 수출을 통한 학습과 결합하여 한국경제 고도성장의 핵심 메커니즘이었디. 그러나 투자위험을 유효하게 평가할 수 있는 독립적인 금융기관이나 투자자의 정보 비대칭성 문제를 완화하기 위한 기업지배구조 정비에는 소홀하였다.

은행의 도덕적 해이

일본의 경우, 1940년 체제의 유산으로서, 영·미에서와 같은 사전적, 중간적 그리고 사후적인 자금공급자의 기업에 대한 감시 자원이 축적되지 못해, 메인뱅크에 의한 3단계의 기업감시 기능을 통합하는 제도가 진화되었다.[2] 한국도 일본의 메인뱅크제도를 모방하여 주거래은행 제도(mainbank system)를 도입하였지만, 은행이 국유화되어 있거나 혹은 민영화된 경우에도 사실상 자율성을 결여하고 있었기 때문에 은행의 기업감시 기능도 형해(形骸)화되어 버렸다.

한국에 있어서 기업 자금조달의 주요 통로로 기능하여왔던 은행들은 인사·여신·신상품 개발 등 은행 경영 전반에 걸쳐 정부의 통제를 받아왔다. 비록 제한적이기는 하지만, 은행에 자율권이 주어진 영역에서도 은행은 사전적 및 사후적 예산제약의 유연화(soft budgeting) 경향을 갖도록 인센티브 구조가 설정되어 있었다.

1980년대 중반에 이르기까지 물가상승률이 규제대출이자율을 빈번히 웃도는 '금융억압' 상태가 일반적으로 존재하였기 때문에, 기업은 차입을 가능한 한 확대함으로써 지대를 획득할 수 있는 전망을 갖고 있었다. 인플레이션율이 이자율을 웃돌아 실질금리가 부(-)인 금융억압 상태에서도 고도성장에 따라 가계 부문에 의한 은행예금을 증대하여왔다. 은행 측에서는 저당권만 설정되면, 주의 깊은 사업타당성 검토 없이, 기업 부문에 가능한 한 많은 대출을 하려는 강력한 인센티브를 가지고 있었다. 당연한 귀결로 가능한 한 많은 은행대출을 받으려는 기업 경영자와 은행의 대출 담당자 사이에 결탁이 이루어져 비효율적인 자금배분이 이루어졌다. 부동산에 대한 저당권 설정이 이중, 삼중으로 이루어진 것이 일반적이었다. 그러나 문제는 사전적으로는 실행되어서는 안 될 투자 프로젝트라도, 일단 초기 투자가 이루어지면, 그것을 계속하는 것이 은행 입장에서도 이익이거나 적어도 손실을 줄이는 것으로 여겨질 가능성이다. 이처럼 대출자로서 은행이 사전적 기업감시를 하

---

2 영·미형과 일본형 기업감시체제에 대해서는 〈부록 1〉 참조.

게끔 할 인센티브의 결여는, 후에 금융 확대의 반동이 생길 때에도 추가적 융자를 하지 않을 수 없는 가능성을 조성하였다. 이러한 예산제약의 유연화 위험성을 회피하기 위해서는 실질이자율을 정(+)의 수준으로 유지하는 건전한 거시 정책이 절대적인 전제이다.

재벌의 도덕적 해이

제1장에서 살펴본 바와 같이, 이러한 시스템에서 한국경제는 1997년 총체적 경제위기 이전에도 이미 대체로 10년 주기의 기업위기와 금융위기를 필연적으로 경험할 수밖에 없었다. 그리고 기업 및 금융 위기에 대처하기 위해 정부 주도의 부실기업 구제조치가 주기적으로 반복되었다.

1960년대 말 차관 기업들의 무더기 부실화 문제에 대처하기 위한 1969~71년 기업합리화 조치, 1972년 8 · 3조치를 몰고 온 광범한 재벌 부실화, 제2차 석유파동으로 표면화된 중화학 부문의 과잉 · 중복 투자 문제를 해결하기 위한 정부 주도의 1979~80년의 중화학 투자조정, 80년대 중반의 해외진출 건설업 및 해운업의 부실화 등에 대응하기 위한 1984~88년에 걸친 구조적 불황 및 쇠퇴 업종을 대상으로 한 '산업합리화 조치'가 주진되었다. 이러한 성부 주노의 부실기업정리 정책들은 공통적으로, 차입금의 규모가 큰 대기업 혹은 재벌기업들의 채무상환 능력이 의문시되었을 때 단행되었으며, 차입금에 대한 만기 연장, 이자율 경감, 신규자금 지원, 조세 감면 등 기업에 대한 특혜와 과도한 보호를 주 내용으로 하였다.[3] 이러한 역사적 과정을 통하여 재벌들은 "대기업은 망하지 않는다(too big to fail)"는 믿음을 갖게 되었던 것이다.

---

3 과거 한국의 부실기업정리 사례 및 문제점은 김준경(1991)에 잘 요약되어 있다.

1966년 이래 외자도입촉진 정책 하에서 대규모의 차관을 도입한 결과, 한국의 1965~70년 중 대외 부채의 대 GDP 비율은 6.9%에서 23.7%로, 그리고 제조업 부문 평균부채비율은 92.7%에서 328.4%로 급증하였으며, 자기자본경상이익률은 동 기간 중 15%에서 11%로 저하하였다. 그러나 이와 같은 대부분의 민간기업 부채비율의 급증과 수익률 저하로 증대된 시스템 리스크를 관리하는 체제는 정비되어있지 않았다. 따라서 경기침체 등 외부 충격으로 과다차입에 의존한 과잉투자, 그로 인한 저수익성 등으로 취약해진 대기업들이 연쇄 도산할 경우, 정부가 금융기관 자원배분에 커다란 영향력을 행사하였기 때문에 그 결과에 대해 책임을 지기 위해 다시 개입하여 구제해야만 하는 개입의 악순환(intervention spiral)이 되풀이되었다.

그래도 1969년 차관 기업 도산에 대해서는 차관자금 상환에 대해 정부가 보증하되 기업주의 경영권을 보장해 주지는 않았으나, 1972년 8 · 3조치부터는 기업주 · 은행 경영자 · 관료 등 정부 · 기업 위험공유 체제 당사자들 모두에 면죄부를 주는 선례를 만듦으로써 자기책임 원칙을 붕괴시켰다. 더욱이 '자산을 초과한 부채는 모두 지원해 준다' 는 지원 기준이 사용됨으로써 차입금 규모가 큰 기업일수록 더 큰 혜택을 받는 결과가 초래되어 기업과 금융기관의 도덕적 해이 문제를 심화시켰다. 한 걸음 더 나아가, 1970년대 중화학공업육성 정책에서의 재벌에 대한 정부 지원은 더 이상 수출 실적 등의 시장성과 검증과는 관계없이 특정 산업에 편향되었다. 정부는 중화학공업화의 신속한 추진을 위해 소수의 재벌들에게 마이너스 실질금리로 대규모 금융자원을 할당하고, 업종별 공업진흥법을 통해 진입을 통제함으로써 독 · 과점적 지위를 보장한 결과, 재벌 계열사 수는 3배로 증가하였으며, 부가가치 기준 46대 재벌이 GDP에서 차지하는 비율은 1973년 9.8%에서 1981년 24.0%로

급증하였다.[4]

　이처럼 1960년대까지 만해도 정부 지원은 성과 검증에 기초하고 또한 투자 실패 시 부실기업의 경영권을 박탈하였으나, 1972년 8·3조치와 중화학공업 정책에서는 재벌에 대한 시장검증도 사라지고, 부실기업주에 대한 경영권 박탈마저 이루어지지 않음으로써 도덕적 해이의 위험성은 크게 증대하였다. 더욱이 중화학공업화 정책의 추진 과정에서 정부는 특정 전략산업의 육성목표 달성을 위해 재벌들에게 투자를 독려하고 대규모 자금을 할당함으로써, 재벌의 비대화와 높은 부채비율을 초래하였다. 또한 위기가 도래할 경우에는 정부가 구제할 수밖에 없어 대마불사 신화만 강화되었다.[5] 이로 인해 재벌들이 한국경제에서 지배적인 위치를 차지하게 되었고, 정부·민간기업 간 위험공유 체제의 성격을 정부 주도에서 재벌 주도로 근본적으로 변화시켰다(W. Lim, 2001).

　투자에 성공하면 재벌총수는 거액의 수익을 취득하고, 실패하게 되면 정부가 위험을 사회화하여 구제해 주는 관치경제 하에서 재벌들은 가능한 한 많은 자금을 차입하여 문어발식으로 기업을 확장하는 것이 지극히 합리적인 행동이었다. 대마불사의 신화를 최대한 활용하기 위해, 그리고 개별 기업의 리스크를 시스템 리스크로 발전시키기 위해, 삼국지에 나오는 연환계(連環計: 간첩을 적에게 보내어 계교를 꾸미세 하고, 그 사이에 적을 공격하여 승리를 얻는 계교)처럼, 계열사 간 상호지급보증과 상호출자를 확대하여왔던 것도 재벌총수의 입장에서 보면 지극히

---

4 SaKong, Il(1993), *Korea in the World Economy*, Institute for International Economics. Phillip Wonhyuk Lim(2001)에서 재인용.

5 1970년대 대우의 경험이 좋은 예이다. 중화학공업화 추진 과정에서 박정희 정부는 섬유 및 무역 회사였던 대우에게 부실화된 기계제조 업체와 조선소를 인수하도록 종용하고 자동차 산업에 진입할 것을 요구하였다. 이를 수용한 대우의 부채비율은 900%까지 상승하였다. 대우가 부채상환 불능에 빠지자, 정부는 대우를 구제하지 않을 수 없었다(Wonhyuk Lim, 2001).

합리적인 행동이었다. 그러나 재벌들의 과다차입에 의존한 과잉투자의 누적은 높은 부채비율과 낮은 수익성이라는 재벌 재무구조의 취약성을 초래하였을 뿐만 아니라, 나아가 국민경제에서 차지하는 재벌의 비중이 급증함에 따라 한국경제 전체를 경기순환상 불경기 혹은 외부 충격에 구조적으로 취약하게 만들었던 것이다.

박정희 정부의 무리한 중화학공업화가 추진된 결과 1974~78년 중 재벌 계열사 수는 3배로 폭증하여, 대마불사 신화가 자리 잡게 됨으로써 도덕적 해이로 인한 또 하나의 기업 및 금융 위기를 예비하고 있었다. 중화학공업의 과잉·중복 투자 문제는 제2차 석유파동을 계기로 표면화되었고, 이를 해결하기 위해 정부는 1979~80년 중화학 투자 조정 과정에서도 은행대출금의 출자전환, 신규운영자금의 지원, 원리금 상환유예 등의 조치를 단행하였다. 1984~88년에 걸쳐 실시된 제3차 부실기업 정리 역시, 쇠퇴·사양 산업을 시장에서 퇴출시키는 대신, 은행차입금의 원금탕감, 이자감면 혹은 유예, 장기저리의 신규자금 지원, 조세감면 등 막대한 규모의 특혜와 더불어 재벌기업에 인수시킴으로써, 기업으로 하여금 자구노력보다는 정부의 보호와 지원에 안주하도록 만들었다. 또한 부실기업 정리 관련 대출로 인한 시중 은행의 수지 악화를 보전하기 위해 한국은행 특별융자를 연리 3%로 제공함으로써 은행의 도덕적 해이와 정부의존성을 심화시켰다.

5. 1980~1990년대의 불완전한 경제개혁 :
   탈(脫)보호 없는 탈(脫)통제

이제 우리의 〈의문 5〉, 즉 한국경제는 이미 1960년대 말과 1970년대 말에 기업 및 금융 위기를 경험하였음에도 불구하고, 정부는 왜 그 원인 치료책인 자율적 금융기관의 확립과 기업지배구조의 개선을 위한 법제 정비를 1997년까지 미루어온 것인가에 대한 해답을 찾아볼 차례이다.

지속적인 고도성장의 결과 우리 경제는 규모가 커졌을 뿐만 아니라 구조도 복잡다기화됨에 따라 관치경제의 유효성은 급속히 저하되고 도덕적 해이와 부정부패가 만연되었다. 당시까지 연평균 8% 성장률을 기록하던 한국경제가 1980년 −3.7% 성장을 계기로 이제 관치경제는 수명을 다했고 보다 시장 지향적인 경제질서로 대체되어야 한다는 인식이 경제 전문가들 사이에 광범위한 공감대를 형성하였다.

거대 재벌의 붕괴는 막대한 부실채권을 금융시스템에 안겨주기 때문에 정부는 경제 안정을 위해 재벌의 안정성을 보증해 주지 않을 수 없다. 그러나 이 암묵적 보증은 재벌들이 투자에 수반하는 위험을 과소평가하도록 유인하여 방만한 과잉투자를 낳기 때문에 정부는 민간기업의 투자결정에 개입할 수밖에 없는 딜레마에 빠져 있었다. 이러한 딜레마의 해결책은 명백히 관치경제로부터 시장질서로 이행하는 것이다. 정부가 아닌 기업이 투자기회를 자기책임 하에 발굴하고 그 결과에 대해 스스로 책임지며, 정부가 아닌 독자적인 금융기관이 투사위험을 평가·관리하고, 생존불능 기업은 원활히 퇴출되도록 도산제도를 정비하면 된다.

그리고 정부가 더 이상 민간기업에 지시하고 보험을 제공할 필요도 사라졌다. 이미 1980년대에는 60년대에 비해 국내저축률이 두 배로 상승하여 투자재원을 자립하는 것이 가능하였을 뿐만 아니라, 성공적인 재벌기업들은 국제금융시장에서 독자적으로 자본을 동원할 수 있었기 때문에 더 이상 정부의 지급보증을 필요로 하지 않았다. 또한 경제구조의 복잡다기화로 정부가 수익성 있는 투자기회를 발굴하고 개별 기업의 성과를 감독하는 것도 점점 어려워졌다. 더욱이 자유화와 민주화에 대한 국내외 압력으로 종래 정부가 민간기업에 동기를 부여하고 규율을 세우기 위해 사용하였던 정책 수단을 폐기하도록 압력이 가해지기 시작하였다. 정부개입의 필요성과 유효성이 저하됨에 따라 정책 입안자들은 정부 역할의 근본적 재편을 시도하여야 했다. 정부는 더 이상 민간기업의 의사결정에 개입하지 않은 대신 암묵적 보험도 제공하지 않고, 단지 공정한 경기규칙의 제정과 엄정한 시행, 그리고 사회안전망의 공여에 그 역할을 한정하여야 했다. 요컨대 경제개혁의 요체는 탈통제 · 탈보호(decontrol with de-protection)였다.

역사적 경로의존성

그러나 20여 년에 걸쳐 존속되어온 냉엄한 시장원리가 아닌 자의적 판단에 의존하는 관치경제는 필연적으로 정(政) · 관(官) · 재(財)의 유착구조를 낳았고, 낡은 관치경제를 유지하려는 정 · 관 · 재 유착구조가 이미 고착화되어 개혁의 장애물로 기능하였다. 정치가와 관료는 금융자원배분에 있어서 통제권을 고수하고자 하였고, 재벌총수들은 당연히 정부가 계속해서 보증과 지원을 제공해 주기를 바랐다. 일반 국민들은 주기적으로 대규모 투자실패 비용을 부담해야만 했지만 조직화 되지 않아 정치적 영향력을 행사할 수 없었다. 개혁적 인사가 종종 정부에 참여하여 개혁을 시도하였지만, 관료들에 의해 배척당했다. 기득권 세력의 저항으로 경제개혁은 부분적 개혁에 그치거나 지체되어왔다.

전두환 정부는 한일은행(1981)을 시작으로 제일은행(1982), 조흥은행(1983) 등 주요 상업 은행 민영화를 추진하였고, 1982년 말 은행법 개정을 계기로 1960년대에 제정된 '금융기관임시조치법'을 폐지함으로써 은행감독원장의 일반 은행 임원선임의 승인권과 파면권, 은행 경영에 대한 포괄적인 명령권 조항을 삭제하였다. 이러한 단편적인 규제완화에도 불구하고, 여전히 일괄금지·예외허용 방식(positive list system)의 규제 체계와 비명시적인 정부의 간섭은 그대로여서 은행의 자율성이 제한되었고, 실질적으로는 은행 경영진 선임 시 재무부의 승인을 받도록 함으로써 정부의 은행 지배권을 유지시켰다. 결국 금융자원 배분에 대한 통제권을 유지시키려는 정치가와 관료의 저항을 극복하지 못하였다.

1970년대 중화학공업화 정책 추진으로 증가되었던 정책금융 비중은 1980년대 단편적인 자율화 과정을 거치면서도 크게 감소되지 않고, 정책금융의 대상이 중소기업 지원, 주택자금, 무역금융 및 수출 지원, 농어촌 지원 등으로 바뀌었을 뿐이었다. 이로 인해 은행의 대출심사 기능 저해 및 수익성 악화가 초래되었을 뿐만 아니라, 정책자금이 이권화됨으로써 정치권, 관료, 기업 사이의 부정부패와 유착 관계를 형성하는 지대추구는 지속되었다.

기업부실로 인한 은행부실에 대한 한국은행의 특별융자 관행도 여전하였다. 1980년대 초 서락, 금성 등의 도산으로 인해 경기은행, 대봉의 도산이 이어졌다. 이로 인해 충북은행의 부실채권비율이 각각 31.4%와 59.5%에 이르자, 이들 은행에 한국은행 특별융자가 제공되었으며, 1986년에는 산업구조조정 자금이 은행권에 연리 3%로 6844억 원 지원되었다. 은행업은 독자적인 산업이라기보다 정부가 선정한 산업에 자금을 공급하는 역할을 담당해야 한다는 패러다임은 단편적인 외양만 변화한 채 1980년대에도 지속되었다.

정부는 전면적인 은행 민영화 대신에 금융 부문에 보다 많은 경쟁을 도입하기 위해 비은행 금융기관에 대한 진입장벽을 완화하고 업무 영역을 확대해 주었다. 1980년 공정거래법이 제정되었지만, 정부는 재벌 문제를 해결하기 위해 시장의 힘을 활용하기보다 직접적 통제를 선호함으로써 또 다른 개입의 악순환에 빠졌다. 즉 M&A에 대한 규제 완화, 집중투표제와 집단소송제 도입 등 사적구제제도의 정비를 통한 기업지배구조 개선보다는 재벌에 대한 주먹구구식의 직접적인 행태 규제를 통해 사적 이해당사자를 대신해 관료가 재벌을 규율하는 정책을 추진하였다. 그리고 생산물 시장에서의 경쟁을 촉진하기는커녕 거꾸로 민족주의적 정서에 의존해 일본 소비재 수입을 제한하기 위해 수입선 다변화 정책을 추진하고, 외국인 직접투자를 억제함으로써 다국적기업의 경쟁압력으로부터 재벌들을 보호하였다(W. Lim, 2001).

이처럼 1980년대 탈통제 정책의 부분적인 진전으로 자본 축적은 보다 민간 주도로 이루어지게 되었지만 금융자원 배분과 기업지배구조 개선에 필요한 제도 개혁은 이루어지지 않았다. 즉 부분적 자유화 정책에 탈보호 정책이 수반되지 않았고 기존의 정부·재벌 간 위험공유체제를 근본적으로 개혁하는 데 이르지 못했다. 결국 재벌들의 대마불사 신화에 기초한 과다차입에 의존한 과잉투자, 은행불사 신화에 기초한 은행의 방만한 경영은 지속되었다. 오히려 재벌의 비은행 금융기관(종금·증권·보험) 소유가 허용됨으로써 금융자원 배분에 대한 재벌들의 지배권이 확대되어 재벌의 영향력은 증대되었다.

더욱이 기업의 생사가 경제적 실력보다는 정치헌금을 통한 정치적 유대에 더 크게 의존함에 따라 정부·재벌 간 위험공유체제의 정치화가 증대되었다. 이러한 경향은 1987년 민주화 이후 선거자금에 대한 적절한 견제장치 없이 경쟁적 선거가 이루어짐으로써 강화되었다.

불완전한 금융자율화

1990년대 들어 정부는 국내적으로 금융 경쟁력 제고 여론과 대외적으로 금융시장 개방압력의 가중에 따라 금융자율화와 국제화를 재차 추진하였다. 그 주된 내용은 금리자율화, 금융기관 진입제한 완화, 업무 영역 확대 및 책임경영 체제 확립 등이었다.

우선 1991년 8월 발표된, 선 여신금리 후 수신금리, 그리고 수신금리는 선 장기·거액상품 후 단기·소액상품 원칙에 따른 4단계 금리자유화 추진계획에 따라 1991년 11월 1단계 금리자유화를 시작으로 1997년 7월 4단계 금리자유화 실시로 거의 모든 여수신 금리가 자유화되었다. 또한 대외 개방과 경쟁 촉진을 위해 금융 산업 전반에 대한 진입규제를 완화하고, 지점 증설도 1994년 자율화되었다. 업무영역 규제완화는 은행, 증권, 보험업의 3대 축을 기준으로 각각의 핵심 업무는 유지하되 주변 업무를 중심으로 상호진입을 점진적으로 허용하는 방식으로 진행되었다.

그러나 이러한 자율화와 동시에 반드시 수반되어야 할 금융기관에 대한 건전성 감독 강화와 엄격한 법 집행은 미흡하였다. 자율화에 따른 금융기관 건전성 감독 강화의 필요성은 1990년대 중반 한국은행법 개정 시 거론되었으나 실패로 끝났다. 결국 재무부와 한국은행의 감독권한 이원화, 다기화된 중간 삼독기관의 자율성 결여 등 금융감독 체제의 정비가 이루어지지 않았을 뿐 아니라, 감독기관들도 금융시스템의 건전성 유지보다는 주로 정부지침 시행여부 확인과 비리적발에 초점을 둔 종래의 감독 관행을 지속하고 있었다. 금융감독 당국은 BIS 8% 규정 도입, 은행 업무에 CAMEL 방식 도입 등 건전성 감독 강화 조치를 발표하였다. 그러나 실제로는, 예컨대 1996년 기업부실로 은행부실이 야기되었을 때, 강화된 건전성 감독 기준을 엄정히 집행하기보다는, 부실채권에 대한 대손충당금 적립비율을 100%에서 75%로 낮추어 주었다.

금융기관의 건전성 감독이 미흡한 여건에서 1990년 초부터 금리 및 업무영역의 자유화가 단계적으로 시행되었다. 금융자율화와 국제화의 진전에 따라 증대된 위험에 대처하기 위한 위험관리 체계의 정비는 소홀히 한 채, 일부 은행들은 무분별한 자회사 설립을 통한 타업종 진출 및 해외 진출에 몰두하는 등 외형 확장 위주의 방만한 경영 행태를 보였다. 특히 외화자금을 단기로 조달하여 중장기로 운용하는 등 외화자산과 부채의 만기불일치가 매우 심각하였다.

6. 재벌감시의 공백

마지막으로 우리의 〈의문 6〉, 즉 종전의 기업 및 금융 위기와는 달리, 1997년 총체적 경제위기 때는 정부가 더 이상 구제할 수 없을 정도로 기업부실을 대규모로 누적시켜온 재벌들의 과다차입에 의존한 과잉투자가 확대·심화된 원인에 대한 해답을 찾아 볼 차례이다.

첫째, 앞 절에서 살펴본 바와 같이, 경제구조의 복잡다기화, 그리고 1980년대에 이후 추진된 탈보호를 수반하지 않은 부분적 탈통제로, '통제와 보호' 원리에 기초한 관치경제는 점점 기능부전 상태에 빠지게 되었으나, 개혁의 지연으로 '자유경쟁과 자기책임 원칙'에 입각한 새로운 시장규율은 작동하지 않는 상태가 지속되었다.

1980년대 후반 이후 재벌들은 더 이상 정부에 의해 엄격하게 통제되지 않게 되었으나 대마불사의 신화에 의존한 암묵적 보증은 그대로 남아 있었다. 1980년대 들어 정부는 전통적인 산업 정책을 더 이상 추구하지 않으면서, 민간 소유의 상업 은행에 대한 통제권을 유보하고 있었고, 재벌들의 차입에 대한 암묵적 보증은 아직도 유효한 것처럼 보였다. 재벌들은 정경유착을 통해 정부의 영향력을 활용하고 동시에 수많은 비은행 금융기관을 설립하여 조달한 자금으로 부도 위험을 무시한 채 야심적인 투자 사업을 추진하였다.

둘째, 재벌 경영에 대해 종래 정부의 통제나 감시를 대체할, 정부와 재벌로부터 독립적인 금융기관에 의한 일본·독일형 기업감시도, 그리고 주주들에 의한 영·미형 기업감시도 정비되지 않아, 결국 재벌총수를 견제하고 감시할 기업 내외의 지배구조의 공백이 생겼다. 또한 금융 시스템 건정성 확보의 마지막 보루인 금융감독 체계 역시 정비되지 않아 시스템 리스크 관리 체제의 공백 상태가 장기간 지속되었던 것이다.

결국 기업감시의 공백 상태에서 재벌총수 중심의 내부자통제가 일반화되어 도덕적 해이가 확대·심화되어온 것이 1980년대 말 이후 재벌들의 과다차입에 의존한 방만한 투자를 초래한 것이었다.

기업지배구조[6]의 공백

지난 30여 년 동안 관치경제 하에서 정부는 전략산업 부문의 대규모 투자를 선정하고 사업 영역·투자 규모·자금조달 방식 등을 통제하였으며, 외자 및 은행 등 금융기관을 통해 조달한 내자를 전략산업 부문에 집중적으로 배분하여왔다. 따라서 한국의 금융시스템은 은행 등 금융기관 위주의 간접금융 중심으로 발달하여왔다.

그렇다고 간접금융 중심의 독일이나 일본형의 기업지배구조가 발달해왔던 것도 아니다. 관치금융 하에서 금융기관들은 기업의 경영 능력이나 사업의 타당성 등에 입각해 대출심사를 하지 않고 수동적으로 정부의 지시에 따라 융자를 해주었기 때문에 금융기관의 기업감시 기능

---

6 선진국들의 기업지배구조의 이론과 실제에 대해서는 본장 〈부록 1〉 참조.

이 발휘될 여지가 거의 없었다. 기업부실로 인한 은행부실을 한국은행 특별융자로 해결하는 것이 관례화되었기 때문에 은행 역시 철저한 여신심사나 사후관리를 할 인센티브가 없었다. 또한 대규모 투자 실패로 기업이 부실화될 경우, 정부가 산업합리화 조치 등을 통해 구제하여주는 것이 관행화되어 있었기 때문에 은행 등 금융기관들이 적극적으로 기업을 감시할 필요가 없었다. 사업성 있는 우량기업에 대출하기보다는, 예컨대 제일은행이 자기자본의 56.2%에 이르는 거액을 한보철강에 대출하였듯이, 대마불사의 신화를 담보로 특정 재벌에 과도한 편중 여신을 제공하였다. 결국 제2차 투자심사자로서 은행 역시, 관치경제에서 형성된 여신심사 기능의 취약성, 담보 위주 및 재벌 위주의 여신 관행, 외부에서의 대출압력 등으로 인해, 재벌의 과잉투자를 견제하지 못했다.

다른 한편 한국 재벌은 계열사 간 출자를 통한 높은 내부지분율과 M&A를 가로막는 각종 규제 때문에 영국이나 미국에서처럼 주주 중심의 투명경영과 기업지배권 시장을 통한 경영규율 역시 거의 발달할 수 없었다. 우선 주주총회, 이사회, 감사 등 내부통제 장치는 이사 및 감사의 선임권을 재벌총수가 사실상 장악하고 있었고, 이사회는 모두가 내부이사로 구성되었기 때문에 재벌총수의 독단적 경영을 견제할 수 없었다. 1996년 기준 금융기관들은 상장회사 발행주식의 25% 이상을 보유하고 있어, 기관투자가로서 경영감시 기능을 기대할 수도 있었으나, 중립투표제[7] 등 권리 행사의 제약 때문에 그 역할마저 미약할 수밖에 없었다.

---

7 중립투표제(shadow voting)는 기관투자가가 기업인수 · 합병 등 주요 사항에만 자신의 의사대로 의결권을 행사하고 기타 의안의 경우 다른 투자자들이 행사하는 의결 내용과 같이 의결권을 행사하도록 하는 제도이다.

재벌총수 중심의 내부자통제

결국 기업지배권이 재벌총수에게 집중되어 있었다. 물론 재벌총수의 지분율이 높을 경우 주인·대리인 문제가 발생할 위험성은 낮다. 공정거래위원회에 따르면, 2000년 4월 현재 자산순위에 따른 30대 재벌의 경우 총수와 그의 특수관계인이 총주식의 4.5%를 소유하고 있는 것으로 나타났다. 이 수치는 10년 전인 1990년 13.7%에 비해 상당히 감소하여 주식 소유가 어느 정도 분산된 것으로 볼 수 있다. 그러나 재벌총수가 지배대주주로 있는 계열사가 다른 계열사에 출자한 지분 등을 추가로 고려한 전체 내부지분율은 1990년 45.4%에서 2000년 43.4%로 약간 감소했을 뿐이다. 이처럼 총수 자신이 소유하고 있는 지분은 이미 크지 않음에도 불구하고 계열사 간 상호보유분까지 합하여 실제 소유보다 훨씬 큰 지배력을 확보하고 있는 것이다. 공정거래위원회에 따르면 총수가 존재하는 25개 재벌의 전체 계열사 590개사 중 총수 및 그의 가족의 지분이 한 주도 없는 계열사가 53.2%인 총 314개사에 이른 것으로 나타났다.

이를 통해 확보한 지배력을 이용해서 재벌총수는 자신의 사적이익을 위해 외부주주나 채권자의 이익을 침해하는 행위를 할 위험이 있다. 예컨대, 대규모 이익을 실현한 계열사가 투자위험이 높은 다른 업종에 대규모 투자를 하거나 또는 한계기업에 지원함으로써 외부주주와 채권자에게 손해를 끼질 수 있다. 많은 재벌들의 경우, 일반 주주, 채권자 그리고 자본시장을 통한 감시가 작동하지 않는 여건에서 재벌총수가 과다차입을 통한 과잉투자와 무리한 계열사 확장을 시도하였고, 이에 따라 많은 기업들이 과다한 부채를 지게 되었으며 과잉투자로 인해 수익률이 저하되면서 결국 도산에 이르고 말았던 것이 1997년 경제위기의 근본 원인이었다.

이러한 기업감시의 진공 상태는, 공산주의로부터 시장경제로의 이행기에 동유럽과 중유럽의 여러 나라에서 경험하고 있는 내부자통제(insider control)의 문제와 본질적으로 동일하다고 볼 수 있다. 사실 일본형 관치경제를 구상한 일본의 혁신관료들은 그 아이디어의 일부를 구소련의 계획 기구의 연구로부터 얻어, 기업을 엄격하게 통제하고, 은행도 금융통제의 도구로 전락시켰다. 한국에는 박정희 정부에 의해 이러한 일본형 관치경제가 본격적으로 도입되었다. 동유럽과 중유럽 공산주의 국가들은 1970년대와 80년대에 걸쳐 경제정체에 빠졌을 때, 계획관료 기구는 그 위기를 가격결정 등 계획 수단의 대부분을 기업의 경영자에게 위양(委讓)함으로써 이를 극복하려고 하였다. 중앙 계획관료의 점진적 후퇴로 인한 진공 상태에서 경영자들은 국유기업 내부에서 지배권을 확대하여왔다. 구(舊) 국유기업의 경영자를 해고하는 법적 내지 정치적 힘은, 그가 종업원의 지지를 받고 있는 한, 어느 누구에게도 없었다. 국유기업의 민영화 과정에서 러시아의 경우 경영자, 폴란드의 경우 노동자와 같은 내부자가 사실상 기업을 통제하였다.

중국의 경우 국유기업의 주식회사화(化)는 아직 일부의 유력 기업에 한정되고 있지만, 역시 내부자통제의 문제를 잠재적으로 안고 있다. 대표적인 실례는 국유기업의 경영자가 일부의 정부 간부와 결탁하여, 수익성이 있는 부문을 주식자회사로 분사화하고, 거기에 우량자산과 생산적 노동자를 이전시키는 것이다. 만약 자회사가 실제로 수익을 낼 경우, 그것은 점점 국가로부터 독립적이게 될 것이다. 반면 손실을 보게 될 경우에는, 국유 모기업이 결국 국가가 구제하게 될 것이다. 이처럼 내부자는 민영화의 위험으로부터 보호되는 반면, 그 편익의 대부분을 점유하게 될 전망이다(靑木, 1995).

1980년대 중반 이후 한국의 재벌들은, 종래의 정부 감시의 능력이 저하된 반면, 시장에 의한 감시 체제는 형성되지 않은 기업감시의 진공 상태에서 사실상 재벌총수 중심의 내부자통제 체제였다고 할 수 있다. 재벌기업은 비재벌 기업에 비해 낮은 수익을 올리면서도 내부자 이익을 위해 외형 확장에 몰두하여왔고, 경영자와 노동자들은 회사 수익을 배당으로 분배하기 전에 임금과 부가급여 형태로 취득하였다. 또한 효율적 기업의 자원은 수익을 내지 못하는 비효율적 계열사 지원을 위해 낭비하였다. 무엇보다도, 경제위기 직후 표출된 SK텔레콤과 대한텔레콤의 경우에서 보듯이, 내부자거래를 통해 대주주의 지분율이 높은 기업으로 자원을 이전시키는 등 재벌총수의 사적이익을 추구하는 일이 적지 않았다. 그리고 재벌이 재무적 곤란에 직면할 경우, 정부의 통제를 받는 은행이 추가적 융자를 제공함으로써 이를 구제하는 것이 보통이었다(soft budgeting).

일본형 기업 : 종신고용과 연공서열

재벌들이 과다차입에 의존한 과잉투자를 하게 된 또 다른 원인은 한국의 대기업들이 종신고용, 연공서열, 기업별 조합을 3대 축으로 한 일본형 경영시스템을 모방한 데서 찾을 수 있다. 이러한 일본형 경영시스템은 앞에서 시적한, 새벌 계열사 간 상호출자와 우리사주 등을 통한 높은 내부지분율과 결합하여, 많은 재벌 기업들에서 일반 주주와 채권자 등 외부 이해당사자들을 무시하고, 재벌총수를 비롯한 지배주주와 종업원이 기업을 지배하는 '내부자의 경영지배(insider control)'를 초래하였다.

노구치(1995)가 지적하였듯이, 일본형 경영 구조 역시 1938년 국가총동원 체제 하에서 형성되었다. 본래 기업이란 주주가 소유하는 이윤추구를 위한 조직이고, 종업원은 단지 계약에 기초하여 고용될 뿐이었다.

1938년 이전에는 일본의 기업에 있어서도 주식에 의한 자금조달이 산업자금의 중심이었고, 경영자는 회사의 대주주이고 기업은 주주의 이윤추구를 위한 조직이었다. 그러나 1938년 국가총동원법에 기초하면서 일본 기업은 배당이 제한되고 주주의 권리가 제약되어 종업원 중심 조직으로 대체되었다. 종신고용과 연공서열 임금 체계도 전시기에 임금 통제가 이루어지면서 일본에 일반화되었으며, 기업별 노동조합의 원형도 전시하의 '산업보국회'이며, 하청 제도도 군수 산업의 증산을 위한 긴급조치로서 도입되었다.

한국의 대기업은 일본형 경영을 모방하여 구미(歐美) 기업과는 이질적인 공동체적인 사회조직이었다. 재벌 기업들은 종업원에 대하여 임금 이외에 진료소, 독신자 숙소, 사택을 제공하고, 경영진도 대부분 내부 승진자로 구성되어 있다. 기업과 근로자의 관계는 단순히 일시적인 근로계약이 아니고 운명 공동체적인 성질을 띠고 있다. 회사원 개인의 일생이 회사의 흥망성쇠에 달려 있기 때문에 회사원은 기업에 충성한다.

연공서열 임금이란 취업 초기에는 낮은 임금에 만족하고 후기에 고임금을 통해 그것을 보상받는 생애임금 체계로서, 이 체제가 지속되기 위해서는 젊은 근로자와 중·고령 근로자 사이의 비율이 일정하게 유지되지 않으면 안 된다. 그리고 다시 이를 위해서는 기업이 지속적으로 성장하지 않으면 안 된다. 역으로 기업 규모가 커지면 젊은 근로자의 비율은 높아지고, 연공서열 임금 하에서 평균임금은 낮아져서 경쟁력이 강화된다. 결국 일본형 경영시스템이 원활하게 운영되기 위해서는 고도성장이 필요하고, 역으로 일본형 경영시스템은 고도성장을 창출하는 원동력이 된다.

종업원 입장에서 보더라도, 연공승진제 하에서 고용을 확보하면서 승진하기 위해서는 기업 조직의 확대가 중요하였다. 이를 위해서는 이윤보다도 규모가 우선되었으며, 따라서 무리한 사업다각화를 요구하였다. 많은 재벌들이, 특히 1980년대 후반 이후, 신규 사업에 진출하여 수많은 계열사들을 설립하였다. 다수의 재벌 계열사들이 동시에 동일 산업에 진입하였기 때문에 과잉투자와 과당경쟁으로 인해 다수의 기업들이 거액의 손실을 입지 않을 수 없었다. 그 결과 기업이 부실화될 경우, 정부는 일본에서와 마찬가지로 정부 통제를 받는 은행을 통하여 구제하는 조치를 취하였다. 또한 화이트칼라와 상급 블루칼라를 중심으로 재벌계 기업들에 고착되어 노동 시장의 유연성은 극히 낮았고, 기존 기업은 새로운 기업의 창업에 장애물로 기능하기도 하였다.

이러한 체제에서의 기업의 목적은 이윤추구가 아닌 성장 그 자체이다. 기업이 성장 그 자체를 목표로 추구하기 위해서는 수익률 극대화를 추구하는 일반 주주의 이익은 무시해야 했다. 그래서 필요한 자금은 차입을 통해 조달할 필요가 있다. 이리하여 일본형 경영시스템은 간접금융과 밀접히 결부되어 있다.

허술한 금융감독

한 나라 금융시스템의 건전성 확보의 마지막 보루인 정부의 금융감독 역시 감독 기순이 국제수준에 크게 못 미쳤고, 그나마 설징된 감독 기준도 엄격히 적용되지 않아 부실채권의 누적을 방치하는 결과가 초래되었다. 특히 금융자율화와 국제화의 진전에 따라 증대된 위험을 관리하기 위해서는 건전성 감독을 강화하여야 했음에도 불구하고, BIS 자기자본비율, 여신건전성 분류 기준 등 은행 자산건전성에 대한 평가 기준을 국제적으로 통용되는 기준보다 상당히 완화하여 적용하였을 뿐만 아니라, 유동성관리비율, 위험관리 기준, 유가증권 등 고위험자산에 대한 투자 제한 등 각종 건전성 감독 기준이 정비되어 있지 않았다. 또한 금융자율화와 국제화에도 불구하고 금융감독의 초점을 금융시스템의 건전성 확보로 전환하지 않고, 여전히 정부 지침의 수행 여부 확인과 비리 적발에 두었다. 예컨대, 재벌 계열사들이 국내에서 발행하는 채권은 물론 해외에서 발행하는 외화표시채권의 대부분을 국내 금융기관 또는 국내 금융기관의 해외점포가 인수하였으나, 이에 대한 감독은 미흡하였다. 결국 금융시스템의 건전성을 확보하기 위한 건전성 규제에 공백이 생기게 되었던 것이다.

이처럼 불량 경영을 사후적으로 구제하는 느슨한 규율로 인해 재벌 기업들의 효율화에의 유인이 약화된 것이 재벌 기업이 비재벌 기업에 비해 지속적으로 수익성이 낮은 근본 요인이라 할 수 있다. 그 결과 도덕적 해이와 부정부패 문제는 폭발적으로 심화되었다. 이는 1980년대 후반 이후 1997년 경제위기에 이르기까지 지속적으로 30~40%대에 이르는 투자율(투자/GDP)의 고공행진으로 표출되었다. 이 투자율은 역사상 가장 높은 수준이었을 뿐만 아니라, 1960년대 후반 차관 기업에 의한 투자 붐, 1970년대 중화학공업화 투자 붐이 정부 주도에 의했던 것과는 대조적으로, 1980년대 후반부터 1997년 경제위기에 이르는 과잉 투자 붐은 민간(재벌) 주도에 의한 것이었다.

7. 경제위기의 구조적 원인과 개혁의 근본 과제

1997년 경제위기가 발발할 때까지, 새로운 시스템 리스크 관리 체제로서 시장질서를 확립하려는 근본적 개혁이 지연되어 도덕적 해이 문제는 해소되지 않았다. 금융기관들은 재벌들의 높은 부채비율과 낮은 수익성에도 불구하고, 정부가 재벌의 부도를 내버려두지 않을 것이라는 기대 때문에 계속해서 재벌에 대한 여신을 증가시켰다. 정부는 계속해서 은행에 대한 통제권을 보유하고 재벌들의 차입에 대한 암묵적 보증을 제공하였으며 인·허가를 통해 시장진입을 통제하였다. 재벌들은 정치헌금의 대가로 정부로부터 특혜를 받아내서 부도 위험을 무시한 무모한 투자를 계속하였다. 이러한 제도에서는 상업 은행들이 스스로 신용분석이나 위험관리 능력을 향상시키려는 강력한 유인이 존재하지 않았다. 은행 경영진들은 흔히 대마불사의 신화에 기초하여 차입 기업의 규모에 따라 여신을 배분하였다. 그 결과 재벌은 과다차입 상태에 빠지고 은행 여신의 대재벌 집중도는 높아져서 경제 여건이 악화될 경우 재벌과 은행이 동반 부실화되는 취약한 경제체질을 갖게 되었던 것이다. 이러한 경향성은 제일, 서울, 한일, 상업 은행과 같이 은행이 대형일수록 그리고 오랜 역사를 가지고 있을수록 강하였다.

재벌들의 금융 부문에 대한 영향력은 80년대 부분적 금융자유화 조치의 일환으로 비은행 금융기관(종금·증권·보험·투신)의 재벌 소유가 허용됨에 따라 급속히 증대하였다. 그러나 감독 체계의 미비로 비은행 금융기관들의 도덕적 해이 문제는 은행 부문보다 더 심각하였다. 비은행 금융기관들은 은행보다 높은 수익률을 제공함으로써 예금시장 점유율을 1980년 29.1%로부터 95년 72.2%까지 급속히 높일 수 있었다. 투자자들은 비은행 금융기관에의 투자가 은행예금과 마찬가지로 정부에 의해 보호되는 것으로 믿고 있었다. 반면, 비은행 금융기관에 대한 감독은 극도로 빈약하였다. 한국은행 은행감독원이 상업 은행에 대한 감독권은 가지고 있었던 데 비해, 비은행 금융기관에 대한 감독 체계는 분산되어 있었을 뿐만 아니라 책임 소재도 불분명하였다. 소유한도에 대한 규제가 없었기 때문에 비은행 금융기관의 큰 부분을 재벌이 소유하고 있었다. 1998년 3월 현재, 5대 재벌은 30개가 넘는 비은행 금융기관들을 지배하고 있었고, 이들의 자산 기준 시장점유율은 비은행 금융 산업의 30%를 넘어섰다.

낮은 감독 기준과 빈약한 감시를 틈타 재벌들은 계열 금융기관의 자금을 부실 계열사에 지원하기 위해 각종 불법 거래를 일삼았다. 예컨대, 대한생명은 1996~98년 중 감독 기준을 무시하고 모회사의 계열사들에 3조 원이 넘는 자금을 대출하여 결국 부채가 자산을 2조 원이나 초과하는 사태를 초래하였으며, 대한종금과 동서증권의 경우에도 부실 모기업 및 그 계열사에 대한 여신으로 부도에 이르게 되었다. 결국 80년대 이후 추진된 부분적 금융자유화 정책은 정부의 암묵적 보증 유산과 결합하여 금융시스템 리스크를 대폭 증대시키는 결과를 낳았다.

기업지배구조의 문제 역시 재벌의 비은행 금융기관 소유에 기초한 비효율적 투자의 증대된 위험에 못지않게 심각한 문제로 방치되어 있었다. 건전한 기업지배구조는 효율적 자원배분과 기업의 자본조달비용 인하에 본질적으로 중요하다. 그러나 종래 한국의 기업지배구조는 경영 대주주가 자신의 이익을 극대화하고 다른 이해당사자들은 이를 수동적으로 받아들이는 방식이었다. 경영 대주주 이외의 이해당사자들이 이러한 지배 구조에 만족하고 계속하여 자본을 공급하였던 이유 중 가장 중요한 것은 관치금융과 표리를 이루는 대마불사의 신화였다. 관치 경제 하에서 정부는 금융자원 배분에 있어서 커다란 영향력을 행사하고, 재벌 기업의 성과를 직접적으로 감시하며, 재벌이 부도 위기에 몰릴 경우 구제해 주었으며, 심지어는 투자자들을 주가 폭락으로 인한 손실로부터 보호하기 위해 증권 시장에 개입하였다. 이러한 환경에서 대다수 주주들은 기업지배구조의 개념조차 이해하지 못하였으며 자신들의 주주권을 행사할 인센티브조차 없었다. 또한 인위적 저금리 정책으로 차입을 통한 자금조달이 증자를 통한 자금조달에 비해 저렴하였기 때문에 재벌 기업 대부분에 있어서 총수 가족에의 소유 집중도가 높은 수준에서 유지되었다.

그러나 상장법인의 재벌총수 가족이 직접적으로 소유하고 있는 지분율이 50%에 미달하더라도 계열사 간 출자를 통해 그룹 전체 기업의 경영권을 실질적으로 지배할 수 있었다. 평균적으로 30대 재벌 창업자 가족의 지분율은 이미 1983년 17.2%에 불과하였으나 계열사 출자지분을 합하면 57.2%의 지분이 재벌총수의 지배하에 들어갔다. 재벌총수 가족의 지분율은 1997년 8.5%로 저하되었으며, 계열사 출자지분 34.5%를 합하더라도 43%의 지분을 지배하는 데 그쳤다. 소유와 경영의 분리가 진전될 경우, 경영자가 자신의 이익이 아니라 주주의 이익을 위해 일하도록 감시하는 장치를 도입하는 것이 중요해진다. 그러나 소유와 경영의 분리로 인한 대리인 문제 극복을 위한 제도 개혁은 이루어지지 않았다. 재벌 행태에 대한 정부의 직접적 감시의 유효성은 급격히 저하되었으나, 소액주주의 권한이 극히 제한되었을 뿐만 아니라 금융기관이나 기관투자가들의 경영감시 기능 역시 거의 허용되지 않았다. 소액주주들은 기업의 재무정보 접근에 어려움이 있었고 법적 보호장치의 미흡으로 경영에 대한 발언권을 행사할 수 없었다. M&A를 통한 경영규율 역시 적대적 인수합병을 어렵게 한 제도와 기업회계의 투명성 결여 때문에 기능할 수 없었다. 구미 선진국에 있어서 이사회는 외부주주와 내부 경영진 사이의 연결고리로 기능함으로써 내부감시의 핵심적인 기능을 수행한다. 그러나 한국의 경우 이사회는 종신고용제 하에서 재벌총수에 의해 발탁된 내부이사들로만 구성되어 있었기 때문에 내부 경영감시 기능을 수행하는 것이 구조적으로 불가능하였다. 그 결과 한국 재벌들의 경영자들은 일반 주주의 희생을 담보로 지배주주의 이익 극대화를 추구하였다.

그 결과 하위 재벌(11~30대)의 자기자본경상이익은 1993년부터 적자를 기록하였으며, 한라, 진로, 삼미의 경우 적자 누적으로 부채비율이 이미 1995년에 2000%를 넘어섰다. 그럼에도 불구하고 금융기관들은 이런 기업들에게 계속해서 여신을 제공하였다. 30대 재벌의 평균부채비율은 1995년 347.5%, 1996년 386.5%로 상승하였음에도 불구하고 금융기관들은 이들 재벌을 계속하여 지원하였다. 1996년 교역 조건이 약 20% 악화되는 외부 충격이 가해지자 1997년 30대 재벌의 평균부채비율은 519.0%까지 상승함으로써 한국은 또 한번 부채 위기의 벼랑에 서게 되었던 것이다. 그로 인해 재벌들의 연쇄도산이 초래되어 투자자의 신뢰를 상실함으로써 국제금융시장을 무대로 한 인출사태가 촉발되었던 것이다. 설사 외환보유고를 충분히 쌓아둬서 외환위기를 회피할 수 있었다고 하더라도, 재벌 경영의 감시 체제의 공백에서 누적되어온 거대한 부실채권으로 인해 기업 및 금융 위기는 예정되어 있었던 것이다.

이상의 분석으로부터, 경제개혁의 근본 과제에 대한 다음과 같은 세 가지 명제를 도출할 수 있다.

1. 경제개혁의 2대 과제는 과거로부터 누적되어온 부실 정리와 부실 재발을 방지하기 위한 시장규율의 확립이다.

2. 기업 및 금융 구조조정은 결코 단기간에 완료할 수 없다. 그 이유는 첫째 길게는 지난 30여 년 동안 짧게는 1980년대 말 이후 누적된 기업 및 금융 부실을 정리하는 데에는 역시 장기간이 소요될 수밖에 없다. 둘째, 우리의 금융위기는 재벌위기로부터 야기되었다는 점에서 부동산 거품 붕괴로 야기된 미국, 북구 그리고 일본과 같은 선진국의 금융위기와 구별되며, 부실기업 정리는 부동산에 비해 신속한 정리가 실업 등 사회적 문제의 중첩으로 어렵기 때문이다(〈부록 2 참조〉).

3. 경제위기의 재발을 방지하고 나아가 경제의 효율성 제고를 통한 제2도약을 이룩하기 위해서는 관치경제를 청산하고 진정한 시장경제 질서를 확립하여야 한다. 이것이 김대중 정부 경제 정책(DJnomics)의 기본 철학이다. 특히 관치경제에서의 금융자원 배분시스템과 기업지배 구조의 왜곡이 위기의 근본 원인이었으므로, 이 두 부문의 제도 개선이 개혁의 핵심 과제이다.

　만약 어떤 기업을 소유한 지배대주주가 그 기업을 직접 경영하고 그 결과에 대한 책임을 전적으로 진다면 아무런 문제가 없을 것이다. 그러나 현대 대부분의 기업들은 소유와 경영이 분리되어 있어 주인·대리인 문제가 야기될 수 있다. 주인·대리인 문제는 기업의 소유주인 주주(주인)와 주주를 대신하여 기업의 경영을 맡은 경영자가 서로 다른 이해관계를 지니고 있고, 주주가 경영자의 경영 행위에 대해 완전한 정보를 가지고 있지 않기 때문에 발생한다. 주주는 기업 가치 극대화를 바라지만 경영자는 기업 가치 자체보다는 개인적 이익을 우선할 수 있다. 이러한 주주와 경영자 간의 이해상충 문제를 해결하기 위해 주주는 경영자의 모든 행동을 감시하려고 할 수 있다. 그러나 주주는 경영자에 비해 기업의 경영 상태에 대한 정보가 부족하기 때문에(정보의 비대칭성), 경영자의 사익추구를 완벽히 감시할 수 없다. 이러한 정보의 비대칭성으로 인해 발생하는 주인·대리인 문제를 해결하고자 하는 것이 기업지배구조의 핵심이다. 경영진이 전문성을 최대한 발휘할 수 있도록 재량권을 부여하면서도, 경영진이 그러한 권한을 사적이익 추구를 위해 남용하지 않고 주주에 대한 책임을 충실히 수행하도록 감시·통제하는 장치가 기업지배구조이다.

　본래 기업지배구조(corporate governance)란 영·미에서는, 문자 그대로 법인조직으로서의 주식회사에 있어서 주주·경영자의 권한과 의무의 배치를 규제하는 법적 구조를 의미한다. 보다 구체적으로는, 상법상 계약의 주체인 주식회사의 채무에 대해, 출자액을 한도로 하여 유한책

임을 지는 주주가 그 대리인인 경영자의 행동을 어떻게 통제하는가와
그 제도적 구조를 다루는 법률적 개념이다.

현대 시장경제에 있어서 많은 법인들은 소유자가 직접 경영하지 않
고, 전문경영인을 고용하여 주주의 이익을 위해 기업을 경영하도록 위
임하는 것이 일반적이다. 그럼에도 불구하고 경제 이론은 소유자가 직
접 경영하는 기업에 초점을 맞춰, 소유와 경영의 분리라는 현실을 무시
하여 왔다.

젠슨과 멕클링(Jensen and Meckling, 1976)[1]은 소유와 경영이 분리된
기업의 경제 모형을 개발하였다. 그들은 그 기업의 주식 중 경영자의
지분율을 a로 정의하였다. a=1일 경우, 그 기업은 개인이 소유하고, 경
영자는 자신이 사적으로 소비하는 기업자원, 즉 '사적유용(perks)'에 대
해 기업 가치 하락의 형태로 스스로 완전히 지불한다. 여기서 경영자의
회사자원의 사적유용은 직원을 능력과 상관없이 경영자가 좋아하는 사
람들만을 채용하는 정실인사로부터, 수익성이 없음에도 불구하고 경영
자의 위신을 높이기 위한 기업 확장까지를 포함한다.

$a \in (0,1)$일 경우, 그 기업은 경영자들에게 사적유용을 보조하는 일반
주주를 갖게 된다. 경영자가 법인자산 1원을 사적으로 소비할 경우 자
신의 주가하락이라는 형태로 a원만을 비용으로 부담하고, 사외 주주의
주식 가치를 '1−a' 원 만큼 하락시킨다. 따라서 경영자는 그의 기업을
공개한 후 기업자원의 사적 소비를 증가시켜야 할 것이다. 사외 주주들
은 이를 예상할 것이므로, 그 기업 가치는 최초 기업공개 시에 낮춰질
것이다. 이 모형은 a가 작으면 작을수록 이러한 기업 가치의 하락 폭은

---

1 Jensen, M.C. and Meckling, W.H. (1976), Theory of the firm, managerial behavior,
agency costs and ownership structure. *Journal of Financial Economics* 3:305~60쪽.

커질 것으로 예상한다. 결국 기업 가치 하락은 최초 기업공개 시의 주가하락의 형태로 경영자가 부담하게 된다. 따라서 소유 · 경영자는 기업공개 때보다 높은 가격으로 주식을 매도하기 위해 예상되는 대리인 문제를 축소시키기려고 노력할 것이다. 물론 일단 기업이 공개된 후에는 소유 · 경영자의 이러한 유인은 사라지게 된다.

이러한 경영자에 의한 법인자산의 사적유용은 주인 · 대리인 문제의 한 예이다. 주인 · 대리인 문제는 주주와 경영자가 상이한 이해관계를 가지고 있고, 주주가 경영자를 감시하면 주주 일반의 이익은 증대되겠지만, 소액주주 개개인으로서는 경영감시의 비용이 편익을 초과하기 때문에 소액주주들은 '무임승차자' 로 행동하게 되며, 결국 이로 인해 경영자 감시가 거의 이루어지지 않아서 야기되는 것이다.

젠슨과 멕클링 모형에 따르면, 여타의 조건이 동일하다면, 기업 가치는 a에 비례한다. 그러나 실증연구(Demsetz and Lehn, 1985)[2]는 이 가설을 지지하지 않는다. 그 이유는 주인 · 대리인 문제를 제어하기 위한, 비록 한계가 있지만, 다양한 메커니즘이 존재하기 때문이다. 일반적으로 법인의 경영자 견제의 원천, 즉 넓은 의미의 기업지배구조에는 크게 4가지가 있다 : (1) 이사회에 의해 주도되는 내부통제 시스템; (2) 생산물 및 생산요소 시장; (3) 자본 시장; (4) 정치적, 규제적 및 법적 절차.

주주가 경영자를 감시하고 통제하는 가장 기본적인 장치는 이사회이다. 모든 주주들이 경영자를 직접 감시할 수는 없으므로, 자신들을 대신하여 경영자를 감독하고 기업 가치를 보호할 대표, 즉 이사들을 선출한다. 선임된 이사들로 구성된 이사회는 주주 등 외부 투자자를 대신하여 경영자를 감시하는 기능을 맡는다. 이사회는 투자전략 등 기업의 주

---

2 Demsetz, H. and Lehn, K. (1985), The structure of corporate ownership: causes and consequences, *Journal of Political Economy* 93, 1155~77쪽.

요 경영 정책을 의결하고, 경영에 대한 조언과 권고, 다양한 이해관계자들 간의 의사소통을 담당한다. 그리고 경영성과의 평가 결과에 따라 경영진의 보수를 결정하고, 최고경영자를 선임 또는 해임한다.

이사회에 의해 주도되는 기업의 내부통제 장치가 실패할 경우, 법인 지배권 시장은 경영자를 견제하는 몇 안 되는 힘의 하나이다. 특히 경영자의 의사와 상관없이 기업지배권을 인수하는 적대적 M&A는 미국 등 선진국에서 경영자에 대한 효과적인 감시 수단으로 기능하고 있다. 주주는 주식회사의 채무에 대하여 유한책임을 지는 대신에, 회사의 수익으로부터 모든 채무를 공제한 잉여에 대한 청구권을 갖는다. 따라서 이 잉여가 극대화되도록 주주는 회사 경영자를 통제한다. 경영자는 기업자원을 의식적 혹은 무의식적으로 낭비할 수도 있다(도덕적 해이). 혹은 경영자가 무능하여 수익성이 없는 투자를 시행하거나, 반대로 잠재적으로 수익성 있는 투자 기회를 간과할 수도 있다. 이러한 관점에서 주식회사의 소유권은 단지 잉여 청구권만이 아니고, 주주총회에 출석하여 회사의 기본 정책 결정에 참여할 권리, 경영자를 직접 혹은 (이사 임명을 통해) 간접적으로 임명할 권리 등의 묶음으로 존재한다. 이러한 회사소유권 묶음을 거래하는 '회사통제권 시장(market for corporate control)' 이 형성된다. 만약 어떤 회사가 경영자의 도덕적 해이 혹은 무능 때문에 회사의 가치를 극대화하지 못한다면, 이를 통찰한 투자가는 시장에서 그 회사의 통제권을 취득하여, 최고경영자의 교체 등을 통한 구조조정을 통해, 회사 가치를 높임으로써 이득을 얻을 수 있을 것이다.

그러나 영·미에서 이러한 회사통제권 시장의 유효성에 관하여 1980년대 말부터 많은 문제가 제기되면서 기업지배구조 문제가 커다란 관심을 불러일으켰다. 현대 법인들의 경영자는 보통 그 기업 주식의 극히 작은 부분만을 소유하고 있으며, 경영자에 대한 보상은 그 기업의 주가

동향과 느슨하게 결부되어 있을 뿐이다. 주주들이 그 기업의 주가를 낮게 평가하더라도, 이것이 경영 활동에 미치는 제약은 미미할 따름이다.

생산물 및 생산요소 시장은 고객과 노동, 원자재 공급자 등을 포함한 생산요소를 향한 경쟁을 통해 기업을 규율한다. 여타의 모든 통제시스템이 실패할 경우, 생산물 및 생산요소 시장에서의 경쟁이 비효율적 조직의 퇴출을 통해 궁극적으로 기업을 규율한다. 그러나 생산물 및 생산요소 시장에서 손실이 발생하더라도, 경영자는 내부적으로 조달한 현금으로 수익성 없는 사업 부문을 보조하기 때문에, 상당히 장기간 버틸 수 있다. 그리고 금융기관이 채권자로서 여신심사와 대출채권의 회수를 위한 사후감시 과정을 통해 경영자에 대한 견제 기능을 수행한다.

그러나 이상과 같은 경영자 통제 메커니즘이 실제로 항상 완전하게 작동하는 것은 아니다.

이사회 | 이론적으로는 이사회 멤버는 주주의 이익을 보호하기 위해 주주들에 의해 선출된다. 그러나 실제로 이사회 멤버는 여러 후보자들 중 경영자에 의해 비민주적으로 지명되는 것이 보통이다. 이사들은 자신의 자리 보전을 원하여 최고경영자(CEO)와 한 패가 되는 경향이 있으며, 유효한 경영자 견제에 필요한 정보와 유인을 결여하는 경향이 있다. 또한 이사회에서 경영 정책을 공개적으로 비판하는 것은 예의 없는 행동으로 간주되는 등 이사회가 유효하지 않은 경우도 많다.

회사지배권 시장 | 주인·대리인 문제 때문에 기업 가치가 저평가되어 있는 기업은 그러한 문제를 보다 잘 관리할 수 있는 기업이 인수한다. 성과가 부족한 경영자는 이런 식으로 기업지배권 시장을 통해 축출된다. 실제 기업 인수·합병은 거액의 비용이 소요되고, 잠재적으로 파괴적인 측면도 있지만, 극도로 기업 가치가 저평가되어 있을 경우에는 주

인·대리인 문제에 대한 가능한 처방임이 여러 실증연구에 의해 밝혀졌다.

사외 대주주 | 특정 기업의 주식을 일정 규모 이상으로 소유하고 있는 사외 주주 혹은 기관투자가는 경영감시를 통한 주가상승 이익이 비용을 웃돌 것이므로 실제로 경영감시를 행함으로써 주인·대리인 문제를 완화시킨다.

기타 메커니즘 | 경영자 노동 시장은 기업자원을 과다하게 사적으로 유용한 경영자를 처벌한다. 또한 장기적으로 생산물 시장과 생산요소 시장에서의 경쟁은 과도한 주인·대리인 문제를 가진 조직을 퇴출시킨다. 대출자는 자신의 이익을 보호하기 위해 독자적인 계약을 체결한다. 그러나 대출자는 이 계약이 침해되지 않는 한, 기업지배 문제에 대해 무관심한 것이 보통이다.

주주들은 경영자가 기업 가치를 극대화하기 원하지만, 경영자들은 자신의 효용 극대화를 추구하기 때문에 주인·대리인 문제가 일어난다. 그러나 이상에서 살펴본 다양한 경영자 통제 메커니즘은 이러한 이해괴리를 제약할 것이다. 즉 이사회에 의해, 적대적 인수합병에 의해, 혹은 사외 내주주의 압력 등에 의해 교체될 수도 있는 경영자들은 주주 이익에 관심을 갖지 않을 수 없을 것이다.

그러나 어떤 기업들의 경우, 이러한 경영자 통제 메커니즘이 유효하지 않을 수도 있다. 경영자는 처벌받지 않고 자신의 효용 극대화를 추구할 수 있다. 만약 $a > 0.5$라면, 경영자는 자신의 기업에 대해 사실상 무경쟁의 지배권을 갖는다. 그는 적대적 인수합병, 이사회의 심각한 도전, 사외 대주주의 압력으로부터 자유롭다. 따라서 여타의 조건이 동일하다면, 경영자가 전횡할 수 있을 정도로 경영자 지분율 a가 대단히 높으면, 그 기업 주가는 하락할 것이라고 추론할 수 있다. 경영자가 창업자인 경우와 같은 다양한 이유 때문에, a가 0.5에 훨씬 미달하더라도, 소유경영자가 견제 없이 전횡할 수 있다.

이상에서 살펴본 바와 같이, 두 가지 상반된 힘이 작용한다. a가 낮은 수준에서는, a가 상승함에 따라 경영자가 기업자원을 사적으로 유용할 유인이 작아질 것이므로 기업 가치가 상승한다. 반면, a가 높은 수준에서는, a가 상승함에 따라 소유경영자의 전횡 문제 때문에 오히려 기업 가치가 하락할 것이다. 실제로 모크, 쉴라이퍼, 그리고 비쉬니(Mork · Shleifer · Vishny, 1989)[3]는 실증분석을 실시한 결과, 토빈의 q값-금융 시장에서 기업 가치를 그 기업 자산의 대체비용으로 나눈 값-이 a가 커짐에 따라 처음에는 상승하다가, a=0.05 수준을 넘어서면 오히려 하락함을 발견하였다. 주주와 경영자의 이해가 수렴하는 효과가 소유 · 경영자의 전횡에 의해 압도되는 정확한 a값은 기업과 경영의 특성, 그리고 그 기업이 활동하는 법적 · 제도적 여건에 따라 달라질 것이다.

이상에서 개관한 바와 같이, 주인 · 대리인 문제를 완화하기 위한 다양한 메커니즘들 중 미국에서의 인수합병 붐 이 있었던 1980년대에는 기업 인수 · 합병 시장이 기업지배구조 문제에 대한 유효하고, 단순하며, 대단히 일반적인 접근으로 여겨졌다. 그러나 기업지배권 시장 역시 많은 결함이 있는 것으로 판명되었다.

기업지배구조의 다양한 진화

기업지배구조는 이사회를 중심으로 한 내부통제 장치와 기업이 참여하는 각종 시장에서의 경쟁압력 등 다양한 요소들로 구성되어 있다. 이

---

3 Mork, R.K., Shleifer, A. and Vishny, R.W. (1988) Management ownership and market valuation: an empirical analysis. *Journal of Financial Economics* 20: 293~315쪽.

러한 기업지배구조는 각 나라의 산업발전 과정, 금융시스템, 법적 및 제도적 차이 등 때문에 다양한 형태로 발전하여왔다. 이는 크게 영국·미국형과 독일·일본형으로 대별해 볼 수 있다.

영·미형 | 영국과 미국의 경우, 기업 경영의 투명성과 책임성이 강조되어왔으며 이에 따라 기업지배구조도 외부주주를 위한 법적·제도적 장치와 시장규율을 중심으로 발달하여왔다. 기업의 자금조달이 상대적으로 크게 주식 시장을 통해 이루어지면서 주주 중심의 감시 및 견제 장치가 발달되어왔다. 이를 위해 엄격하게 기업의 회계기준 및 공시기준을 제정·시행하여 투명성을 강조하는 등 자본 시장의 투자자를 보호하기 위한 법적·제도적 장치가 정비되어왔다. 기업들의 경영 행태와 실적 등이 주식 시장에 투명하게 드러났고, 그것이 다시 경영자로 하여금 경영을 효율적으로 하도록 하는 압력으로 작용하였다.

미국에서 자본 시장의 기업규율 기능은 1930년대 적극적인 투자자들이 기업 경영에 개입하는 것을 거의 불가능하게 만든 입법과 규제 변화의 봇물로 인해 심각하게 저해되었다. 미국에서 이러한 입법 조치들은 전문경영인들의 강력한 정치적 영향력 때문인 것으로 밝혀졌다. 대규모 주식이나 채권을 보유한 개인이나 조직들인 적극적 투자자들은 그 기업의 전략적 의사결정에 중요한 역할을 한다. 미국에서 1930년대 일련의 입법 조치들의 장기 효과는 경영자를 투자자들의 유효한 감시로부터 절연시켜 법인을 쇠퇴시키는 계기가 되었다. 실제로 적극적 투자자로서 행동하는 데에는 높은 비용이 소요되기 때문에, 미국 총주식의 1/3을 지배하고 있는 금융기관이나 자금관리 기업들은 주식을 보유하고 있는 기업의 주요 의사결정이나 장기 전략에 거의 관여하지 않아왔다.

1930년대 적극적 투자자들을 축출한 입법 조치들로 인해 주인·대리인 비용은 상승하기 시작하였고, 1960년대 중반 미국 기업들의 다각화 열풍 때 그 절정에 달하였다. 각자 자신의 생산물 시장에서 지배적인 위치를 차지하고 있었던 미국의 법인들은 풍부한 현금을 보유하고 있었으나, 미국의 반(反)트러스트법에 의해 자신의 핵심 산업에 있는 기업의 인수합병이 제약을 받았기 때문에 비생산적인 다각화 프로그램을 추진하였다. 그 결과 가치파괴가 기업 가치의 30~50%에 이르게 되자, 적극적인 투자자들의 역할을 재창조하는 혁신의 유인이 강하게 일었다. 적극적 투자의 새로운 세대는 미국의 법적 제약 비용을 넘어서기 위해 회사 전체를 취득하였고, 유효한 자가감시를 위해 부채와 높은 주식 지분율을 이용하였다.

기업 인수·합병을 중심으로 한 미국의 기업지배권 시장은 1970년대 중반부터 1980년대 말에 걸쳐 붐을 이루었다. 1976~90년 중 3만 5000건 이상의 기업지배권 거래가 이루어졌으며, 총거래액은 2.4조 달러(1990년 가격)에 이르렀으며, 매도 기업과 주주들에게 지급된 프리미엄은 6900억 달러에 달하였다. 이러한 1980년대 기업지배권 시장의 발달은 경영자 노동 시장에 새로운 경쟁을 도입하는 데 기여하였으며, 주로 1960년대에 다각화되었던 많은 미국 기업들이 핵심 사업에 다시 집중하는 결과를 낳았다. 1980년대 기업 취득 붐이 그 이전과 구별되는 특징은 적대적 기업 취득이었다. 적대적 기업 취득자는 기존의 경영진이나 이사회를 우회하여 직접 주주들에게 시장가격에 프리미엄을 더한 가격으로 주식을 취득하였다. 적대적 기업인수는 1976~90년 중 단지 364건이 제안되었고, 이 중 172건만이 성사되었다. 적대적 기업 취득에는 흔히 대대적인 기업구조조정이 수반되기 때문에 강력한 기득권―최고경영자, 이사들, 노동조합 그리고 그 지역사회의 정치가 등―을 위협하였다. 이를 둘러싼 많은 논란 끝에 미국의 여러 주(州)의회에 의한 기업인수를 제한하는 입법, 기업인수에 비우호적인 법원 판례, 신용 시장에 대한 증대된 규제 등 때문에 미국에서도 기업 인수·합병은 감소하였고, 특히 적대적 기업인수는 사실상 중단되었다.

미국과 영국에서는 기업지배권 시장의 쇠퇴와 더불어 이사회에 대한 관심이 되살아났다. 미국의 이사회는 법인이 위기에 처해있을 때에는 매우 유효하게 기능하지만, 위기를 방지하는 데에는 성공적이지 못하였다. 일반적으로 위기 상황에서는 최고경영자의 권력이 약화되고, 이사회의 법적 책임은 명확히 부각되기 때문이다. 그러나 이사회가 위기 방지에 성공적이지 못한 까닭은 설명하기 어렵다. 보통 이사회 멤버들은 그 기업의 많은 주식을 보유하고 있지 않다. 미국에서는 이러한 문제를 완화하기 위해 이사들에게 스톡옵션을 제공하는 사례가 늘어나고 있다.

이상에서 살펴본 바와 같은 기업지배구조의 개선—적극적 투자자들에 의한 비효율적 기업의 인수·합병, 경영자 인센티브 구조의 개선, 사업 부문 간 상호보조의 금지 등—은 미국 산업의 재조직화에 중요한 역할을 하였으며, 이는 1982년 이후 미국 제조업 생산성의 급격한 상승에 크게 기여한 것으로 평가되고 있다.

독일·일본형 | 독일이나 일본의 기업지배구조는 주주 중심의 외부감시 및 견제 장치가 덜 강조되는 대신 은행 등 채권자의 역할이 강조되었다. 독일이나 일본은 후발공업화 국가로서 기업의 자금조달에서 투자 은행 등을 통한 차입의 비중이 상대적으로 매우 높았다. 따라서 이들 국가에서 채권자인 은행은 기업의 주식을 직접 보유하거나 주식을 맡긴 고객의 의결권을 대리로 행사한다. 독일 대기업의 이사회는 경영

기능을 담당하는 집행이사회와 감독 기능을 담당하는 감독이사회로 구분되어 있는데, 은행은 감독이사회에 참여하여 채권자로서 자신의 이익을 보호하고, 고객이 예탁한 주식의 의결권을 대리로 행사함으로써 소액주주의 이익도 대변한다.

대부분의 일본 대기업들은 계열 기업·고객·공급자와 같은 다양한 이해집단들의 이해관계를 상호협의를 통해 조정하는 이해관계자 중심 지배구조를 지니고 있다. 특히 주거래은행의 대표가 계열 기업의 이사나 감사로 파견되어 경영자 재량권의 남용을 억제하고 채권자의 이익을 보호하는 등 은행이 기업감시의 핵심적인 역할을 담당하여왔다. 그러나 기업 외부의 일반 주주의 이익을 상대적으로 소홀하기 쉬운 폐쇄적인 형태를 띠어왔다.

일본에서는 1960년대 후반 외국인의 주식 취득이 자유화됨에 따라 적대적 기업인수에 대항하기 위해 경영자 주도에 의한 법인 간 주식 상호보유 비율이 비약적으로 증가하였다. 그 결과 일본에서는 신고전학파적 회사통제권 시장은 기능하지 않았다. 은행을 비롯한 안정주주들은 회사의 재무 상태가 위기적이지 않는 한, 회사의 경영에 대하여 관여하지 않았다. 최고경영자는 형식적으로는 이사회에 의해 선출되지만, 보통 퇴임하는 전임 사장이 후계자로 지명한 사람이 자동적으로 승인되었다. 더구나 그 후계자는 회사 내부에서 승진한 경영자 풀에서 선발된다. 주주총회는 형해화되었고, 주주에 의한 대표소송과 위임장 획득에 기초해 경영자에 도전하는 것도 제도화되어있지 않았다.

대신 등장한 것이 소위 메인뱅크를 중심으로 한 법인주주의 안정보유였다. 아오키(靑木, 1995)는 1970년대 중반까지 일본 기업의 기업지배구조를 메인뱅크가 사후적 모니터로서 역할을 담당하는 '상태 의존적 지배구조'로 규정하였다. 즉 메인뱅크는 평상시에는 회사 경영에 관여하지 않지만, 일단 재무상 위기에 빠지게 되면 구제 혹은 청산 등 회사 통제권을 발동한다. 따라서 메인뱅크는 기업의 재무 상태에 대하여 부단히 모니터하지 않을 수 없다. 만약 재무 상태 악화를 인지하는 것이 지연될 경우, 그 만큼 자신이 부담해야 할 기업 재건 혹은 청산 비용이 증대되기 때문이다. 메인뱅크에 의한 상태 의존적 지배구조는 정보공유에 기초한 팀 생산을 특징으로 한 일본 기업에 적절한 틀을 제공하였다고 아오키(1995)는 주장한다. 회사가 청산되어 팀이 해산될 경우 팀원의 재고용가치가 크게 저하되는 일본 노동 시장의 불완전성 때문에 팀원 간 상호감시와 팀원의 노력 수준도 상승되기 때문이다.

그러나 1975년을 전후하여, 기업의 감량경영 노력과 성장률의 저하로, 일본경제에서 은행의 기업에 대한 우월성은 극적으로 저하되기 시작하였다. 기업의 자금수요가 저하한 데다, 대기업들은 주로 채권 시장 등 해외금융 기회를 이용함에 따라, 메인뱅크에 의한 상태 의존적 지배구조의 유효성도 저하되었다.

정부의 금융규제 지대 획득을 대가로 기업에 대한 통합적 감시의 전속적 위임을 받은 일본의 메인뱅크의 기업감시 기능은 고도성장기에는 유효하게 기능하였다. 일본이 아직 기술적 능력에 있어서 '캐치 업' 단계에 있어서 사전적 감시의 중요한 구성요소는 신진국에서 도입된 기술을 흡수하여 개선하는 기업의 경영적 및 조직적 능력의 평가였고, 거래기업의 주요 결제구좌를 운용하는 메인뱅크는 거기에 필요한 사적정보를 획득하는 것이 가능하였다.

그러나 일본경제의 시장화의 진전에 따라 메인뱅크에 의한 통합적 기업감시의 유효성은 저하되었다. 1970년 중반부터 금융자유화와 국제화로 이자율과 채권발행에 대한 규제가 철폐되면서, 은행의 비경쟁적 지대 획득 가능성은 대폭 줄어들었다. 또한 일본 주력산업의 많은 부문은 1980년대까지 '캐치 업'을 마무리하고 세계적 프런티어에 도달하였다. 따라서 불확실한 기술과 시장에 직면한 프로젝트의 사전평가에는 보다 고도화된 재무, 엔지니어링 그리고 시장분석이 필요하게 되었다. 그러나 담보 설정에 의해 신용평가를 부분적으로 대체하였던 오랜 관습과 증권인수 업무로부터 은행을 배제한 국내 규제는 영·미형 금융 시스템에 있어서 투자 은행과 벤처 캐피털이 담당하고 있는 고도로 발달된 사전적 감시 능력을 은행이 축적하는 것을 방해하였다. 이러한 일본 은행의 담보주의의 함정은 1980년대 말 거품경제에서 극적으로 표출되었다. 일본의 은행들은 담보권이 설정되면, 착실한 신용심사 없이 대출을 팽창시켰다. 은행은 현금 제조기화 되었으며, 집단적인 투기 열풍은 거품이 파열될 때까지 지속되었다. 기업의 채권발행에 대한 부분적 규제완화로 기업의 은행차입에 대한 의존도가 저하되었고, 이에 기업이 결제구좌를 여러 은행에 분산함에 따라 기업으로부터 메인뱅크로의 정보흐름이 저하되어 메인뱅크의 중간적 감시기능 능력도 저하되었다.

이처럼 일본 금융의 시장화가 진전됨에 따라 메인뱅크의 기업감시의 유효성은 저하되었지만, 이를 대체할 회사지배권 시장은 발전하지 않았다. 기업과 은행에 의한 보유주식의 매각은 거의 이루어지지 않아, 대기업의 경영자는 여전히 기업 인수의 위협으로부터 보호받고 있다. 또한 내부이사회 제도 하에서 생산물 시장의 규율을 제외하면, 일본 대기업 경영자는 외부 규율로부터는 거의 자유로웠던 것이다. 이처럼 은행의 기업감시 능력의 저하로, 일본 기업의 외부적 통제의 진공화가 초래되었고, 그로 인해 거품경제가 나타나게 되었다.

기업감시[4]

투자가(주식 혹은 대출의 형태로 자금의 공급자)와 비즈니스 프로젝트를 수행하는 기업가 사이의 투자자금의 거래에는 상당한 정도의 정보 비대칭성과 불완전성이 본질적으로 수반된다. 첫째, 프로젝트의 성과를 결정하는 기술과 시장기회에 관하여 투자가는 기업 경영자만큼 정보를 가지고 있지 않다[역선별(adverse selection) 혹은 '은폐된 정보의 문제']. 둘째, 만약 프로젝트의 수익률이 다른 기업이 시행하는 기술보완적 프로젝트와 조화 있게 수행되는가의 여부에 의존한다면 경영자 자신도 정보에 관하여 특히 유리한 입장에 서 있지 않을 수도 있다(coordination 문제). 셋째, 자금을 수익성 있는 프로젝트에 사용한다는 경영자의 약속은 경영자와 종업원의 능력 부족 혹은 객관적·확률적 사상에 은폐되어 있는 의도적·비효율적 행동에 의해 실현되지 않을 수도 있다(도덕적 해이 혹은 '은폐된 행동의 문제').

이러한 문제에 대응하기 위해서는, 제안된 프로젝트의 가치를 판단하고, 자금의 사용 방법을 점검하고, 자금의 부적절한 사용으로부터 야기된 재무적 곤란을 일시적 불운으로 인해 야기된 재무적 곤란과 식별하여, 장래의 재발 방지책으로서 경영자를 확실하게 처벌하는 것 등이 필요하다. 따라서 금융자금의 공급은 실제 투자 전과 후에 있어서 정보수집과 기업통제에 대한 참가 등을 필요로 하는 것이다. 그러나 이러한 정보의 수집과 기업통제에는 특별한 기능, 집중된 사원, 시간과 산업 범위 쌍방에 있어서 충분히 넓은 시야 등을 구비해야만 비로소 가능하게 된다. 시장경제는 금융중개와 회사의 감시 및 통제의 여러 측면에 걸쳐 각종 조직을 발전시켜왔다. 이러한 기관과 조직의 제도적 배치는 나라에 따라 다양하다. 각국 금융의 제도적 배치는 부분적으로는 규제에 의해 조건 지워지고, 부분적으로는 역사적 경로에 의존하고, 또 부

---

4 아오키(青木, 1995) 참조.

분적으로는 경제에 있어서 지배적인, 혹은 새로이 생성되어가는 조직적 · 기술적 그리고 위험에 대한 태도의 패턴에 대한 적응을 통하여 형성되어왔기 때문이다.

자금의 공급자와 그 대리인이 기업의 활동을 감시(monitor)하는 것은 개념적으로 3단계로 구분할 수 있다. 첫 단계는 기업이 제안한 투자계획을 평가하고 선별하는 '사전적 감시'이다. 이는 '은폐된 정보'의 문제에 대처하고, 또 보완적 투자 계획 간의 조정의 실패를 방지하기 위해 유용하다.

두 번째 단계인 '중간적 감시'는 기업의 도덕적 해이 문제를 방지하기 위해, 자금이 제공된 후에도 부단히 기업 행동을 점검하는 것을 일컫는다. '사후적 감시'라고 불리는 최후의 단계는 기업의 투자 행동의 결과, 즉 재무 상태를 식별하고, 만약 기업이 재무위기 상태에 빠져 있을 경우, 그 기업의 장기적 존속 여부에 대해 판단을 내려, 필요할 경우 징벌하는 것이다. 적절한 사후적 감시는 은폐된 정보와 행동의 문제를 통제하는 메커니즘의 일부를 구성한다.

일반적으로 기업감시는 정보비용과 감시의 중복으로 발생하는 비용을 절약하기 위해, 각각의 단계에 대응한 전문적 기능을 보유하고 있는 투자가 대리인과 금융기관에 위임하는 경우가 많다. 예컨대, 영 · 미 시스템에서 사전적 감시는, 대기업에 대해서는 채권인수를 행하는 투자은행이, 창업 벤처기업에 대해서는 벤처 캐피털이, 일반적인 기존 기업에 대해서는 상업 은행이 주요한 역할을 담당한다. 채권등급을 메기는 신용평가기관은 기업의 재무 상태를 계속적으로 평가한다는 의미에서는 중간적 감시 기능을 수행하지만, 그 평가가 기업의 기채능력(起債能力)에 영향을 미친다는 점에서, 시장 지향적 금융시스템에 있어서 사전적 감시 장치로서도 기능하고 있다. 경영자에 대한 중간적 감시는 가장 직접적으로는 이사회에 의해 수행되지만, 이사회 자체가 주요 주주나 각종 기금의 매니저 등이 시장을 통하여 직·간접적으로 계속하여 발송하는 신호에도 반응한다. 법원 파산부를 통한 기업의 파산·갱생·청산 절차는 어떤 금융 체제에서나 사후적 감시의 중요한 요소이다. 영·미계 경제의 경우 회사지배권 시장이 중요한 사후적 감시 기능을 수행한다.

이처럼 영·미 체제의 경우 세 단계의 기업감시 기능이 각각 전문화된 기관에 위임되어 고도로 분산화한 데 반해, 일본의 고도성장기(1950~75년)에는 당해 기업의 주거래은행에 세 단계의 기업감시 기능이 통합적이고 전속적으로 위임되어 있었다. 일본 민간기업은 비교적 긴 전통을 가지고 있음에도 불구하고, 전간·전시의 국제시장에서의 격리와 정부통제, 즉 일본형 관치경제 때문에 시장 지향적 금융 제도의 운영에 필요한 전문화된 금융의 기업감시 자원축적은 낮은 수준에 머물러 있었다. 따라서 금융의 기업감시 기능을 영·미에서처럼 투자 은행, 상업 은행, 신용평가기관, 투자기금, 구조조정 전문기관 등에 분산하기보다는, 은행 부문에 통합적으로 위임하였던 것이다.

박영철, 김동원, 그리고 박경서(2000, 153쪽)는 경제위기 이후 한국의 금융개혁은 금융위기를 경험한 선진제국에서 단행한 금융개혁에 견주어 볼 때 평범한 것이었다고 평가하고 있다. 그러나 이들 선진제국의 경우 금융위기는, 한국의 금융위기가 부실기업의 누적으로 야기된 데 비해, 자산가격 거품이 붕괴되면서 초래되었다는 점에 주의하여야 한다.

1980년대에 일본뿐만 아니라 미국, 영국, 북구제국, 오스트리아 등 많은 나라들에서 자산가격의 대폭적인 상승이 발생하였다. 이들 선진제국에서 자산가격 인플레가 일어난 원인은 공통적으로 다음 세 가지 요인이었다 : (1) 금융규제 철폐 등 금융자유화; (2) 과도한 금융완화 정책; (3) 부동산 투자를 촉진하는 세제상의 왜곡. 이들 세 요인이 복합적으로 작용하여 자산가격 인플레이션을 야기했다. 금융자유화와 금융완화가 동시에 진행될 경우, 경쟁격화로 인한 수익률 저하와 사업 규모의 축소를 두려워 한 금융기관들은, 자산 규모의 유지와 새로운 수익원을 찾아 전통적인 고객 이외에 부동산업 등에 대한 대출을 증가시켰다. 금융완화 정책이 금융자유화 이전에 비해 금융기관 여신을 대폭 증대시켰다. 금융상품과 금융기관 행동에 대한 규제가 강하였던 시대에는 효과가 크지 않았던 부동산 투자를 촉진하는 세제상의 왜곡도 차입이 용이해지자, 세제상의 왜곡을 최대한 이용하기 위한 부동산 투자가 광범하게 이루어져 자산가격 인플레를 초래하였다. 특히 부동산 투자를 우대하는 왜곡이 심하였던 일본과 북구제국에서는 특히 심각한 자산가격 인플레를 경험하였다.[1]

땅값이나 주가가 자산가격 거품에 의해 대폭 상승하였다가, 거품의 붕괴로 하락하더라도, 거품 발생 전과 붕괴 후에, 경제 전 부문이 보유하고 있는 자산가치에는 변함이 없다. 자산가격이 높을 때 새로이 자산을 구입한 주체는 자산가격의 하락으로 손실을 입지만, 자산을 매각한 주체는 그에 상응하는 이익을 얻게 된다. 여기서 손실을 입은 경제주체와 이익을 본 경제주체의 행동이 대칭적이라면, 거시경제적 영향은 없을 것이다. 그러나 실제로는 이익을 본 경제주체가 지출을 증가시키는 것 이상으로, 손실을 입은 경제주체는 지출을 감소시키기 때문에, 거시경제적으로는 축소압력으로 작동한다.

거품에 의해 주가가 상승하게 되면, 기업의 증자나 전환사채 등에 의한 자본조달 비용이 저하한다. 또 토지가격이 거품에 의해 상승할 경우 담보 가치의 상승으로 실질적인 차입비용을 저하시킨다. 거품의 발생 및 성장기에는 이러한 자본조달 비용의 저하가 설비투자를 자극하지만, 거품의 붕괴 후에는 설비 스톡의 조정이 이루어져 설비투자가 저하한다. 가계 부문에서도 거액을 차입하여 부동산을 구입한 주체는 차입금 상환을 위해 지출을 억제하게 된다. 이와 같이 자산가격의 거품 붕괴 후, 경제 전체적으로 지출이 저하할 가능성이 높다.

또한 금융기관의 경우, 주가나 지가의 하락과 불황이 장기화할 경우, 금융기관의 부실채권을 증가시킬 뿐만 아니라, 보유주식의 시가를 감소시킨다. 이로 인한 자기자본의 감소는 다음과 같은 효과를 갖는다.

1. BIS 자기자본비율이 저하하게 되고, 이에 대응하여 은행은 자산압축을 강화하여 대출을 축소시킨다.
2. 은행의 주식보유 리스크는 거품 붕괴 후 자기자본에 비해 과대해

---

1 Shigemi, Yosuke(1995), Asset Inflation in Selected Countries, Bank of Japan Monetary and Economic Studies, Vol. 13, No. 2.

지므로 은행은 보유주식을 감축하지 않을 수 없고, 이는 다시 주
가 하락압력으로 작용한다.

3. 주가 하락으로 인한 자기자본비율의 저하는 은행의 신용등급을
저하시켜, 은행의 해외로부터의 자금조달은 곤란하게 한다.

부실채권의 증가와 주가의 하락으로 자기자본비율이 대폭적으로 저
하한 은행은 금융중개 기관으로서 정상적인 기능을 수행할 수 없게 된
다. 외부자금의 조달, 부외거래 등에서 우량 거래선과는 거래할 수 없
게 되고, 실제상으로는 저축금융 기관으로서도 기능할 수 없게 되어 결
국 자금인출 사태가 일어나고 금융위기로 발전하게 된다.

표 2-1 | 금융자유화, 세제, 금융정책, 자산인플레 정도의 국제비교

	금융자유화 시점	부동산투자 유리한 세제상의 왜곡	금융완화의 정점	자산인플레의 시기	자산인플레의 정도
일본	1985년 이후 서서히 자유화	사업용 부동산투자, 낮은 보유세율, 상속세 등	1985 ~89년초	토지:85~90년 주가:85~89년	강
미국	1970년대 후반이후 단계적 자유화	주택투자우대 세제	1983 ~88년	토지:85~89년	중
영국	1980년대 이후	주택투자우대 세제	1983 ~88년	토지:90년 이후	강
독일	1967~69년 금리 규제철폐	비교적 경미	1985 ~88년	토지:90년 이후	약
프랑스	1980년 이후	부유세	1986 ~88년	토지:88~90년	중
스웨덴	1985년 규제완화	강한주택투자우대세제, 부동산투자 우대	1986 ~87년	토지:85~91년 주가:88~89년	강
노르웨이	1984~85년 규제완화	주택투자우대 세제	1987 ~90년	토지:86~89년	강
핀란드	1984~86년 규제완화	주택투자우대 세제	1985 ~87년	토지:85~87년	강

자료 : Shigemi(1995), 90, 深尾光洋(2002)에서 재인용

	은행수			직원수(단위: 천 명)			점포수(단위: 천 점)		
	1990(I)	1997(II)	II/I(%)	1990(I)	1997(II)	II/I(%)	1990(I)	1997(I)	II/I(%)
미국	27,897	22,140	-20.6	1,979	1,929	-2.5	70.0	76.9	9.9
일본	695	575	-5.0	585	554	-5.3	22.6	23.3	3.1
오스트리아	1,210	995	-17.8	75	75	0.0	4.5	4.7	4.4
벨기에	157	136	-13.4	79	77	-2.5	8.3	7.4	-10.8
프랑스	498	341	-31.5	399	382	-4.3	25.7	25.5	0.8
독일	4,721	3,577	-24.2	696	751	7.9	43.6	47.1	8.0
이탈리아	1,067	909	-14.8	324	314	-3.1	17.7	25.6	44.6
네덜란드	180	169	-6.2	116	115	-0.9	8.0	7.0	-12.5
포루투갈	33	39	18.2	59	60	1.7	2.0	3.8	90
스페인	327	307	-6.1	252	242	-4.0	35.2	37.6	6.8
스위스	499	394	-21.1	120	107	-10.8	4.2	3.3	-21.5
영국	665	537	-19.2	423	356	-15.8	19.0	14.3	-24.7
오스트레일리아	481	344	-28.0	211	264	25.1	8.7	9.4	8.0
캐나다	1,307	942	-28.0	211	264	25.1	8.7	9.4	8.0
핀란드	498	341	-31.5	50	26	-48.0	3.3	1.2	-63.7
노르웨이	165	154	-6.7	31	24	-22.6	1.8	1.6	-11.2
스웨덴	498	124	-75.1	45	43	-4.5	3.2	2.5	-21.9

자료 : International Banking and Financial Market Development. BIS Quarterly Review, August 1999. 박영철 · 김동원 · 박경서(2000)에서 재인용

제3장 | 경제위기 극복을 위한 구조조정 추진

경제위기 극복을 위한 구조조정 추진

제1장에서 살펴본 바와 같이, 1997년 한국의 경제위기는 직접적으로는 국제금융시장의 구조적 불안정성과 정부의 미숙한 정책 대응으로 인한 외환유동성 부족으로 인해 촉발되었다. 그러나 경제위기의 보다 근본적인 원인은 재벌들이 장기간에 걸쳐 과다차입에 의존한 과잉투자를 지속한 결과, 1980년대 말 이후 기업수익률이 추세적으로 저하되어 오다가, 마침내 광범하게 부실화한 것 때문이었다. 그 결과 재벌들에 대한 거액여신이 부실화되면서 금융 부문도 동반 부실화되어 대외 신인도가 저하되었고, 이로 인한 외국 투자자들의 대규모 자금인출 사태로 총체적 경제위기가 초래되었던 것이다.

그리고 제2장에서 살펴본 바와 같이, 이러한 재벌들의 주기적으로 반복되는 과다차입에 의존한 과잉투자는 정부주도형 압축성장을 추진하기 위해 도입된 소위 관치경제에서 비롯된 것이었다. 정부는 고도성장을 위해서는 정부가 경제를 이끌어갈 필요가 있다는 신념으로 일부 기업들에게 특정 산업에 투자하도록 유도하고, 그에 필요한 자금을 정부가 직접 동원하여 배분하였고, 투자위험까지 정부가 부담하였다. 이러한 '보호와 통제'

를 기본 원칙으로 하는 관치경제는 경제 규모가 작고 단순하여 주요 민간 기업의 경제활동에 대한 정부의 선별적인 지원과 감독이 유효하게 기능하였던 시절에는 상당한 성과를 거두었다.

그러나 지속적인 고도성장의 결과 경제의 규모가 커지고 구조가 복잡해지면서, 관치경제는 우리 경제 전반에 걸쳐 구조적인 문제점을 누적해왔다. 이에 정부는 1980년대부터 은행 민영화, 산업 정책의 완화 등 부분적 탈통제(脫統制) 정책을 추진하였지만, 탈보호(脫保護)를 통한 시장규율 확립에는 실패하였다. 특히 대마불사 신화가 잔존하고 있는 상황에서, 자율적 금융기관과 선진적 기업지배구조 등 재벌총수의 전횡을 견제할 기업감시 체제가 정비되지 않았기 때문에 기업감시 체제의 공백이 나타났고, 그 결과 재벌들의 과다차입에 의존한 과잉투자가 장기간 지속되어 광범하고 거대한 기업 및 금융 부실을 누적해왔던 것이다.

1. 경제정책 패러다임의 전환[1]

김대중 정부는 경제위기에 대한 이상과 같은 인식에 기초하여 경제정책의 전면적 패러다임의 전환을 시도하였다. 즉 설계주의적 합리주의에 기초한 관치경제를 청산하고, 진화론적 합리주의에 기초한 진정한 시장경제를 확립하는 것을 경제개혁의 기본 이념으로 설정하였다. 시장경제는 개별 경제주체들의 자유로운 분권적 의사결정을 전제로 하고 이들 분권적 계획들이 시장에서의 교환을 통해 상호매개되고, 이 과

---

1 김대중 대통령의 경제관에 대해서는 "김대중의 21세기 시민경제이야기, 도서출판 산하, 1997"을, 그리고 김대중 정부의 경제위기 원인 및 처방에 대한 보다 자세한 논의는, "국민과 함께 내일을 연다[국민의 정부 경제 청사진(DJnomics), 대한민국 정부, 1998.9]"를 참조하시오.

정을 정보전달망(information network)으로서의 가격기구와 발견 과정으로서의 경쟁(competition as a discovery procedure)이 제어하여 사회 전체적으로 통합해 내는 경제질서이다. 분권적 의사결정과 시장적 교환은 최소한 다음의 두 가지를 전제로 한다. 첫째, 교환 대상이 되는 상품에 대한 소유 관계가 확정되어야 한다(사유재산권의 확립), 둘째, 각종 계약당사자 간의 권리ㆍ의무 관계가 확정되어야 하고, 이것이 사회적으로 존중되고 엄정하게 시행되어야 한다(법의 지배). 요컨대, 시장경제는 사유재산권을 바탕으로 자유경쟁을 보장하고, 그 결과에 대해서는 스스로 책임지는, 즉 자유경쟁과 자기책임 원칙에 입각한 경제질서이다.

1) 자유와 경쟁

경제가 비교적 단순하였던 1960~70년대에는 관료조직이 경제 전체에 대한 모든 관련된 사실을 효과적으로 검토할 수 있었고, 따라서 효과적인 통제나 계획에 커다란 어려움이 적었다. 그러나 경제발전에 따른 경제 과정의 복잡화 때문에 한 사람 혹은 하나의 조직이 경제 과정 전체에 대한 수미일관된 실상을 파악하기가 점점 어려워지므로, 경쟁이 수많은 경세활동을 조정하기 위한 유일한 방법이 되는 것이다.

권한 분산이 필요한 이유는 고려해야 할 요소들이 수없이 많아서 그 요소를 총괄적으로 파악하기가 불가능하기 때문이다. 따라서 지식의 유효한 이용을 위해서는 각 경제주체가 자신의 지식을 자신의 목적을 위해 이용하도록 허용하는 자유가 필요하다.

그러나 일단 권한 분산이 이루어지면 조정의 문제가 일어난다. 자유주의자의 주장은 인간의 노력을 조정하는 수단으로 경쟁의 힘을 가능한 한 최대로 이용하는 것을 지지하는 것이지, 사태를 있는 그대로 내버려두자는 주장은 아니다. 대부분의 환경에서 경쟁은 지금까지 알려져 있는 다른 어떤 것보다 개인의 노력을 지도하는 가장 효과적인 방법이며, 더욱이 경쟁은 당국의 강제적인, 또는 자의적인 개입 없이 우리의 활동이 상호 간에 조정될 수 있는 유일한 방법이다.

그러나 경쟁이 유리하게 작용하기 위해서는 화폐, 시장 그리고 정보망과 같은 특정 기구의 적절한 조직을 필요로 할 뿐 아니라, 심사숙고하여 발견된 법 체계가 전제되어야 한다. 특히 각 행위자의 의사결정을 다른 사람의 그것과 유효하게 조정할 수 있도록 각자가 소유하고 있는 정보를 전달해 주는 장치로서 가격기구가 필요하다. 이는 마치 엔지니어가 몇 개의 다이얼의 바늘을 지켜보고 있듯이, 기업가가 소수의 가격 변동을 지켜봄으로써 그의 행동을 다른 기업가의 행동에 따라 조정하는 것을 가능하게 한다.

자유주의는 경쟁이 가능한 한 효율적으로 작용할 수 있는 조건을 조성하는 일, 경쟁이 비효율적인 경우에는 그것을 보완하는 일 등 국가가 활동할 광범하고도 명확한 분야를 결코 부정하는 것은 아니다. 관치경제 하에서의 문제는 경쟁을 작용하게 하거나 그것을 보완하는 것이 아니라, 경쟁을 송두리째 제거하고 계획과 지시로 대체한 것이었다.[2]

요컨대, 분업의 진전으로 경제가 "복잡해지면 복잡해질수록 우리는 개인 사이의 지식의 분할에 더욱 의존하게 되는데, 여기서 개개인의 노력은 우리가 알고 있는 관련 정보를 전달해 주는 비인격적 메커니즘인 가격기구를 통해 조정된다."[3] 자유에 대한 주장은 우리가 예견할 수 없는 자유로운 발전을 위한 여지를 남겨두어야 한다는 것이다.

경제 구조의 복잡다기화와 급속한 기술 변화 때문에, 앞으로의 경제

---

2 Hayek(1943), 27~31쪽
3 Hayek(1943), 37쪽

발전에서는 정부가 명확한 비전을 제시하고 시장에 직접 개입하여 끌고 가는 모델을 추구하는 것이 불가능하다. 장래의 주력산업은 정부가 기획하고 유도하여 창출할 수 없고, 오직 시장에서의 시행착오를 겪으며 발견될 따름이다. 수많은 사업 시도가 실패하고 성공한 기업만이 살아남는 형태를 취할 수밖에 없다. 미국의 정보통신 혁명도 정부 주도에 의해 창출된 것이 아니다. 신기술이 새로운 기업을 창출하고, 시장에서의 시행착오와 도태 과정을 통해 실현된 것이다.

2) 관치경제에서 시장경제로

한국 경제개혁의 핵심은 관치경제로부터 시장경제로의 체제 전환이다. 즉 관치경제의 기본 원칙이었던 '통제와 보호'를 청산하고 시장경제의 기본 원칙인 '자유경쟁과 자기책임 원칙'을 경제 전 부문에 걸쳐 관철시키기 위한 광범한 개혁이 요구되었다. 크게 보아 다음과 같은 두 가지 방향의 개혁이 필요하였다.

〈개혁과제 1 : 탈통제〉 자유경쟁을 보장하기 위한 탈통제가 요구되었다. 이를 위해서는 경쟁의 자유(freedom to compete)를 보장하기 위한 전면적인 시장 개방, 통제 위주로부터 시장을 보완하고 지원하는 기능 중심으로의 정부 기능의 개편, 사법(私法)의 지배를 관철시키기 위한 경제법의 청산 등이 요구되었다.[4]

〈개혁과제 2 : 탈보호〉 이익을 얻으려는 자는 손실도 부담해야 한다는 자기책임의 원칙을 확립하는 것이었다. 투자수익은 재벌들이 수취하면서, 리스크는 일반 국민들에게 전가하는 경제질서에서는 투자 결정에 필요한 시장조사나 비용 계산 등에 충분한 배려가 이루어지지 않아 비

---

4 이에 대한 보다 자세한 논의는 뒤의 5장에서 다룰 계획이다.

효율적인 투자가 나타나기 쉽다. 이러한 문제는 책임을 완전한 것으로 만드는 것(de-protection)에 의해서만 극복될 수 있다. 즉 대마불사의 신화를 종식시키고 '감시자 있는 경영 체제'를 확립하여야 한다.

관치경제로부터 시장경제로의 체제 전환을 위한 이러한 2대 개혁과제 중, 김대중 정부의 경제개혁은 위의 〈개혁과제 1〉보다는 〈개혁과제 2〉에 초점을 맞추어왔다. 따라서 위의 〈개혁과제 1〉, 특히 정부 기능의 개편과 경제법의 청산을 통해 경제 과정을 사법이 지배하도록 하는 과제는 노무현 정부의 몫으로 남게 되었다.

제2장에서 지적하였듯이, 1980년대 이후 일련의 경제개혁 조치들은 '탈보호를 수반하지 않은 부분적 탈통제'를 특징으로 하였고, 그 결과 재벌감시의 공백이 나타나고 도덕적 해이가 만연해져 재벌들의 과다차입에 의존한 과잉투자로 기업 및 금융 위기가 발생했던 것이다. 이러한 관점에서 경제위기 이후 정부와 IMF 및 IBRD 등 국제기구는 한국경제의 기업과 금융 부문의 구조적 취약성이 경제위기를 초래한 근본 원인이라는 인식 하에 금융 및 기업 부문의 구조조정을 경제개혁의 핵심 과제로 선정하고, 이를 강력히 추진하였다. 그 핵심은 부실기업 및 금융기관의 정리를 통한 대마불사, 은행불사 신화의 종식과 시장의 불확실성 제거, 그리고 '감시자 있는 경영 체제'를 확립하기 위한 제도와 관행의 개선이었다. 이러한 구조조정 과정은 슘페터(Schumpeter)적 의미에서 '창조적 파괴(creative destruction)' 과정이다.

2. 외환유동성 위기 극복과 응급조치

한국경제는 1997년 11월 가용외환보유고의 고갈로 외환위기에 봉착하여, IMF에 구제금융을 신청하였고, 12월에 IMF와 의정서를 교환하였다. 당면한 문제는 외환유동성의 확보와 그를 위한 대외 신인도의 회복이었다. 이를 위해 12월 2일 금융개혁 관련 13개 법안이 국회를 통과하였다.

당시 김대중 대통령 당선자는 가용 외환보유고가 39억 달러에 불과한 현실을 직시하고, 12월 18일부터 사실상 경제 정책의 주도권을 장악하여 비상경제대책위원회를 지휘하고, 외환위기를 탈출하기 위한 경제 정책의 조정을 담당하였다. 무엇보다도 당시 긴박했던 외환유동성 부족사태를 해결하기 위하여 IMF, IBRD 등으로부터 공적자금을 긴급히 도입하였고, 이를 바탕으로 금융기관의 해외단기부채의 만기 연장과 외화표시국채 발행을 성공적으로 추진하였다. 또한 정상외교를 통하여 외국인 투자 유치 노력을 적극적으로 전개하였다. 그 결과 가용 외환보유고가 1998년 7월 말에는 393억 달러로 증대하였고, 총외채 중 단기 외채의 비중이 97년 말 44.3%에서 98년 5월 26.1%로 저하하여 외환시장 안정의 토대를 마련하였다. 이에 따라 원/달러 환율은 98년 1월 1572.9원으로부터 98년 7월 1236.0원으로, 회사채수익률은 97년 12월 28.98%에서 98년 7월 12.30%로 차츰 하향 안정세를 보였다.

이와 함께 정부는 외자유입을 촉신하기 위해, 외국인에 의한 국내 기업 인수합병(M&A)을 전면 허용하고 외국인의 국내 토지 취득을 대폭 자유화하는 등 외국인 투자환경을 획기적으로 개선하였다. 동시에 대외 신인도 제고를 위해 1997년 12월 19일 IMF와 합의한 경제구조 개혁과 자본자유화 조치를 예정보다 앞당겨 추진하였다.

당시 한국 정부는 대부분의 경제 정책에 있어서 IMF와 협의해야했기 때문에 정책 선택의 여지는 크지 않았다. IMF가 요구한 정책은 주로 재정긴축과 고금리를 양축으로 한 긴축적 거시 정책, 경영이 악화된 금융기관의 폐쇄, 엄격한 감독 제도의 정비, 그리고 노동 시장의 유연성 확보 등이었다.

이러한 정책은 불가피하게 실업자의 급증을 야기하기 때문에, 총체적 경제위기를 극복하기 위한 정책의 원활한 집행을 위해서는 경제주체 사이의 고통분담과 구조조정의 시행 방식에 대한 합의와 협력이 필요하였다. 김대중 대통령 당선자는, 1980년대 이후 네덜란드, 이탈리아, 아일랜드 등에서 경쟁력 강화와 사회통합을 동시에 달성하는 데 성공하였던, 노사정 3자 합의주의(tripartism) 접근 방법을 채택하였다. 일종의 사회협의체인 노사정위원회를 대통령 당선자의 사적 자문기구로서 1998년 1월 15일 설치하여, 기업지배구조의 개혁과 노동 시장의 유연성 확보를 노사정 합의 하에 동시에 추진하려고 시도하였다.

1998년 1월 15일 노사정위원회를 발족시켜, 2월 6일 10개 분야 90여 항목에 이르는 '경제위기 극복을 위한 사회협약'을 채택하였다. 이러한 노사정 대타협에 기초하여, 2월 14일 '노동법' 개정안이 국회를 통과함으로써 정리해고제[5]가 즉각 시행되었고, '파견근로자 보호 등에 관한 법'의 국회 통과로 파견근로제가 입법화되었으며, 동시에 고용보험 확대 실시 및 10조 원 규모의 실업종합대책이 추진되었다.

다른 한편, 재벌개혁을 위해 대통령 당선자는 대기업과 98년 1~2월에 걸쳐 '기업구조개혁 5대 과제'에 합의하였다. 그 내용은 소위 재벌 문제를 해소하기 위해 (1) 투명성 제고 (2) 상호지급보증 해소 (3) 재무구조 개선 (4) 기업지배구조 개선 (5) 영업 부문 집중이었다. 이를 제도적

---

5 1997년 3월의 '노동법' 개정으로 고용조정(정리해고)이 입법화되었으나, 2년간의 유예기간을 두어 1999년 3월부터 시행할 예정이었다. 그러나 노사정 대타협을 기반으로 1998년 2월 14일 법 개정에 따라 2년간의 유예기간을 폐지하여 즉각 실시되었다. 또한 '고용조정을 위한 긴박한 경영상의 사유'에 M&A를 포함하고 고용조정의 절차 및 조건을 구체적으로 명시하였다.

표 3-1 | 5대 핵심 과제 관련 법제의 정비 내용

5대과제	주요내용	관련 법제	정비시기
기업 경영의 투명성 제고	• 1999회계연도부터 30대 기업집단의 결합재무제표 작성을 의무화	주식회사의 외부감사에 관한 법률	98.2
	• 1998.4월부터 상장법인의 외부감사 인선임위원회 설치 의무화		
	• 1998.2월부터 상장법인의 사외이사 선임 의무화	상장법인에 관한 규정	98.2
상호지급보증 해소	• 1998.4월부터 계열사 간 신규채무보증 금지	독점규제 및 공정거래에 관한 법률	98.2
	• 기존 채무보증은 2000.3까지 해소		
재무구조 개선	• 과다차입금[1]이자의 손비불인정 제도 도입	법인세법	98.2
	• 기업의 부동산 매각 또는 주주의 자산 증여로 부채를 상환하는 경우 양도세 면제	조세감면 규제법	98.2
핵심 주력사업으로의 역량 집중	• 법인 간 고정자산 교환시 법인세 및 특별부가세(일종의 양도세)면제	조세감면 규제법	98.2
	• 기업퇴출에 소요되는 기간 단축	파산법, 화의법, 회사정리법	98.2
	• 외국인에 대한 M&A제한 완화	증권거래법	98.2
지배주주 및 경영진의 책임성 강화	• 대표소송 등 소수주주권 행사 요건 완화	증권거래법	98.2
	• 회사정리 원인 제공 주주의 주식소각	회사정리법	98.2

주 : 1) 2000년부터 자기자본의 5배 초과 차입금, 2001년부터는 4배 초과, 2003년 이후는 3배 초과 차입금.
자료 : 허재성 · 유혜미, 외환위기 이후 금융 및 기업 구조조정에 대한 평가와 향후 과제, 한국은행, 2002.5

으로 뒷받침하기 위하여 98년 2월 외부감사에 관한 법률, 증권거래법, 공정거래법 등 관련 10개 법률을 개정하였다(〈표 3-1〉).

이 중 (1)과 (4)는 당시 재벌총수들이 심지어는 법상 이사로 등재되어 있지도 않으면서 실제로는 계열사에 대한 완전한 지배권을 행사하는 '황제식 경영' 문제를 극복하기 위한 원칙이었다. 그리고 (2), (3), (5)는 재벌의 '호송선단식' 구조를 해소하려는 조치로 보인다. 물론 기업 구조는 기본적으로 시장 조건에 의해 규정되는 것이므로, 정상적인 시장 경제에서는 정부가 간여할 문제가 아니며, 이런 관점에서 이 세 원칙들은 근본적 문제인 금융 시장과 생산물 시장의 왜곡을 해소하기보다는 대증요법적인 조치에 불과하다고 볼 수 있다. 그러나 국민경제에서 재벌들이 워낙 큰 비중을 차지하고 있어서 거대 재벌의 부실이 곧 시스템 리스크로 번지는 한국경제의 특수성 때문에, 이러한 대증요법이 필요했던 것으로 이해할 수 있을 것이다.

이러한 노사정 3자 합의주의에 입각하여, 근로자들의 커다란 저항 없이, 극심한 유동성 부족에 빠져 있었던 종합금융회사 14개사를 우선적으로 정리하였다. 그리고 채권발행(14조 원)·재정자금 등으로 22.6조 원의 공적자금을 조성하여, 퇴출 종금사의 예금을 대지급하고, 부실채권 매입을 통해 금융기관에 유동성을 지원하고, 채무초과에 빠진 제일은행과 서울은행에 대하여 감자 후 각각 1조 5천억 원의 공적자금을 투입하여 일시 국유화하는 조치를 1998년 3월까지 신속하게 추진할 수 있었다.

거시정책 논쟁

1997년 말 경제위기 이후 급격한 경기하강은, 제1장에서 강조하였듯이, 1980년대 말 이후 지속된 과잉투자로 인해 초래된 것이었다. 이런 의미에서 1998년 급격한 경기하강은 부분적으로 미제스(Mises)와 하이에크 주도로 발전되어온 오스트리아 학파적 불황이었다. 오스트리아 학파가 강조하듯이, 이러한 불황은 불가피할 뿐만 아니라, 누적된 과잉투자로 인한 과잉자본 스톡을 조정하기 위해 필요한 것이었다. 일부 교조적 오스트리아 학파는 이러한 불황을 해소하기 위한 중앙 은행의 금융완화 정책은 필요한 과잉자본 스톡을 교정하는 것을 지연시킬 따름이기 때문에 반대한다. 그러나 오스트리아 학파 역시 신뢰 붕괴가 경제를 필요 이상으로 심각한 불황으로 몰고 갈 위험성이 있는 경우, 불황을 회피하기 위해서가 아니라, 경제가 하방 악순환으로 빠져드는 것을 방지하기 위해, 통화 및 재정 정책이 필요하다는 점은 인정한다.

98년 4월 외국환평형기금채권의 발행에 성공함으로써 한국경제는 외환위기로부터 벗어나기 시작하였다. 그러나 부실화된 금융기관과 기업을 시장에서 퇴출시키기 위한 구조조정의 실질적 진전의 미흡으로 신용경색과 고금리가 지속되었다. 그로 인해 실물경제가 예상보다 급속히 위축됨으로써 기업 도산과 실업이 급증하였다. 이에 한국 정부는 98년 4월 하순 IMF와의 분기별 정책협의(제5차)에서 금리인하를 주장하였다. 이에 대해 IMF는 금리를 인하할 경우 외환시장이 다시 불안해질 가능성이 높고, 부실기업 정리 등 구조조정이 지체될 위험이 있으므로 당분간 고금리 정책을 유지하는 것이 바람직하다고 주장하였다.

원칙적으로 외환상황에 별 문제가 없는 상황에서 국내 금융위기가 발생하였다면 디플레이션 위험을 예방하기 위해 금리를 인하하여야 하고, 반대로 국내 금융상황에 별 문제가 없는 상황에서 외환위기가 발생하였다면 금리를 인상하는 것이 올바른 정책이다. 문제는 당시 한국은 외환위기와 금융위기가 동시에 발생한 경우였기 때문에 두 위기의 심각성 정도에 대한 판단에 따라 금리 정책을 결정할 수밖에 없었다.

1997년 말 외환위기 직후에는 외환유동성 위기가 절박하였기 때문에 고금리 정책은 불가피하였다고 할 수 있다. 또한 IMF의 충고에 따라, 정부는 재정거래를 통한 자본유출과 원화가치 폭락을 방지하기 위해, 그때까지 외환보유고를 축내던 국내 금융기관 해외지점들에게 10%

내외의 범칙금리를 부과하였다. 이에 따라 한국은행의 가용 외환보유
고는 급속히 회수되기 시작하였으며, 단기외채의 만기 연장 협상의 성
공, 환율급등과 내수의 급락에 기인한 경상수지흑자 폭증으로, 1998년
2월 말 외환보유고는 267억 달러 수준으로 회복되고 단기외채는 600억
달러 이하로 축소되었다.

반면, 당시 국내 금융 및 기업 위기는 악화일로에 있었다. 기업부도
율은 지수 작성 이래 최고 수준으로 치솟고, 산업활동 증가율이 사상
유례가 없는 −10%를 보였으며, 실업자 수는 불과 3개월 사이에 50만
명 이상 폭증하였다. 그 결과 금융기관의 부실채권이 폭증하였다. 물가
는 환율급등으로 1997년 12월부터 1998년 2월 사이에 폭등하였으나,
환율이 안정되면서 급속히 안정세를 되찾았고, 임금이 폭락하고 있어
추후에도 인플레이션 우려는 전혀 없었다.

따라서 KDI는 1998년 3월부터 지나친 고금리 정책은 기업 부문의
부실을 심화시켜 금융시스템의 불안을 장기화하고 대외 신인도 회복
및 외자유입 촉진을 지연시켜 환율안정에 오히려 역작용의 위험이 높
으므로 정책적 고금리를 완화할 것을 정부에 제안하였다. 실제로 한국
은행도 금리를 점차 낮추어 1997년 말 30%를 웃돌던 콜금리가 1998년
6월 말에 위기 이전 수준인 12% 내외까지 인하되었다.

이에 IMF뿐만 아니라[6] 우리 사회의 많은 오피니언 리더들은 추가적

---

6 필자는 98년 6월 초 세계은행 초청으로 워싱턴을 방문하여, 스티글리츠 부총재와 IMF 나이스 국장을
  만나, 한국경제의 최근 동향을 설명하고, 한국의 외환보유고가 급속히 축적되어 가고 있으므로, 한국
  산업기반의 붕괴를 막기 위해서는 거시 정책을 확장적 기조로 전환해야 할 시점이라는 의견을 피력하
  였다. 우려했던 것과는 달리 나이스 국장은 동의한다며, "자신도 이미 4월부터 재경부에 적자재정을 늘
  려서라도 확장적 재정 정책으로의 전환을 권고하였으나, 한국 재경부가 너무 부끄럼을 많이 타("shy")
  균형재정에 집착하고 있으니 당신이 재경부와 언론을 설득해 달라"하고 주문하였다. 당시 국내 언론에
  서도 구조조정이나 경기부양이냐를 놓고 논란이 많았으나, 김대중 대통령은 '선 구조조정, 후 경기부
  양'으로 정책 방향을 정리하였다. 김준경 박사는 한국신용정보의 외부감사법인에 대한 기업별 미시자
  료를 구입하여 이자보상배율의 기업별 분포를 분석한 결과, 한국기업 부문의 부실 정도가 예상보다 훨

인 금리인하를 반대하는 다양한 논거를 제시하였다. 예컨대, (1) 신용
경색이 극심하여 통화공급 확대에 따른 경기부양 효과가 미미할 것이
라는 '유동성 함정론', (2) 한국은행이 돈을 풀어도 당시 시중자금이 집
중적으로 몰렸던 은행들이 자산을 주로 RP로 운영하기 때문에 돈이 한
국은행으로 환수되어버려 돈을 풀 수 없다는 '불가항력론' 등이 제기
되었다. 그러나 가장 인기 있는 논거는 (3) 금리를 인하할 경우 우리 경
제의 사활을 걸고 추진하고 있는 구조조정 노력을 포기하는 것이며, 따
라서 금리인하는 구조조정이 완료된 이후에 실시되어야 한다는 '선 구
조조정, 후 경기부양론'이었다. 이 주장은 금리인하가 구조조정의 주요
내용으로 인식되었던 재벌의 부채감축 유인을 약화시킨다는 단순한 사
고에 기반을 둔 것으로 보였다. 그러나 당시 상황은 정반대로 위기에
몰린 재벌들은 금융기관으로부터 '협조융자'라는 명목으로 추가적인
신용을 공급받고 있었고, 대마불사론을 신봉한 투신사들은 대우 등 재
벌이 발행하는 회사채를 대규모로 인수하여, 결국 통화긴축의 피해는
건실한 중견 및 중소 기업들에 집중되었다.

　1998년 7월 KDI는 금리인하 반대론의 오류를 지적하고, 통화 정책
을 독립적으로 관할하고 있는 한국은행에 향후 발생할 수 있는 디플레
이션의 위험을 차단하기 위해 통화 정책을 보다 확장적으로 전환할 것
을 권고하였다.[7] 특히 두 가지 점을 강조하였다. 첫째, 경제위기의 근본

씬 심각함을 발견하였다. 조동철 박사는 한국경제가 일본형 디플레이션 악순환에 빠져들 징후가 보인
다며 확장적 통화 정책으로의 전환 필요성을 강조하는 보고서를 작성하였다. 이 두 보고서를 들고 우
리는 다시 순회공연을 시작하였다. 당시 이규성 재경부 장관도 확장적 거시 정책으로의 전환에 동의하
였다. 우리는 한국은행 총재를 방문하여 보고하고 산업기반 붕괴를 방지하기 위해 RP금리를 인하할
것을 권고하였다. 이 사실이 조선일보에 보도되어, 대통령이 천명한 원칙에 반한다는 이유로 청와대의
질책을 받게 되었다.

7 이 보고서는 KDI 조동철 박사 주도로 작성되었으며, 실제로 1999년 GDP 디플레이터는 1998년에 비
해 2% 하락하였다.

원인인 기업과 금융의 부실을 정리하는 구조조정 정책은 장기에 걸쳐 지속적으로 강력히 추진하되, 단기적으로 경기급락 방지를 위한 확장적 통화 정책이 필요하다. 미시 정책으로서의 강력한 구조조정 정책과 거시 정책으로서의 확장적 통화 정책은, 상호대체적인 정책이 아니라 상호보완적인 정책이므로, 병행하여 추진될 수 있는 정책조합임을 강조하였다. 특히 KDI는 1990년대 일본경제에서 자산가격 거품 붕괴로 인한 경기의 하방위험(downside risks)에 대처하는 데 있어서 일본 은행의 정책적 오류에서 보았듯이, 통화 정책 전환의 실기로 경제가 일단 디플레이션의 악순환에 빠져들게 되면 경제회복을 위해 통화 정책이 할 수 있는 역할은 거의 없게 될 위험을 경고하였다.

둘째, 한국은행이 RP 금리를 인하할 경우, 시중 은행들은 수지를 맞추기 위해, 한편으로는 건실한 기업에 여신을 늘릴 것이고, 다른 한편으로는 수신금리를 인하할 것이다. 전자는 당시 극심했던 신용경색을 완화할 것이며, 후자는 당시 은행으로만 몰리던 시중자금이 증권 시장과 부동산 시장으로 흘러 들어가게 하여 당시의 극심한 자산 디플레이션을 완화할 것이다. 그리고 이는 기업들이 자산매각 등을 통한 구조조정의 원활한 추진을 위한 여건을 조성해 줄 것이다. 논란 끝에 1998년 9월 30일 한국은행은 콜금리 목표를 8.0%에서 7.0%로 하향 조정하였으며, 추가적인 금리인하가 있을 것이라는 점을 분명히 하였다. 종합주가지수가 급상승하고 경기가 급속히 호전되기 시작하여, GDP 성장률은 1998년 −6.7%로부터 1999년 10.9%로 급등하였다.

3. 4대 부문 구조조정

정부는 당면한 외환위기를 해소하는 데 전력을 다하면서도 기업·금융·공공·노사의 4대 부문 구조개혁을 위한 제도적 틀을 마련하는 데 지속적 노력을 기울였다. 그러나 1997년 말 경제위기는 우리가 과거에 경험한 적이 없는 총체적 경제위기였기 때문에, 당시 우리 사회 어디에서도 어떤 방식으로 이 위기를 극복해야 하는지에 대한 수미일관한 논리를 갖춘 종합적이고 구체적인 프로그램이 제시되지 않았다. 정부 역시 종합적인 밑그림이 없이 부처별·사안별로 혼란스럽게 정책을 발표하여 정책 간의 상충과 우선순위의 혼란이 일어나고 있었다. 이에 KDI는 '경제위기 극복과 구조조정을 위한 종합대책'이라는 보고를 정부에 건의하여 본격적인 4대 부문 구조조정의 기본 틀을 제공하였다.

1) KDI의 '종합대책'

KDI 보고는 1997년 말 총체적 경제위기는 근본적으로 '보호와 통제'를 기본 원리로 한 관치경제적 규율이 경제 과정의 복잡화, 세계화와 디지털 혁명을 특징으로 한 세계경제의 급격한 변화로 기능부전 상태에 빠진 반면, 개혁의 지연으로 '자유경쟁과 자기책임 원칙'에 입각한 시장규율이 확립되지 못한 결과 초래된 기업 및 금융 부문의 누적된 부실에서 비롯되었다는 인식에 기초를 두고 있다. 따라서 경제개혁의 기본 목표는 관치경제의 청산과 진정한 시장경제의 확립에 두어야 한다는 점을 강조하였다.

이 보고는 경제구조조정의 조기 성공을 통한 총체적 경제위기 극복을 위해서는 단편적·점진적 방식이 아닌 중점 부문의 설정과 부문 간 연계성을 고려한, 〈표 3-2〉에 도식화한 것과 같은, 종합적 대책이 신속하게 추진되어야 시장경제 원리에 따른 구조조정의 추진력이 유지되고, 나아가 대외 신인도가 제고될 수 있다는 점을 강조하였다. 경제위기를 극복하기 위해서는 장기간에 걸쳐 누적되어온 기업과 금융의 부실을 조속히 정리함으로써 시장의 불확실성을 해소함과 동시에 국제기준에 부합하는 시장경제 원칙을 정착시키기 위한 금융 및 기업 구조조정이 핵심적인 개혁 과제이다. 금융 및 기업 부문의 구조조정을 원활히 추진하려면 노동 시장의 유연성을 확보하는 것이 전제되어야 하며, 구조조정 과정에서 불가피하게 발생하는 실업 및 빈곤 문제 등 사회불안을 최소화하여 구조개혁을 원활히 추진하기 위해서는 사회안전망이 정비되어야 한다. 그리고 금융구조조정과 실업 및 빈곤 대책을 재정 부문이 지원하여야 한다.

당시에는 외환위기가 금융위기와 기업위기로 발전함에 따라 초래된 극심한 신용경색으로 기업이 연쇄적으로 도산하고 그로 인해 실업이 급증하고 있는 위기 상황에서 구조조정과 실업 대책, 그리고 금융구조조정과 기업구조조정의 정책 우선순위를 두고 정부부처 간의 혼선이 심각한 수준이었다. 이에 KDI 보고는 금융부실과 기업부실의 악순환을 단절하기 위해서는 정부가 공적자금을 동원하여 부실금융기관과 부실기업의 조속한 정리에 정책의 최우선순위를 둘 것을 권고하였다. 구조조정 과정에서 일시적으로 실업이 증가하겠지만, 구조조정을 통해 금융의 중개 기능을 회복하는 것이 실업 해소의 첩경이므로, 실업 대책보다는 구조조정에 정책의 우선순위를 둘 것을 권고하였다.

경제위기의 근본 원인인 기업 부실이 곧 금융 부실이므로 금융과 기업의 구조조정은 원칙적으로 동시에 추진되어야 한다. 그러나 당시 급속히 심화된 신용경색을 완화하기 위해서는 우선 금융기관의 건전성 강화와 자금중개 기능을 회복시키기 위한 금융구조조정이 시급한 과제

였다. 이를 통해 건실해진 채권금융기관의 주도로 기업의 구조조정을
추진하는 전략이 제시되었다.

금융 및 기업 구조조정에서는 도태될 부문과 회생 가능한 부문을 분
리하여, 부실화된 부문을 과감히 정리함으로써 일부의 부실이 전체의
부실로 확산되는 것을 차단하여야 한다. 부실 부문과 건실 부문에 대한
변별이 가능하도록 하기 위해서, 결합재무제표 작성 의무화, 국제회계
기준의 도입 등을 통해 기업 재무상태를 투명하게 공시하도록 하고, 금
융기관의 부실채권에 대한 정밀실사를 조속히 실시하며 재무 건전성을
매 분기별로 공시하는 것을 의무화하는 방안 등을 제시하였다. 무엇보
다도 시장규율의 확립이 중요하다. 금융 및 기업 구조조정도 종래 관
치경제의 바탕에서 반복적으로 시행되었던 정부의 직접개입은 철저히
배제하고, 정부의 역할을 구조조정을 위한 제도적 틀을 마련하고 금융
구조조정에 필요한 재정 지원을 제공하는 데 국한해야 한다. 또한 주
주 및 임직원의 손실분담을 명확히 해서 자기책임 원칙을 확립할 것을
제안하였다.

원활한 구조조정을 위해서는 금융구조조정이 선결 과제이며 이를 위
해서는 건실한 정부 재정의 동원이 불가피하다고 보았다. 당시 전체 금
융기관의 무수익 채권이 약 100조 원 정도로 막대한 농시에 향후 발생
할 부실 규모가 불확실하므로, 신속한 금융구조조정을 위해서는 약 67
조 원 정도의 공적자금을 조기에 그리고 충분히 조성할 것을 권고하였
다.[8] 금융시스템 붕괴에 따른 건실한 기업의 실패를 막기 위해서는 비
은행 보다는 은행 부문의 구조조정에 공적자금을 우선적으로 집중 투

---

8 당시 정부 일각에서는 KDI가 부실 규모를 과대 추정하여 경제불안을 부추긴다고 비난하였으며 대통령
도 질책하였으나, 사후적으로 볼 때 공적자금이 155조 원 이상 투입되었다는 사실을 고려하면 KDI의
추정치도 극히 보수적인 것이었다.

입하여 부실채권 정리 및 자본충실화를 통해 은행 정상화를 우선 추진할 것을 제안하였다. 또한 은행 간 합병을 유도하여 국제경쟁력을 갖춘 3~4개의 선도 은행이 탄생할 수 있는 여건을 조성하여야 하고, 비은행 금융기관은 금융권별로 확립되어 있는 적기시정조치 제도에 의거하여 대주주 및 경영진의 자기책임 하에 경영정상화 노력을 유도할 것을 제안하였다.

기업구조조정은 시장기능과 법을 통한 부실재벌의 조속한 정리를 우선적으로 추진할 것을 제안하였다. 즉 기업구조조정은 대마불사의 신화를 깨는 데서 출발하여야 하며, 부실기업의 인수·매각이 활성화할 수 있도록 M&A 관련 규제를 철폐하고, 재벌 기업의 지배 구조를 개선하기 위해 대기업의 대주주가 사실상의 경영자로서 기업 경영에 관여할 경우에는 그에 상응하는 책임을 물을 수 있는 '사실상 이사제도'를 도입할 것을 제안하였다.

구조조정 과정에서 발생하는 실업 문제는 금융경색 해소 및 고용조정 원활화를 통해 기업 여건을 개선하고 재취업을 촉진하는 근본적 해결을 모색하되, 아직 미성숙 단계에 있는 사회안전망을 확충하여 장기 실업자가 빈곤의 악순환에 빠지는 것을 방지할 것을 제안하였다. 공공부문 구조조정은 금융구조조정에 소요되는 막대한 재원 확보와 공공부문의 생산성 향상을 위해 공기업 민영화와 경쟁 도입을 적극적으로 추진하고, 규제혁파와 사법의 지배를 확립함으로써 부정부패의 소지를 원천적으로 제거하며 공개행정 및 정책실명제 실시로 정부의 투명성을 제고할 것을 제안하였다.

이 KDI의 보고는 1998년 5월 초 대통령이 주재하는 제6차 경제대책조정회의에서 승인됨으로써 사실상 정부의 정책 방향으로 확정되었다. 이러한 권고에 따라 98년 5월 금융감독위원회는 '금융·기업 구조개혁

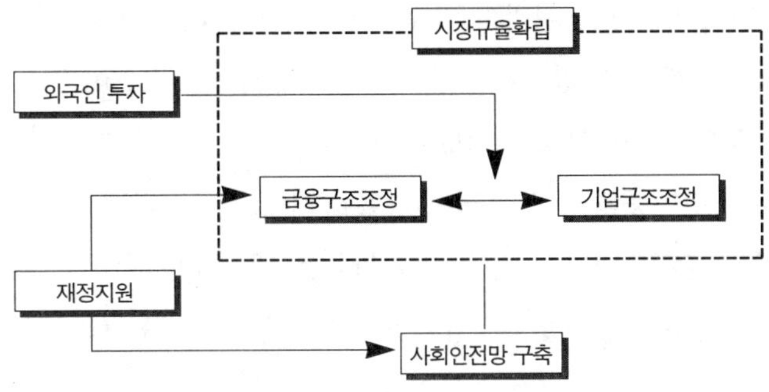

촉진방안'을 발표하고, 금융구조조정과 기업구조조정 업무를 기획하고 추진할 구조조정기획단을 설립하였다.

2) 금융개혁

정부가 추진한 금융개혁의 단기 목표는 위기 극복을 위해 금융기관의 자금중개 기능을 복원하는 것이고, 중장기 목표는 금융 산업을 선진적으로 개편하고 시장원리를 확립함으로써 위기 재발을 방지하는 것이었다. 단기적으로 위기 극복을 위해서는 부실금융기관 및 부실채권을 조속히 정리함으로써 시상불안 요인을 제거하고, 한 금융기관의 부실이 타 기관으로 확산되는 전염효과를 방지함과 동시에 금융 산업의 주축인 은행에 집중적인 증자지원을 통해 자본을 충실화함으로써 금융시장이 정상적으로 작동하도록 금융시스템을 재구축하는 것이 시급한 과제였다. 중장기적으로 금융 산업의 효율성을 제고하기 위해서는 관치금융의 철폐, 감독 제도의 개편, 자본시장 선진화를 위한 관련 제도의 개선, 금융기관의 지배구조 개선 등을 통해 금융기관이 수익성 위주의 자율경영 체제를 확립하는 것이 요구되었다.

금융구조조정

붕괴된 경제를 회생시키기 위해 가장 시급한 과제는 민간 부문에 자금공급을 재개할 수 있도록 금융기관을 복원시키는 작업이었다. 이 작업은 미국의 저축대부조합(S&L) 위기, 남미의 외채위기 그리고 북구제국의 부채위기 등을 통해 축적된 경험을 바탕으로 정립된 국제적 최선책을 따라 추진되었다. 우선 금융기관들을 생존불능 부문과 생존가능 부문으로 나누어 생존불능 금융기관들은 무수익여신을 정리한 뒤 생존가능 금융기관에 계약이전 방식(P&A)으로 합병되었다. 그리고 생존 금융기관들의 자본 확충을 위해 공적자금이 투입되었으며, 그 결과 주요 상업 은행들이 국유화되었다. 또한 IMF와의 합의에 따라 서울·제일은행과 대한생명 등 몇몇 금융기관들의 해외매각을 추진하였으나, 제일은행만이 뉴브리지캐피털(New Bridge Capital)에 매각되었고, 서울은행은 2002년 하나은행에 매각되었다.

금융구조조정은 1997년 12월 금융 산업 구조개선에 관한 법률 개정에 의해 도입된 적기시정조치에 의거하여 추진되었다. 이 법의 개정으로 종래 감독 당국이 적기시정조치의 발동 여부를 재량적으로 결정하던 것을 자기자본비율 등이 일정 수준에 미달하는 경우에는 해당 금융기관에 경영개선 권고·요구·명령 등의 적기시정조치를 의무적으로 발동하도록 변경되었고, 부실금융기관에 대한 정부출자 및 감독 기구의 감자명령 제도가 도입되었다. 적기시정조치는 우선 은행 및 종금사에 적용하고, 증권사, 보험사, 상호저축 은행 등으로 확대되었다.

1998년 3월 말 현재 부실채권(요주의 여신 이하)을 118조 원(은행 86조 원, 비은행 32조 원)으로 추정되었으나, 실제로 정리해야할 부실채권 규모는 100조 원으로 추정하여, 이를 위해 99년 말까지 64조 원의 공적자금(부실채권정리기금채권 32.5조 원, 예금보험기금채권 31.3조 원)을 조성하기로 결정하였다. 이미 14조 원은 발행하였기 때문에, 추가로 50조 원을 조성하여 금융기관 부실채권 매입에 25조 원, 증자지원에 16조 원, 예금보호에 9조 원을 사용하기로 계획하였다.

BIS 기준 자기자본비율이 8%에 미달하는 12개 은행 중 경영정상화 가능성이 희박하다고 판단된 5개 은행을 자산과 부채를 우량 은행에 이전하는 방식으로 퇴출시키고, 나머지 7개 은행에 대해서는 증자나 합병, 외자 유치, 감자, 점포·조직·인력 감축 등 강도 높은 자구노력을 요구하였다. 또한 정부는 국제경쟁력을 갖춘 선도 은행이 탄생할 수 있도록, 인수·합병 대상이 되는 은행에 대해서는 증자나 부실채권 매입 등 재정지원을 우선적으로 제공하였다. 제2금융권은 대주주가 있는 만큼 대주주의 책임 하에 증자를 통한 자체 경영정상화를 유도하되, 회생이 불가능한 금융기관은 과감한 정리를 추진하였다.

금융기관의 부실채권잔액도 1998년 6월 말 136.3조 원에서 1999년 말 66.7조 원으로 대폭 감소하였다. 그러나 금융 부실의 근원인 부실기업 정리를 위한 워크아웃의 불철저한 진행, 대우그룹의 붕괴, 부실 금융기관 매각지연, 금융기관 자산건전성분류기준 강화 등의 영향으로 금융기관의 부실채권 규모가 다시 큰 폭으로 늘어남에 따라 금융구조조정에 필요한 공적자금이 크게 부족하게 되었다. 1999년 7월 대우그룹의 붕괴로 금융기관의 대우그룹 여신 57조 원 중 약 31.2조 원의 금융기관 손실이 발생하였다. 또한 대우그룹의 워크아웃 추진, 자산건전성 분류의 현실화 등으로 금융기관의 부실채권 규모(고정이하 여신)가 1998년 4월~1999년 말 중 약 34.1조 원이 증가한 것으로 추정된다. 또한 매각지연 등에 따른 영업 기반 위축으로 재무 구조가 악화된 제일·서울 은행 및 대한생명의 증자지원 및 부실채권 매입에 11.6조 원이 소요되었다. 이에 따라 정부는 공적자금 회수, 국유재산 특별회계 등을 통해 32조 원의 공적자금을 추가로 조성하여, 1997년 경제위기 이후 2000년 8월까지 총 104.6조 원을 사용하였다.

2000년 들어 현대그룹의 위기로 인한 채권 시장의 위축, 일부 부실기업 및 금융기관의 정리 지연 등으로 인한 금융 시장의 불확실성이 증대됨에 따라 신용경색이 다시 심화된 데다가, 세계경제의 침체, 반도체 가격의 하락과 국제유가 상승으로 인한 교역 조건의 악화 등이 가세하여 경제 위기감이 고조되었다. 이에 정부는 2000년 9월 50조 원의 공적자금을 추가 조성하여 제2차 금융구조조정에 사용하기로 발표하였다. 불철저한 기업구조조정과 대우그룹 워크아웃 등으로 부실화된 한빛, 평화, 광주, 경남 은행은 감자 및 증자지원 후 우리금융지주회사에 통합하였고, 제주은행은 감자 및 증자지원 후 신한금융지주회사에 통합하였다. 제2금융권은 5개 종금사, 2개 생보사를 비롯한 소형 금융기관들을 계약 이전 혹은 합병으로 정리하였다.

정부는 금융기관의 부실채권 정리, 퇴출 금융기관의 예금대지급 및 자본 확충을 위해 1997년 11월~2001년 12월 중 채권발행(102조 원), 재정자금 등 총 155조 원의 공적자금을 조성하여 금융기관 부실채권 매입(38.7조 원), 출자(60.2조 원), 퇴출 금융기관의 예금대지급(25.8조 원)

표 3-3 | 1997.11~2001.12 중 공적자금 조성 및 사용 내역   단위 : 조 원

구분	부실채권매입	출자	출연	예금대지급	기타[1]	계
채권발행	20.5	42.2	15.2	20.0	4.2	102.1
재정자금 등	1.5	14.1	-	0.5	6.3	22.4
회수자금	16.7	3.9	1.1	5.3	3.8	30.8
계	38.7	60.2	16.3	25.8	14.3	155.3

주 : 1) 예금보험공사의 자산매입(인수금융기관이 인수하지 않은 피인수금융기관의 부동산, 유가증권, 대출채권 등의 매입), 재정자금에 의한 은행후순위채 매입 등.

자료 : 공적자금관리위원회, 공적자금관리백서 2001.8 및 공적자금 통계

등에 사용하였다(〈표 3-3〉). 이를 다시 금융권별로 보면, 금융시스템의 중추인 은행 기능의 정상화를 우선적으로 추진하기로 한 당초의 금융 구조조정 계획에 따라 공적자금도 은행 부문에 집중적으로 투입되었다. 즉 공적자금 155조 원 중 예금대지급 25.8조 원을 제외한 129.5조 원의 65.9%인 85.3조 원이 은행의 부실채권 매입, 출자 및 출연 등에 사용되고, 31.7%(41.0조 원)는 종금사, 증권 및 투신사, 생명보험회사의 구조조정에, 0.7%(0.9조 원)는 상호저축 은행 및 신협의 구조조정에, 나머지 1.8%(2.3조 원)는 해외 금융기관 보유 대우채 매입에 사용되었다. 이러한 공적자금 투입을 통한 금융구조조정은 금융기관들의 기능 정상화와 금융시장 안정성 회복에 크게 기여하였다.

이 기간 중 금융기관 수는 28.8%, 금융기관 종사자 수는 31.1%, 은행 점포 수는 21.4% 감소하였다(〈표 3-4〉). 한국 은행사상 최초로 부실 은행을 폐쇄함으로써 은행 임직원들의 도덕적 해이의 기반이었던 은행 불사의 신화를 종식시켰다. 즉 부실금융기관의 정리는 정부가 은행을 '통제하는 대신 보호' 해 주는 종래의 관행을 불식시킴으로써 은행 주주 및 임직원의 책임 의식을 획기적으로 제고하는 계기가 되었다.

종금사의 경우, 주요 고객이었던 국내 재벌들의 도산에 따른 대규모 손실뿐만 아니라 국제금융시장에서 유동성 위험과 환 위험을 무시한 채 외화를 단기로 차입하여 장기로 운용하거나 위험이 높은 개발도상국 채권에 투자했다가 대량 부실화되었다. 그 결과 경제위기 이전에 존재했던 30개의 종금사가 대부분 퇴출되었고 현재는 우리금융지주회사의 자회사인 하나로종금, 그리고 한불종금 및 금호종금 3개의 종금사만이 영업을 하고 있다. 종금사에 대한 공적자금은 주로 예금대지급을 위해 투입되었다.

취약한 영업 구조를 가지고 있었던 중소지역 금융기관들의 구조조정도 대대적으로 추진되었다. 영업 기반이 취약하고 신인도가 높지 않았던 상호신용금고도 경제위기로 심각한 타격을 받아, 절반 가까운 109개가 퇴출되거나 합병되었다. 이 부문에 투입했던 공적자금 7.4조 원의 88%가 예금대지급을 위해 사용되었다. 신용협동조합의 경우에도 경제위기를 계기로 보다 엄격한 감독이 이루어짐에 따라 과거부터 누적되어왔던 잠재 부실이 노출되고 조합직원의 횡령, 사기 등의 사고로 398개가 퇴출되거나 합병되었다.

보험회사의 경우 신설 생명보험회사를 중심으로 편법 대출과 과다한 경비 지출 등으로 부실이 누적된 12개의 생명보험회사들이 합병되거나 퇴출되었다. 손해보험회사의 경우 양대 보증보험사(대한보증 및 한국보증)가 합병되어 서울보증보험이 출범하였고 1개사가 신설되었다. 대한·한국 보증의 경우 한보 및 기아 사태로 인한 막대한 규모의 미수채권과 대지급금, 대우가 발행한 회사채 보증으로 인한 손실 및 유동성 부족 보전을 위해 10조 원 이상의 공적자금이 투입되었다.

다만 증권회사의 경우 숫자가 늘었는데, 이는 구조조정 과정에서 6개의 증권사가 퇴출된 반면 대외 개방에 힘입어 외국계 증권사 및 인터넷 중심의 증권사가 신설되고 투신사가 증권사로 전환되는 등 17개 증권사가 신설되었기 때문이다. 투신운용사에 대한 공적자금 지원은 15.9조 원에 달하였는데, 이 중 한국투신 및 대한투신에 대해 실적배당신탁 원리금 보전, 대우계열사 워크아웃 손실액 등으로 인한 순자산 부족액 보전을 위한 출자지원과 부실채권 매입 등을 위해 각각 6.1조 원과 3.4조 원을 지원하였다. 공적자금 투입 이후 한국·대한 투신은 증권사 전환 및 투신운용사 분리 등을 통해 경영정상화를 추진 중에 있다.

	은행	종금사	증권사	투신 (운용)사	생보사[2]	손보사	상호저축 은행	신협	계
1997말(A)	33	30	36	31	31	14	231	1,666	2,072
퇴출(-)[3]	5	22	6	6	7	1	95	305	447
합병(-)	8	6	1	1	5	-	26	102	149
신설(+)	-	1	17	6	-	1	12	9	46
2001말(B)	20	3	46	30	19	14	122	1,268	1,522
B-A	-13	-27	+10	-1	-12	0	-109	-398	-550

주 : 1) 외국 금융기관 국내지점 제외.

　　　2) 우체국 보험 제외.

　　　3) 계약 이전, 인 · 허가 취소, 인 · 허가취소 신청, 파산, 해산.

자료 : 허재성 · 유혜미, 외환위기 이후 금융 및 기업 구조조정에 대한 평가와 향후과제, 2002. 5

안정성 확보를 위한 기반 정비

우선 관치금융을 제도적으로 근절하기 위해 금융감독 기구를 통합하여 재정경제부로부터 분리하고, 한국은행의 독립을 위해 한국은행법을 개정하였다. 종래의 한국은행 은행감독원, 증권감독원, 보험감독원 및 신용관리기금 등 기존의 4개 감독기관을 1999년 1월 1일부로 통합하여 금융감독원을 출범시켰다. 금융감독원의 업무 · 운영 등을 지시 · 감독하는 금융감독의 최고 의사결정 기구로 합의제 행성 기구인 금융감독위원회를 설립하면서, 이를 재경부에서 총리실 산하로 이관함으로써 재경부의 영향으로 인한 관치금융의 소지를 없애려고 시도하였다.

또한 통화 정책은 1997년 말 한국은행법 개정으로 정부로부터 독립되어 한국은행의 고유 권한으로 귀속되었다. 한국은행의 독립성을 보장하기 위해, 한국은행 총재가 금융통화운영위원회 의장을 겸임토록하고, 재경부 장관의 재의(再議)요구권 남용방지 규정을 신설하였으며, 재경부 장관의 한국은행 업무검사를 폐지하고 감사원 감사로 일원화하였다. 다시 1998년 4월 한국은행법 개정을 통해 통화 정책의 목표를 물가안정으로 단일화하였으며, 인플레이션 타게팅(targeting)과 콜금리를 양축으로 한 시장친화적 통화정책 운용체계를 확립하여 제도 면에서는 완전한 선진화를 이룩하였다.

금융기관의 부실 재발을 방지하고 금융시스템의 안정성 확보를 위해, 〈표 3-5〉에서 보는 바와 같이, 금융기관의 건전성 규제를 국제기준에 부합되게 정비하고, 금융기관의 경영투명성을 높여 시장에 의한 경영감시가 가능한 환경을 만들기 위해 회계·공시 제도를 강화하였으며, 금융기관 지배구조 개선을 위한 법령의 정비 등 일련의 개혁이 추진되었다.

자산건전성분류기준을 '고정이하 여신'의 범위를 6개월 이상에서 3개월 이상 연체여신으로, '요주의 여신'의 범위를 3개월에서 1개월 이상 연체여신으로 강화하였고(1998.9~99.3), 다시 기업에 대한 대출심사를 할 때 기업의 현재 재무 상태뿐만 아니라 미래의 사업 가치를 따져 수익성 자산인지를 분류하는 신 자산건전성분류기준(FLC, Forward-Looking Criteria) 제도를 도입하였다(2000.6~9). 종전의 대출이자 연체여부로 여신건전성을 판단하던 방식에서는 부실기업이라도 차입금으로 대출이자를 지급할 경우 정상여신으로 분류되었으나, FLC를 실시함으로써 여신건전성의 분류의 정확성이 높아졌다. 또한 금융기관이 보유한 유가증권에 대해 시가평가제(mark to market)를 실시함으로써 유가증권 평가손익을 적시에 반영하도록 하였으며, 외화자산의 기간별 만기불일치 갭비율에 대한 규제 제도를 도입함으로써 외환유동성 관리를 강화하였다.

거액여신의 부실로 인한 금융기관의 급격한 부실화를 방지하기 위해 편중여신 관리 제도를 개선하였다. 종전의 동일인 및 동일계열 여신한도는 대출과 지급보증에 한해 적용됨으로써 회사채, CP 등의 매입을 통해 제공되는 간접 신용공여는 편중여신 관리에서 제외되었고, 재벌 부도 시 거액의 부실채권이 발생하는 등 허점이 노정(露呈)되었다. 이러한 문제점을 보완하기 위해 동일인 및 동일계열 여신한도 제도를 대출, 지급보증, 회사채·CP 등 유가증권의 매입, 기타 금융거래상 신용위험을 수반하는 직·간접 거래 등 모든 신용공여를 포괄하는 '신용공여 한도' 제도로 개편하였다. 또한 은행 및 종금사의 동일인 및 동일계열기업군의 '신용공여 한도'와 거액여신 한도를 대폭 축소하였다.

금융기관의 지배구조 개선을 위해 일정 규모 이상의 금융기관에 대해 사외이사, 감사위원회, 준법감시인 제도의 도입을 의무화하였다(2000.1~4). 은행의 경우 사외이사를 전체 이사의 1/2 이상 선임토록 은행법으로 규정하여 사외이사 중심으로 이사회를 운영하도록 이사회 제도를 개선하였으며, 비은행의 경우에도 일정 규모 이상의 금융기관은 이사의 과반수를 사외이사로 선임토록 각 금융업법에 규정하였다. 임직원에게 스톡옵션 부여 등 인센티브를 강화하는 한편 부실 책임이 있는 금융기관의 임직원에 대해서는 은행임원 선임 자격을 제한하였다.

나아가 금융기관의 경영공시를 강화함으로써 예금자 및 투자자 등 이해관계자에 의한 시장규율(market discipline) 기능을 세고하였나(1998.6~2000.3). 우선 경영투명성을 제고하기 위해 은행 및 종금사에 대한 대손충당금의 100% 적립의무 부과, 금융기관의 보유유가증권에 대한 시가평가제를 실시하였다. 둘째, 은행에 대한 분기공시 제도를 도입하고, 공시 항목에 조직 및 인력 현황, 재무 및 손익 관련 항목, 자금조달 및 운용, 건전성·수익성·생산성 지표, 리스크 관리 등을 인터넷에 공시하도록 의무화하였으며, 불성실·허위 공시에 대한 벌칙을 강화하였다. 셋째, 경제위기 직후 예금인출 사태를 방지하기 위해 2000년 말까지 예금 원리금의 전액을 보장하였으나, 유동성 부족에 직면한 일부 금융기관들이 높은 금리로 무리하게 예금을 유치하는 등 도덕적 해이가 심화되자, 2001년부터는 원리금 합계 2천만 원까지만 보장하는 예금부분보장 제도로 개편하였다. 그 결과 예금자도 손실을 분담하게 되고, '예금자보호법' 개정으로 금융기관 부실 관련자의 범위도 확대됨에 따라 시장규율을 더욱 강화하였다.

다른 한편 간접금융의 비중이 큰 국내 금융 시장이 보다 균형 있게 발전할 수 있도록 자본시장의 발전을 저해하는 각 부문별 장애 요인을 제거함과 아울러 시장 형성을 촉진하기 위한 제도적 기반을 정비하였다. 주식 및 채권 등 자본 시장을 완전히 개방하였고 환율도 자유변동 환율 체제로 개편되었다. 증권 시장의 신뢰성을 제고하기 위해 기업공시를 강화하고 불공정거래에 대한 조사를 강화하였으며, 일일 가격제한폭을 확대하여 주식 시장에서의 가격기능을 제고하고, 벤처투자 촉진을 위해 코스닥시장을 육성하였다. 회사채 발행 시장의 활성화를 위해 기업 경영 관련 공시 및 채권에 대한 신용등급 평가를 강화하고, 회사채 유통 시장의 활성화를 위해 채권시가 평가 제도를 실시하였다. 투자 전문기관을 통한 주식 및 채권 등의 간접투자 기회를 확대하기 위해 증권투자회사법을 제정하여 증권투자회사(Mutual Fund)의 설립을 허용하고, 투신사 신탁재산 보유주식의 의결권 제한(shadow voting)을 폐지하여 투신사가 투자자를 대신하여 경영진을 감시·견제할 수 있도록 증권투자신탁업법을 개정하였다. 또한 선물거래소를 개설하여 환위험, 금리위험 등의 헤지(hedge)를 위한 선물투자 시장을 활성화하고, 외국 금융기관의 국내 신용정보회사의 주식소유 제한을 폐지함으로써 신용정보업을 개방하였다.

1990년대 금융 자율화 및 개방화의 진전에도 불구하고, 경제위기 이

구분	주요내용	관련 법규	정비시기
경영투명성 강화	• 은행 · 종금사 · 증권사 · 보험사 소수 주주의 대표소송권, 이사해임 청구권, 주총 소집권 등 소수 주주 권한을 행사할 수 있는 지분율을 인하	각 금융기관 관련 법	2000.1~4
지배구조 개선	• 은행 · 종금사 · 증권사 · 보험사 · 투신사에 사외이사 및 감사위원회 제도 도입 의무화	각 금융기관 관련 법	2000.1
	• 은행 · 종금사 · 증권사 · 보험사 · 투신사에 내부통제기준 및 준법감시인 제도 도입 의무화	각 금융기관 관련 법	2000.4
건전성 규제 강화	• 은행 · 종금사에 종합적 리스크관리체제 도입 의무화	각 금융기관 관련 법	99.7, 12
	• 특정 금전 신탁을 통한 소속 계열기업 자금 지원 금지	신탁업 감독 규정	99.8
	• 종금사 및 보험사의 다른 계열 소속 기업에 대한 신용의 교차공여 금지	각 금융기관 관련 법	2000.4
	• 산업 · 수출입 · 중소기업은행의 건전성 감독 기준을 일반은행 수준으로 강화	각 금융기관 관련 법	2000.4
회계 및 공시 제도 강화	• 신탁재산에 편입되는 채권에 대한 시가평가제 도입	각 금융기관 감독규정	98.11
	• 은행, 종금사, 증권사, 보험사 등이 보유하는 시장성 유가증권에 대해 시가평가제 도입	각 금융기관 감독규정	98.6 ~2000.3
	• 은행에 분기실적 공시제도 도입	은행감독 규정	99.9
기타	• 예보의 임직원을 부실금융기관의 관리인 및 청산인 · 파산관재인으로 선임 가능	금융산업의 구조개선에 관한 법률	2000.1
	• 예보가 부실금융기관의 부실관계자에 손해배상 청구 가능	예금자 보호법	2000.1
	• 은행 · 종금사 · 증권사의 부대업무 및 경영업무 범위를 명시	각 금융기관 관련 법 시행령	2000.6~9

자료 : 허재성 · 유혜미, 외환위기 이후 금융 및 기업구조조정에 대한 평가와 향후과제, 한국은행 조사국, 2002.5

전 우리나라 금융은 국제적 기준으로 평가할 때 크게 미흡하였던 것이 사실이다. 그러나 이와 같은 경영 패러다임의 미진함은 금융구조조정 과정에서 IMF 및 미국 등 선진국의 요구를 수용하면서 크게 해소되었다. 개별 금융기관들은 지배구조의 개선, 여신관행의 혁신, 사업부제의 도입, 수익성 중시의 조직문화 창출, 위험관리의 선진화 등을 통해 보다 발전된 모습의 금융 관행을 갖추어가기 시작했다.

3) 기업개혁

제1장과 제2장의 분석을 통해 명백해졌듯이, 1997년 경제위기의 근본 원인은 재벌 계열사에 대한 지배구조 공백으로 초래된 '감시자 없는 경영'으로 1980년대 말 이후 지속적인 과다차입에 의존한 과잉투자로, 1980년대 말 이후 수익률이 추세적으로 저하하여, 결국 총체적으로 부실화한 데 기인하였다. 그 결과 금융 부문도 동반 부실화하여 대외 신인도가 저하하였고, 그로 인한 외국 투자자들의 대규모 자금인출로 총체적 경제위기가 나타났던 것이다. 따라서 기업개혁의 핵심 과제는 (1) 부실기업을 정리하여 과잉 자본스톡을 조정하고 시장의 불확실성을 해소하는 것과, (2) 기업의 기업지배구조 개선을 통해 '감시자 있는 경영'을 확립하는 것이었다. 당시 추락한 대외 신인도를 제고하고, 노동조합을 설득시키기 위해서도 기업구조조정 작업은 시급한 과제였다.

기업 부문의 문제를 해결하기 위해 중요한 진전이 이루어졌다. 4대 재벌은 재무구조 개선 약정상 부채비율 200%를 맞추기 위해 증자, 계열 분리, 자산 매각, 외국인 투자자와의 전략적 제휴를 추진하였다. 부채비율이 높은 하위 재벌들은 법정 밖에서 채권자 주도의 기업개선 작업(work-out)에 의한 구조조정이 추진되었다. 또한 많은 기업들의 법정관리나 화의를 통한 구조조정이 추진되고 있다. 정부는 대우 계열사들을 기업개선 작업 프로그램에 집어넣음으로써 더 이상 대마불사의 신화가 통하지 않음을 명백히 하였다. 덜 부실화된 재벌들도 자발적으로 구조조정을 추진하였다.

기업공시와 기업지배구조 개선이 이룩되었다. 30대 재벌기업의 구조조정과 대우그룹 등 부실 대기업의 퇴출을 통해 도덕적 해이 문제에 대한 근본적 해결책을 모색하고, 회계투명성 제고, 소수주주권 보호, 외국인 직접투자 유치 등을 통해 시장기능을 강화하였으며, 이러한 과정에서 기업의 안정성 및 수익성도 어느 정도 개선하였다.

부실기업의 정리

정부는 경제위기 이후 수차례에 걸쳐 주 채권 은행이 부실징후 기업을 평가하여 회생이 불가능한 기업은 합병 · 매각 · 청산 등으로 정리하고, 회생가능 기업은 워크아웃을 추진하였다. 우선 1차로 금융감독위원회의 구조조정기획단은 64대 재벌소속 310개 기업과 비재벌 3개 기업 등 총 313개 부실징후 기업들 중 은행들이 자체 기준에 근거하여 제출한 정리 기업을 기초로 하여 선별 작업을 벌여 6월 18일 5대 재벌 계열사 20개사를 포함한 55개 정리기업 명단을 발표하였다.

그리고 1998년 7월~1999년 6월 중, 경영 상황이 악화된 15개 새벌 계열 및 일부 중견 대기업 소속 325개 기업 중 회생이 가능한 것으로 판단된 76개 기업은 자산 매각 · 증자 · 대주주의 사재 출연 · 지배구조 개선 등 자구노력을 전제로 이자 감면, 대출금의 출자전환 등을 통해 워크아웃을 실시하였다. 나머지 249개 기업은 매각, 청산, 법정관리, 합병 등을 통해 정리를 추진하였다(〈표 3-6〉).

금융권별 수신에서 투신사의 비중은 1997년 말 15.9%에 불과하였으나, 부실은행 퇴출 등 은행구조조정 과정에서 불안감을 느낀 예금자들

표 3-6 | 경영 상황이 악화된 15대 계열 및 중견대기업 소속 기업의 정리계획(1999년 6월 말 현재)

단위 : 개

	기업수 (A)	존속 (B)	W/O[1)] (C)	정리대상 (A-B-C)	정리계획			
					매각	청산	합병	법정관리
15대계열	248	12	38	198[78]	82[35]	48[18]	47[25]	21[-]
중견대기업	106	17	38	51[17]	24[11]	21[6]	2[-]	4[-]
계	354	29	76	249[95]	106[46]	69[24]	49[25]	5[-]

주 : 1)워크아웃약정 체결업체수.
    2)( )내는 1999.6 말 현재 정리가 완료된 기업 수.
자료 : 금융감독 위원회, 기업개선 작업추진현황, 1999.8

이 안정성과 수익을 좇아 투신권으로 대거 이동하면서 1999년 7월에는 은행예금에 육박하는 37.0%까지 상승하였다. 그 결과 투신권의 수탁고는 97년 말 100조 원 미만에서 98년 7월 250조 원으로 폭증하였고, 이 자금은 주로 회사채에 투자됨으로써, 97년 말~99년 7월의 약 1년 6개월간 금융시스템의 주축으로 기능하였다. 그러나 투신권을 중심으로 한 이 자금순환은 신용위험 관리가 사실상 부재한 상태에서 이루어졌다. 외형성장 위주의 방만한 경영으로 수익성이 악화되어 심각한 자금난에 빠진 대우그룹과 현대그룹의 일부 계열사들은 1998~99년 중 회사채 시장의 이러한 거품 성장기에 고수익·고위험의 회사채를 대규모로 발행함으로써 연명하였다. 그러나 결국 대우그룹은 채무이행 불능 상태에 빠져 붕괴되었고, 이에 정부는 1999년 8월 채무조정 및 신규자금 지원 등을 통해 워크아웃을 추진하였다. 현대그룹 역시 2000년 집중적으로 만기 도래한 거액의 회사채 상환 부담 등 때문에 유동성 위기에 빠졌으며, 이에 정부는 현대그룹에 대해 자동차·중공업의 계열 분리, 지배주주의 퇴진 등을 포함한 경영개선 계획의 추진을 전제로 채무조정·출자전환 등을 통해 구제하였다.

이처럼 정부가 대우그룹 등 부실 대기업을 정리함으로써 대마불사와 도덕적 해이 문제의 근원적 해결을 모색하였고, 부실기업 처리에 있어 처음으로 외국 기업에도 문호를 개방하여 합리적 절차를 통해 매각을 추진한 것은 획기적인 조치였다. 또한 전술한 바와 같이, 금융기관의 자산건전성분류기준에 차주의 미래채무상환능력기준(FLC) 도입 등을 통해 금융기관 스스로 부실기업을 정리할 유인을 제고한 것도 올바른 정책 방향이었다. 그러나 1999년 이후 본격화된 경기회복으로 당초의 구조조정 추진력이 약화되어 기존 부실기업의 처리가 지연되었고, 2000년 들어 일부 대기업의 부도 가능성이 부각됨에 따라 신용경색이 심화되었다. 즉 새한그룹 등 '정상'으로 분류되던 중견기업이 워크아웃을 전격 신청하여 중견기업에 대한 금융 시장에서의 신뢰가 실추되고, 현대그룹의 유동성 문제가 표면화되자 금융 시장에서는 '우량 자산으로의 도피(flight to quality)' 현상이 발생하였다.

이러한 신용경색을 타개하기 위해 2000년 9월부터 추진한 '제2단계 금융·기업 구조조정'에서도 제1단계 구조조정의 경우와 같이 주 채권은행이 중심이 되어 정리대상 기업을 선정하고 정리 방식을 결정하였다. 다만 부실징후 기업의 선정에 있어서, 금융기관 자산건전성 기준으로 새로이 도입된 차주의 미래채무상환능력기준(FLC)에 근거한 신용평가 모형의 이용(평가결과 '요주의' 이하인 기업), 그리고 KDI가 1998년 이후 축적한 기업별 미시실증 연구의 성과 반영(최근 3년간 연속하여 이자보상배율이 1.0 미만인 기업) 등 진일보한 객관적 기준을 적용하였다. 총 287개의 신용위험 평가대상 기업 중 52개 기업을 청산·법정관리·매각 등의 방법으로 정리키로 결정하였다(〈표 3-7〉).

그러나 제1차 55개 그리고 제2차 52개 정리대상 기업의 대부분은 이미 사실상 부도 상태인 기업들이어서 퇴출을 재확인하는 경우에 해당하고, 이미 심각한 자금난에 빠져 있는 많은 대기업들은 대상에 포함되

평가결과		평가대상기업			
		잠재부실	워크아웃	법정관리	화의
○ 정상영업가능기업		136	121	2	9	4
○ 일시적 유동성 부족기업		28	23	3	2	
○ 구조적유동성 부족기업 중 자금지원으로 회생가능기업		69	25	13	23	8
	자구계획	67	24	12	23	8
	채무재조정	2	1	1		
○ 구조적유동성 부족기업 중 회생불가능기업(정리)		52	13	20	15	4
	청산	19	7	1	7	4
	법정관리	10	2	2	6	-
	매각[1]	20	3	15	2	-
	합병	3	1	2	-	-
기타[2]		2	2	-	-	-
계		287	184	38	49	16

주 : 1) 대우계열 10개사 포함.
　　2) 현대건설, 쌍용양회.
자료 : 한빛은행, 잠재 부실기업에 대한 신용위험 평가 결과, 2000.11.3

어 있지 않았기 때문에 정부의 구조조정 의지에 대한 외국인 투자자들의 신뢰를 획득하는 데까지는 이르지 못했다. 퇴출에서 제외된 기업의 향후 생존 가능성에 대한 불확실성이 잔존하여 신용경색 현상이 지속되었다. 한편 "퇴출에서 제외된 기업은 생존가능 기업으로 간주하고 적극 지원하라"하는 정부의 주문에 따라 실제로는 생존이 불가능한 기업에 대한 신규자금이 지원됨으로써 공적자금의 낭비를 초래한 경우도 있었다. 청산되어야 할 기업이 금융지원을 받으며 존속하여 덤핑 등을 통해 시장을 교란함으로써 건실한 경쟁 업체에 심각한 타격을 입히는 경우도 있었다.

KDI는 제1차 및 제2차 기업구조조정에서처럼 부도유예 후 시장의

표 3-8 | **141개 정리대상 기업의 처리 현황**(2002.1월 말 현재)

정리완료[1]	매각 또는 합병 절차 추진중	법정관리 폐지 또는 화의 취소 신청 완료	법정관리 폐지 신청 등을 위한 절차 진행중	법원의 정리 절차 진행중[2]	계
532	11	11	45	21	141

주 : 1) 통합재정수지.
　　2) 무역량 가중평균, 100 이하는 원화의 과대평가를 의미.
자료 : 통계청, 한국은행, 재정경제부, KDI

힘에 떠밀려서 단기간 내에 수많은 부실징후 기업을 심사하여 상당수를 일시에 퇴출시킬 경우 미칠 경제에 대한 충격을 고려하면 퇴출 대상이 축소될 수밖에 없으므로, 채권단이 경제성 원칙에 따라 부실기업을 상시적으로 처리할 유인을 지속적으로 제고하라고 권고하였다.[9] 정부는 이러한 권고를 받아 들여 2001년 2월 은행감독규정 개정을 통해 '기업 신용위험 상시평가 제도'를 도입하였다. 즉 거래 은행이 반기별로 부실징후 기업과 법정관리·화의 기업 등을 신용위험 평가대상 기업으로 선정하여 회생가능성 여부를 평가하여 처리 방침을 결정하도록 하였다. 이 규정에 의거해 2001년 5월 부실징후 기업 1030개, 법정관리 기업 149개, 화의 기업 330개 등 1509개 기업을 신용위험 평가대상으로 선징하여 이 중 141개 기업을 청산, 매각, 합병, 법정관리 폐지 혹은 화의취소 신청 등을 통해 정리키로 결정하였다(〈표 3-8〉).

그리고 2001년 7월 '기업구조조정촉진법'을 제정하여 금융기관 신용공여 기준 500억 원 이상인 기업을 대상으로 신용위험을 정기적으로 평가하여 부실징후 기업들 중 회생가능성이 있는 기업에 대해서는 채권금융기관협의회의 의결에 따라 채권금융기관이 공동 관리하는 제도

---

9 임원혁(2000), 기업구조조정 : 평가 및 향후 과제, 한국개발연구원 심포지엄 〈경제구조조정 : 평가 및 향후 과제〉, 2000.12.8.

표 3-9 | 기업구조조정 촉진법에 의한 채권금융기관 공동관리기업의 경영정상화 방안 내용

구분	합의 일자	주요내용
쌍용양회	2001.10.5	• 채권 금융기관 출자전환 1.7조 원 • 잔여채권의 만기연장(2~3년) 및 금리인하 • 신규자금 지원 2000억 원 등 • 회사 및 대주주 보유주식 및 부동산 매각으로 3500억 원의 유동성 확보 등 자구노력 실시
현대석유화학	2001.10.17	• 채권 금융기관의 출자전환 3000억 원 • 잔여채권의 만기연장(2004년 말) 및 금리인하 • 외자유치, 자산매각, 인력감축 등 자구노력 실시

하이닉스 반도체	2001.10.31	• 채권은행의 금융지원[1]
		  – 출자전환 2.9조 원
		  – 대출금 탕감 1.4조 원
		  – 무이자 회사채로 교환 777억 원
		  – 신규자금 지원 6579억 원
		• 잔여채권의 만기연장 및 금리인하 등
		• 회사 보유자산, 시설 및 사업 부문의 매각 등으로 2001년 말까지 8850억 원, 2002년 중 1조 7150억 원 등 총 2.6조 원의 유동성 확보 등 자구노력 실시

현대건설	2001.11.28	• 출자전환 2.2조 원 • 투신보유 회사채의 만기연장(3년) 및 금리인하 • 잔여채권의 만기연장(2004년 말) 및 금리인하 • 회사보유 자산매각으로 2003년까지 8322억 원이 유동성 확보 및 인력감축 등 자구노력 실시
(주)쌍용	2002.2.8	• 출자전환 2100억 원 • 잔여채권 5606억 원의 만기연장(2005년 말) 및 금리인하

주 : 1) 신규자금 지원에 불참하는 은행은 채권보유액 중 청산 시 회수가능금액(담보채권＋무담보채권 (예상회수율 25.46%＋3%))을 출자전환(5018억 원)하고 나머지는 탕감(1조 1919억 원).
출자전환에도 반대하는 은행은 반대매수 청구권을 행사하여 청산 시 회수가능금액(담보채권＋무담보채권 예상 회수율 25.46%)을 5년 만기 무이자 회사채로 지급 받고(777억 원) 나머지는 탕감(2268억 원).
자료 : 허재성·유혜미, 외환위기 이후 금융 및 기업구조조정에 대한 평가와 향후과제, 한국은행 조사국, 2002.5

를 도입하였다. 그 동안 강제력이 없는 채권금융기관 간의 사적 협약인 워크아웃 제도 하에서 채권금융기관 간 이견으로 채무조정, 출자전환 등 경영정상화 합의가 지연되어 온 쌍용양회, 현대석유화학, 하이닉스반도체, 현대건설, (주)쌍용 등 5개 기업에 대해 기업구조조정촉진법을 적용하여 정상화를 추진 중에 있다(〈표 3-9〉).

죄수의 딜레마

기업구조조정은 부실징후 기업들을 경제성 원칙에 따라 회생가능 여부를 판별하고, 회생불능 기업은 시장에서 퇴출시킴으로써 금융시장의 불확실성을 해소하고, 회생 가능한 경우 출자전환, 원리금 탕감 등을 통해 충분한 채무재조정을 해서 건실한 기업으로 전환시키는 것을 의미한다. 이러한 기업구조조정이 위에서 살펴본 바와 같이 지연되어온 것은 당사자들인 정부, 재벌총수 그리고 은행 모두가 과감한 부실기업 정리보다는 부도유예 방식을 선호하는 유인이 존재한다는 의미에서 일종의 '죄수의 딜레마'에 빠져 있었기 때문이었다.[10]

채권금융기관 | 경제위기 이후 강화된 금융기관 건전성 규제와 이의 엄격한 시행이 이루어지고 있는 상황에서, 금융기관은 기업구조조정 시 부수되는 부실자산의 매각 및 상각 등으로 부실채권에 따른 손실이 현재화될 경우 장부상 재무 상태가 악화되고, 곧 바로 BIS 자기자본비율이 하락하여 적기시정조치가 발동되어 금융기관 자체의 생존이 위협받을 수 있는 상황으로 직결되는 것을 의미하기 때문에, 금융기관은 부실기업 정리를 적극적으로 추진할 인센티브를 가지고 있지 않았다. 회계장부상 건전성에 미치는 악영향을 최소화하기 위해 출자전환 등 부실

---

10 임영재 · 한진희 · 강동수 · 강진원 · 양정삼(2000), 기업부실과 구조조정 정책방향의 재정립, 한국개발연구원 내부자료, 2000.9.

기업의 재무구조를 근본적으로 개선하는 조치 대신 원금상환은 유예하되 (경감된) 이자 지급을 요구하는 방식을 선호하였다. FLC의 도입과 워크아웃 기업에 대한 대손충당금 적립 기준의 강화는 금융기관의 이러한 유인을 부분적으로 약화시켰다.

또한 2001년 7월 기업구조조정촉진법이 제정되기 전까지 주요한 대규모 기업들의 구조조정 방식이었던 워크아웃은 채권금융기관의 기회주의적 행동을 유발하는 강제력이 없는 사적합의에 근거한 것이었기 때문에 구조조정을 지연시킨 측면이 있었다.

모든 채권금융기관들이 기업구조조정에 참여하여 충분한 채무재조정을 통해 기업을 회생시키는 것이 사회적으로 최선(파레토 최적)인 경우에도, 개별 금융기관 입장에서는 구조조정에 불참하고 담보권을 실행하는 것의 기대이익이 높아, 결국 채권금융기관 모두가 구조조정에 불참하는 것이 게임의 균형(Nash equilibrium)으로 되는 죄수의 딜레마 상황인 경우가 많다.

워크아웃은 금융기관 간 사적협약에 의한 기업구조조정 방식인 영국의 런던 어프로치(London approach)를 모방한 것이었다. 1998년 기업구조조정 방식을 둘러싼 논쟁에서 KDI는 런던 어프로치는 한국의 금융위기 상황에서는 성공하기 어려운 방안이라고 지적하고, 대안으로 법정관리를 시간적으로 단축하여 기업구조조정을 신속히 추진하는 신속처리절차(fast-track) 특별법 제정을 권고하였다. 여기에서 제시된 핵심적인 아이디어는 부실기업의 이해관계자들에게 스스로 합의를 도출할 시간을 주되, 일정 기간(예 : 3개월) 이내에 당사자 간의 합의가 도출되지 않을 경우 반대하는 채권자들의 권리를 '공정하고 형평하게' 보장하는 강제인가(cramdown)의 원칙과 절차를 명시적으로 규정하는 것이다. 여기에서 '공정하고 형평성 있는' 채권자의 권리란 채권의 절대적 우선순위(absolute priority) 원칙에 따라, 담보채권자는 담보자산에 대한 감정평가액만큼 담보채권으로 유지하고, 잔액은 무담보채권으로 전환하며, 무담보채권자는 기존채권액에 상응하는 현가의 채권·주식을 제공받고, 기존 주주의 주식은 전액 소각한다는 것이었다.[11]

그러나 정부는, 이 KDI의 정책 방안은 종금사나 투신사 등 무담보채권자들의 피해가 지나치게 커질 것을 우려하여, 워크아웃 방식을 채택함으로써 기업구조조정의 지연과 공적자금의 낭비를 초래하였다. 영국의 금융가인 시티(City)는 일종의 클럽으로서 상호 간 신뢰성이 높아 구조조정에 불참한 금융기관을 장기적으로 제재할 수 있는 메커니즘이 작동하고 있었고, 부실채권 규모가 기업구조조정으로 인해 참여 금융기관이 퇴출될 만큼 큰 규모가 아니었기 때문에 성공할 수 있었다. 그러나 한국의 경우, 금융기관 간 신뢰가 영국의 경우처럼 높지 않고, 더욱이 경제위기로 야기된 부실 규모가 워낙 방대하여, 많은 금융기관들이 기업구조조정의 성과를 얻기 전에 자산건전성의 악화로 퇴출될 위험이 높았기 때문에 워크아웃은 당초부터 성공하기 어려운 제도였다.

실제로 여타 채권금융기관들이 모두 기업구조조정에 참여할 경우, 개별 금융기관 입장에서는 구조조정에 참여하지 않는 것이 최선의 결정이고, 이를 예상하는 여타 금융기관도 구조조정에 참여하지 않게 됨으로써 기업구조조정이 이루어지지 않는 죄수의 딜레마 상황이 빈발하여, 기업구조조정이 지체되었다. 이러한 시행착오 끝에 정부는 2001년 3월에야 회사정리법 개정을 통해 '회사정리 계획안의 사전제출 제도'를 도입함으로써 법정관리의 가부 결정을 최장 1년 6개월 단축할 수 있는 제도를 마련하였다. 이에 따라 워크아웃을 중단하고 법정관리를 통

---

11 이 신속처리절차 특별법안은 남일총·강영재 박사의 주도로 제안되었으며, 2001년 제정된 기업구조조정 특별법에 그 아이디어의 일부가 반영되었다.

해 기업을 갱생시키려 할 경우, 기존의 워크아웃 계획을 회사정리 계획
안으로 대체할 수 있어 법정관리의 신속한 추진이 가능하게 되었다.

재벌총수 및 노조 | 이미 기업 가치가 심각하게 훼손되어 독자적으로 회
생이 어려움에도 불구하고, 지배주주는 출자전환 등 구조조정 방식에
소극적인 태도를 견지하였다. 이는 출자전환 등이 단행될 경우, 기업의
지배주주 경영인(재벌총수)은 경영권 박탈과 민·형사상 책임 추궁을
우려하였기 때문이다. 또한 근로자들(노동조합)도 구조조정이 단행될
경우 생길 실직으로 인한 고통을 회피하기 위해 구조조정에 반대하는
경우가 많았다.

정부 | 금융감독위원회는 본격적으로 부실기업을 정리할 경우, 단기
적 금융시장 불안을 우려하여 금융기관의 기업구조조정 감독에 소극적
일 유인이 존재한다. 또한 재정경제부는 기업구조조정을 추진하는 데
수반되는 성장률 저하, 실업 증가를 우려하고, 소요될 공적자금의 추가
조성과 이에 따르는 책임 논란을 회피하기 위해 유보적 태도를 견지할
유인이 존재한다.

KDI(2000)[12]는 이러한 죄수의 딜레마를 극복하기 위해 다음과 같은
기업구조조정 가속화 방안을 제시하였고, 정부는 변형된 형태로 일부
제안을 채택하였다.

공적자금관리위원회 설치 | 경제부처들은 부처의 고유 업무와 구조조정
이 상충할 경우 후자를 희생할 유인이 존재하므로, 공적자금의 효율적
관리와 구조조정을 책임지고 주관할 민간 전문가로 구성된 독립적인
위원회를 대통령 직속기구로 한시적으로 설치할 필요가 있다. 정부는
재경부 산하 조직으로 관·민 합동 공적자금관리위원회를 설치하였다.

---

12 강동수·임영재·한진희 외, 전게서.

최소비용의 원칙(least cost resolution) | 그간의 금융구조조정이 재량적 결정에 의하여 추진되어온바, 이에 따라 공적자금의 규율 부족은 물론 시장의 도덕적 해이가 유지되어왔다. 금융구조조정의 추진을 재량이 아닌 준칙에 의거하기 위해서는 미국에서처럼 부실금융기관의 처리는 장기적인 공적자금의 손실을 최소화하는 방식에 의하여야 한다는 '최소비용 원칙'을 법제화하고, 공적자금을 투입할 경우 이 원칙에 입각한 객관적 근거를 문서화함으로써 정책 결정의 책임 소재를 분명히 하여야 한다. 최소비용의 원칙을 충족시키지 못하는 금융기관은 원칙적으로 청산하여야 한다. 정부는 2000년 제정한 '공적자금관리특별법'에 공적자금 사용의 원칙으로서 최소비용 원칙을 도입하였다. 그러나 정부는 제2차 은행구조조정에 있어서 노동조합의 압력에 밀려, 시스템리스크가 없는 소형 부실은행들인 평화, 광주, 경남 은행 등도 P&A 또는 청산 방식으로 정리하지 않고, 명확한 객관적 근거의 제시 없이 공적자금을 투입하여 우리금융지주회사에 통합함으로써 국유화하였다.

적기시정조치의 보완 | 기업구조조정의 결과로 무수익여신이 감소하면 일시적으로 BIS 자기자본비율(자기자본/위험가중자산)이 동시에 하락할 수밖에 없으므로, BIS 자기자본비율에 의한 적기시정조치가 유효한 경우 금융기관 주도의 기업구소소정을 기대하기 어렵다. 따라서 은행감독규정 제36조 2(적기시정조치의 유예)를 포괄적으로 적용하여 금융기관의 기업구조조정 성과지표(무수익 여신비율 혹은 순고정 이하 여신비율)의 상승이 BIS 자기자본비율의 하락을 동반하는 경우 적기시정조치의 발동을 일정 기간 유예하고 임원진의 책임을 면제하여야 한다. 정부는 제2차 금융구조조정 지침에서 이 제안을 채택하였다.

감시자 있는 경영 체제 확립

부실기업의 정리와 더불어 기업위기의 재발 방지를 위한 크게 두 가지 정책들이 추진되었다. 첫째, 광범한 기업부실화의 일차적 원인이었던 취약한 재무 구조의 개선을 추진하였다. 둘째, 기업부실화의 보다 근본 원인이 재벌총수들의 독단적인 방만한 경영에 기인했다는 인식 하에 경영투명성을 높이기 위한 제도 개선, 소수주주의 권리를 대변하기 위한 사외이사제의 도입, M&A 시장의 합법화 등 기업지배구조의 개선을 위한 제도 정비를 추진하였다.

우선 기업의 재무구조 개선을 추진하였다. 정부와 재계 사이에 합의한 기업구조개혁 5대 원칙에 입각하여, 재벌 계열기업은 주 채권 은행과 부동산 등 보유자산의 매각대금에 의한 차입금 상환 등을 통해 부채비율을 2000년 말까지(5대 재벌 계열사는 1999년 말까지) 200% 이하로 인하하는 내용을 골자로 한 재무구조 개선 약정을 체결하였다. 또한 독점규제 및 공정거래에 관한 법률의 개정(1998.2)에 의거 계열사 간 신규 채무보증은 1998년 4월부터 금지하고 기존 채무보증잔액은 2000년 3월 말까지 해소하도록 규정하였다. 이는, 제1장에서 지적하였듯이, 재벌의 과다차입을 억제함과 동시에 계열사 간의 내부적 지원을 통해 부실계열사의 퇴출이 억제되는 문제점을 해소하여 재벌 부문의 경우에도 '시장원리에 의한 부실기업 퇴출'이 가능하도록 하기 위한 조치였다. 이를 위해 공정거래위원회는 부당내부거래 조사를 연중 실시하였다. 그리고 법인세법 개정(1998.2)을 통해 기업의 자기자본 대비 일정액을 초과하는 차입금[13]에 대한 이자지급분은 비용으로 인정하지 않음으로써 기업의 차입금 축소를 유도하였다.

---

13 2000년부터 자기자본의 5배 초과 차입금, 2001년부터는 4배 초과 차입금, 2003년 이후에는 3배 초과 차입금.

정부는 경제위기 이후 기업지배구조의 개선을 위해 상법, 증권거래법 등 관련 법령의 개정을 추진하였고, 그 결과 기업 경영의 투명성 제고와 감시자 있는 책임경영 체제 구축을 위한 많은 제도 개선이 이루어졌다.

첫째, 경영진에 대한 기업내부의 통제시스템으로서 이사회의 독립성과 책임성을 확보하는 제도적 장치를 마련하였다. 이사회의 독립성을 확보하기 위해, 증권거래법을 개정하여 상장기업 및 등록법인은 이사회 구성원의 1/4 이상을 사외이사로 선임하도록 했다. 특히 자산 규모가 2조 원을 초과하는 대규모 상장기업 및 등록법인의 경우, 사외이사를 3인 이상 두되 이사회 구성원의 1/2 이상이 되도록 의무화하였다. 또한 이사회의 책임성을 강화하기 위해 이사의 충실의무 조항을 신설하였다.

제2장의 분석을 통해 명백해졌듯이, 한국경제를 진정한 시장경제로 개혁하기 위해서는 그 기본 원칙인 자기책임 원칙의 관철이 무엇보다도 시급한 과제였다. 지배주주 및 경영진의 책임성을 강화하기 위해, 재벌총수 등의 경우처럼 이사로 등재하지 않은 채 계열기업의 업무 집행에 대해 지시하는 등 이사의 직무를 수행하는 자를 '사실상의 이사'로 간주하여 경영 책임을 부과하는 '사실상의 이사제도'(상법)를 도입하고, 회사정리 원인을 제공한 대주주의 주식소각 제도(회사정리법) 등을 도입하였다. 예금보험공사가 부실기업과 기업주의 고의·중과실로 기업에 손실을 끼친 행위에 대해 손해배상 청구 및 조사를 할 수 있도록 예금자보호법을 개정(2000.12.30)함으로써 비로소 본격적인 부실책임자에 대한 책임 추궁이 시작되었다.

둘째, 소액주주의 권익을 보호하기 위한 제도 개선도 이루어졌다. 우리나라 기업의 소유구조는 85%의 주주가 소수주주로 1% 미만의 지분율을 갖고 있어 경영진을 견제하고 감시하는 주주의 권리를 행사하기

어려웠다. 이러한 현실을 고려하여 소수주주가 지배대주주 또는 경영
진의 기업 가치를 하락시키는 행위를 감시하고 이를 제재하는 권리 행
사를 보다 수월하게 할 수 있도록, 집중투표제를 도입하고, 소액주주권
행사에 필요한 최소한의 요구 지분율을 1998년 상법 및 증권거래법 개
정을 통해 크게 인하하였다. 정관으로 배제한 경우를 제외하고는 이사
선임에서 집중투표제를 채택하도록 상법을 개정함으로써, 소액주주들
은 자신들의 이해관계를 대변하는 사람을 이사로 선임하거나 재벌총수
가 내세운 후보들 중 문제가 있는 사람이 이사로 선임되는 것을 막을
수 있도록 하였다. 그리고 소액주주가 경영진을 견제할 수 있는 주주대
표 소송제기권, 이사 및 감사 해임청구권과 간접적으로 회사의 경영에
참여할 수 있는 주주제안권, 사외이사 후보추천권 등을 행사할 수 있는
요건을 대폭 완화하였다(〈표 3-10〉).

셋째, 자본 시장을 통한 기업감시와 소액주주의 권익 보호는 기업 경

표 3-10 | **주주권 행사를 위한 법적 주식지분율**

주주권	상법		증권거래법[1]		
	(구)상법	1998.12	1997.4	1998.2	1998.5
대표소송권	5%	1%	1%(0.5%)	0.05%	0.01%
이사위법행위 유지청구권	5%	1%	1%(0.5%)	0.5%(0.25%)	0.5%(0.25%)
이사 감사해임 청구권	5%	3%	1%(0.5%)	0.5%(0.25%)	0.5%(0.25%)
회계장부 열람 청구권	5%	3%	3%(0.5%)	1%(0.5%)	1%(0.5%)
주주제안권		3%	1%(0.5%)	1%(0.5%)	1%(0.5%)
임시주총소집 청구권	5%	3%	3%(0.5%)	3%(1.5%)	3%(1.5%)
업무, 재산상태 검사인청구권	5%	3%	3%(0.5%)	3%(1.5%)	3%(1.5%)

주 : 1) ( )안은 자본금 1000억 원 이상인 상장법인에 적용. 6개월 이상 보유조건. 대표소송 제기권은 제소 후 최소 1주만
　　　보유해도 원고적격유지 가능.
자료 : 재정경제부, 「소수주주권 행사요건」

영의 투명성을 전제로 하기 때문에, 회계 기준을 국제기준에 부합하는 내용으로 개정하고 부실회계감사에 대한 벌칙도 강화하였다. 실제로 2000년 9월 대우계열 12개사의 분식회계와 관련하여 회계법인 및 소속 공인회계사에 대해 부실감사의 책임을 물어 업무정지 등의 징계를 하였다. 지배주주가 여러 계열회사들을 실질적으로 지배하는 기업집단의 경우, 각 계열사별 회계 정보만으로는 그 기업의 실상을 제대로 파악할 수 없다는 점을 감안하여 계열사 전체를 하나의 기업단위로 간주하여 결합재무제표를 1999회계연도부터 작성하도록 의무화하였다. 그리고 기업회계공시 제도를 강화하기 위해 2001년 3월 불성실 공시법인에 대해 최고 5억 원의 과징금을 부과할 수 있도록 하였다. 실제로 금융감독원은 잠재 부실 1001억 원을 공시하지 않은 '신동방'을 검찰에 고발조치하였다.

기업구조조정 5대 원칙의 실행 과정에서 미비된 부분을 보완하기 위해 1998년 8월 정부와 재계가 3가지 보완 과제, 즉 (1) 제2금융권 경영지배구조 개선 및 자산운용의 건전성 규제·감독 강화 (2) 계열사 간 순환출자의 억제 및 부당내부거래 차단 (3) 변칙적인 상속·증여의 방지에 합의하였고, 이를 추진하기 위해 관련 법제를 추가로 정비하였다(〈표3-11〉).

재벌의 소위 변칙상속 차단을 위해 1998년 8월 세제 개편을 통해 최고세율을 40%에서 50%로 인상하고, 그 적용 대상을 50억 원 초과에서 30억 원 초과로 확대하고 탈루자 과세시효를 15년에서 평생으로 연장하며, 비상장주식의 증여 시 상장시세차익을 과세하는 등 상속·증여세제를 개편하였다. 또한 소득세법을 개정하여 대주주의 주식양도차익 과세 대상을 종래의 지분율 5% 이상으로부터 지분율 3% 이상으로 확대하였다.

표 3-11 | 기업구조조정 관련 법제의 정비내용

목표	주요 내용	관련 법제	정비 시기
기업 경영의 투명성 제고	• 투신사·은행의 신탁계정 보유 주식에 대한 의결권 행사 허용 • 분기보고서 작성 의무화 • 감사위원회 제도 도입 • 일정규모 이상의 상장기업에 대한 감사위원회 설치 및 전체 이사 중 사외이사 1/2 이상 임명 의무화 • 이사 선임시 집중 투표제 도입	증권 투자 신탁업법 신탁업감독규정 증권거래법 상법 증권거래법 상법	98.9 98.11 99.2 99.12 99.12 99.12
상호지급보증 해소	• 금융기관의 상호채무보증요구 금지	여신관리업무시행세칙 은행감독규정	98.4
재무구조 개선	• 은행의 출자전환 제한 완화 • 기업구조조정기금[1] 제도 도입	증권투자회사법	98.9 98.9
지배주주 및 경영진의 책임성 강화	• 사실상의 이사 직무를 수행한 자(대주주 등)를 이사로 간주 • 회사정리원인을 제공한 대주주의 주식 소각제도 도입	상법 회사정리법	98.12 98.12
제2금융권의 지배구조개선	• 사외이사 및 준법감시인 제도 도입	각 금융기관 관계법	1999~2000
순환출자 억제	• 출자총액제한 제도 재도입(2001.4월 시행)	공정거래법	99.12
계열사 간 부당 내부거래 차단	• 대규모 내부거래의 공시 의무화 • 부당내부거래에 대한 제재 강화	공정거래법	99.12
변칙적인 상속·증여의 방지	• 비상장 주식의 상장시세 차익에 대한 과세 • 지분율[2] 3% 이상 대주주의 보유지분 거래시 보유기간에 따라 20~40%의 양도세 부과	상속세 및 증여세법 소득세법	99.8 99.8

주 : 1) 중소·중견 기업이 단기부채의 만기 연장 또는 자본 확충을 위해 발행하는 유가증권에 집중 투자.

　　2) 종전: 지분율 5% 이상 대주주의 3년간 지분율 1% 이상 거래시 20% 양도세 부과.

자료 : 허재성·유혜미, 외환위기 이후 금융 및 기업구조조정에 대한 평가와 향후과제, 한국은행 조사국, 2002.5

4) 노동개혁

　제1장에서 살펴보았듯이, 경제위기 이전의 한국경제에서 금리, 임
금, 물류비용, 지가 등 생산요소의 고비용화가 진행되었던 것이 한국
기업들, 특히 재벌계열 기업들이 광범위하게 부실화된 중요한 요인 중
의 하나였다. 그럼에도 불구하고 구조조정의 부진으로 기업들은 상당
수의 잉여인력을 고용하고 있었다. 당시 부즈알렌 · 해밀턴 보고서
(Booz · Allen & Hamilton, 1997)는 잉여인력이 전체 취업자의 9%에 달하
는 것으로 추정하였다. 특히 재벌을 비롯한 독 · 과점 대기업 부문과 공
공 부문 노동 시장의 경직성이 개방화와 급격한 기술 진보로 인해 요구
되는 산업구조조정을 통한 경쟁력 제고의 커다란 걸림돌이었다.

　기업 여건의 변화에 적응하기 위한 인력구조조정이 순조롭게 진행되
지 못했던 원인은 경직적 노동법규, 고용조정과 임금체계 변경에 대한
노동조합의 저항 그리고 불신과 대립을 특징으로 한 낙후된 노사관계
등 때문이었다. 특히 이중적 노동시장 구조에 힘입어 근로자의 대다수
가 강력하게 조직된 대기업에서는 분배 협상을 둘러싼 갈등적 노사관
계가 지배적이었다.

　1997년 말 총체적 경제위기는 노동 시장 전반에 커다란 충격파를 던
졌다. 경기침체에 따른 신규채용 억제와 고용조정으로 실업자 수는 하
루 만 명씩 증가하여, 1997년 10월의 45만 명에서 1998년 2월 123만
5000명으로 폭발적으로 증가하였다. 그러나 이러한 실업자의 폭발적
증가에 대처하기 위한 사회안전망은 미비한 상황이었다.

　그러므로 노동개혁의 2대 과제는 노동 시장의 유연화와 실업 대책
및 사회안전망의 구축이었다. 수익성 저하로 광범하게 부실화한 기업
및 금융 부문의 구조조정을 원활히 추진하기 위한 하나의 전제 조건은
고용 및 임금 결정에 있어서 노동 시장의 유연성을 확보하는 것이었다.

동시에 구조조정을 추진하는 과정에서 불가피하게 발생하는 실업 및 빈곤 문제 등을 완화하기 위한 사회안전망의 정비가 수반되어야 하였다.

김대중 정부는, 1980년대 이후 네덜란드, 이탈리아, 아일랜드 등에서 경쟁력 강화와 사회통합을 동시에 달성하는 데 성공하였던, 노사정 3자 합의주의(tripartism) 접근 방법을 채택하였다. 총체적 경제위기를 극복하기 위해서는 경제주체 사이의 고통분담과 구조조정의 시행 방식에 대한 합의와 협력이 필요하다는 인식 하에, 1998년 1월 15일 노사정위원회를 발족시켜, 2월 6일 10개 분야 90여 항목에 이르는 '경제위기 극복을 위한 사회협약'을 채택하였다. 이러한 노사정 대타협에 기초하여, 2월 14일 '노동법' 개정안이 국회를 통과함으로써 정리해고제[14]가 즉각 시행되었고, '파견근로자 보호 등에 관한 법'의 국회 통과로 파견근로제가 입법화되었다. 대신 이전까지 크게 취약하였던 사회안전망을 구축하고, 실업 대책에 필요한 기금을 마련하고, '선거법'과 '정치자금법' 개정을 통해 노동조합의 정치활동을 보장하기로 합의하고, 교원노조를 합법화하였다.

정부는 노동시장 유연성 제고에 필수적인 인프라로서 고용안정센터 등 공공 직업안정 기관을 1997년 말 53개에서 2001년 말 191개로 대폭 확충하였다. 노동 시장의 유연화에 따라 임금근로자 중 임시·일용직의 비중이 1997년 45.9%에서 2000년 52.4%로 상승하였으며, 임금 면에서도 연봉제 실시 업체의 비율이 1997년 10월의 3.6%에서 2001년 1월 27.1%로 급증하였다.

---

14 1997년 3월의 '노동법' 개정으로 고용조정(정리해고)이 입법화되었으나, 2년간의 유예기간을 두어 1999년 3월부터 시행할 예정이었다. 그러나 노사정 대타협을 기반으로 1998년 2월 14일 법 개정에 따라 2년간의 유예기간을 폐지하여 즉각 실시되었다. 또한 '고용조정을 위한 긴박한 경영상의 사유'에 M&A를 포함하고 고용조정의 절차 및 조건을 구체적으로 명시하였다.

폭증하는 실업자 문제에 대처하기 위해 1998년 3월 '종합실업대책'을 마련하고 이후 지속적으로 보완하였다. 정부는 실업 대책 추진에 있어서 단순한 생계지원보다 근로와 연계된 지원을 통해 근로 의욕을 유지시키며, 직업훈련의 적극적 실시로 취업 능력 제고에 역점을 두었다. 특히 단기 일자리 제공을 위한 공공근로사업에 1998년 9252억 원, 1999년 2조 2988억 원, 그리고 2000년 1조 5288억 원의 재정자금이 투입되었다. 또한 사회안전망 강화를 위해 고용보험의 적용 범위를 종전의 30인 이상 사업장에서 1998년 10월 전 사업장으로 확대함으로써 임금근로자 중 고용보험 가입자 수의 비중은 1998년 1월 34.5%에서 2001년 6월 50.8%로 상승하였다. 실업자 생활안정지원 사업의 핵심인 실업급여 지급액은 1998년 7992억 원(413천 명), 1999년 9362억 원(463천 명)을 각각 기록하였으나, 이후 실업률의 급락에 따라 2000년에는 4708억 원(304천 명)으로 감소하였다. 최후의 사회안전망으로서 최저생계비 이하의 저소득층의 기본 생활을 보장하기 위한 '국민기초생활보장법'(1999.7)을 제정하여 2001년 10월 1일부터 시행하였다.

김태기 · 전병유(2002)[15]가 1995년 10월~2001년 10월 중 노동부의 '고용보험 DB'를 이용하여, 2000년 현재 공정거래위원회가 지정한 30대 재벌기업, 금융업, 공기업 부문에서의 노동력의 유입과 유출을 분석한 결과, 경제위기 이후 구조조정을 계기로 고용 유연성이 크게 증대되었음을 발견하였다. 이 기간 중 고용 규모 자체는 크게 변화하지 않았으나, 채용률과 이직률의 합으로 계산되는 노동이동률은 경제위기 이전에는 30% 전후이었지만, 1999년과 2000년에는 50% 수준을 기록하였다.

---

15 김태기 · 전병유(2002), 구조조정과 노사관계, 한국경제학회 전체회의 발표논문, 2002.8.12.

또한 채용 관행 역시 경제위기 이전에는 신규 학교졸업자를 특정한 시기에 공채로 채용하여 기업 내 연수를 통해 인력을 양성하고 활용하는 내부노동시장 방식에서, 점차 수시로 필요한 인력을 경력자 중심으로 외부노동시장에서 인력을 조달하는 방식으로 전환하고 있다. 입직자 중에서 경력자가 차지하는 비중은 1995년 10월~1996년 9월 25.7%에서 2000년 10월~2001년 9월 55.7%로 증가하였다. 이 두 기간 중 고용 관행의 유연성을 측정하는 하나의 지표로서 경력자 채용비율과 자발적 이직비율의 합은, 조직사업장의 경우 12.2%에서 16.7%로 증가한 데 비해, 비조직 사업장의 경우 16.7%에서 29.2%로 증가하였다. 이것은 경제위기를 거치면서 노동조합 조직사업장의 고용 관행도 유연화되고 있지만, 비조직 사업장의 고용 유연성 수준이 높고 또한 보다 빨리 유연화되고 있다는 점을 시사한다. 그리고 노동조합 비조직 부문이 조직 부문에 비해 이직도 많았지만, 채용 면에서도 비조직 부문이 조직 부문보다 보다 빨리 진행되고 있다. 이는 고용 관행의 유연성이 고용의 확대에 기여할 가능성이 높다는 점을 시사하는 것이다.

종합적으로 볼 때, 일천한 사회적 합의주의 역사에도 불구하고 노사정위원회는 역사적인 노사정 대타협을 통해, 구조조정 실시 초반 안정적인 노사관계 하에서 대규모의 인력 감축을 통한 기업수익성 개선에 크게 기여하였다. 그러나 1999년 이후 급속한 경기회복과 더불어, 주요한 논의 대상이었던 구조조정의 기조와 추진 방식 등에 대한 정책협의가 부진하였고, 노동계는 노사정위원회로에서 탈퇴와 불참을 반복하였다. 아직도 대기업과 공공 부문에서 강성 노동조합 활동으로 대표되는 대립적 노사갈등이 지속되는 등 낙후된 노사관계가 극복되지 않고 있다. IMD 자료에 따르면, 2001년 한국 노사관계의 국제경쟁력은 조사 대상 49개국 중 46위에 머무르고 있다.[16] 또한 2002년 세계경제포럼

(WEF)이 세계 80개국을 대상으로 평가한 국가경쟁력 순위에서도 노사협력은 55위를 기록하였다.

5) 공공 부문 구조조정

제2장에서 우리는 한국 경제위기의 근본 원인은 관치경제라는 결론에 도달하였다. 따라서 필요한 경제개혁의 핵심은 관치경제를 청산하고 진정한 시장경제를 확립하는 것이었다. 이를 위한 정부개혁의 핵심은 정부 기능을 전면적으로 개편하는 것이다. 즉 종래 관치경제 하에서 민간 부문을 지시하고 통제하던 기능을 청산하고 시장 실패를 보정하고 시장이 잘 기능하는 데 필요한 인프라를 제공하는 등 시장 친화적 기능 위주로 정부의 경제적 역할과 기능을 전면적으로 개편하는 것이다.

그러나 김대중 정부의 공공 부문 개혁 역시 김영삼 정부에서와 마찬가지로 '작지만 봉사하는 효율적인 정부 구현'으로 목표를 잘못 설정하였다. 특히 1980년대 영국, 뉴질랜드 등 선진국들의 신공공관리론(New Public Management)적 정부 혁신을 모델로 하여, (1) 조직과 인력의 감축 및 공기업 민영화를 통한 작은 정부 구현, (2) 책임운영기관제, 개방형 임용세 노입 등을 통한 운영시스템의 개선, (3) 고객 중심의 행정과 전자정부의 구현에 개혁의 초점을 맞추었다.

당시 경제위기 상황에서 민간 부문뿐만 아니라 공공 부문도 고통분담을 하여야 한다는 여론에 밀려, 공공 부문의 인력 감축 및 조직 감축이 추진되었다. 1998~2001년의 4년 동안 1997년 말 정원(70만 명, 교원·경찰 제외)의 약 20%에 해당하는 총 14만여 명의 인력이 감축되었다.[17]

---

16 IMD, World Competitiveness Yearbook, 2001.
17 중앙정부 22.4천 명, 지방자치단체 56.6천 명, 공기업 41.7천 명, 산하 기관 19.6천 명 감축.

중앙정부 공무원 총정원은 1997년 93만 5759명에서 2001년 86만 6122명으로 7.4% 감축되었으나, 이를 직급별로 보면 일반직 공무원(교원·군·경 제외, 1급에서 9급)의 감축비율은 8.2%인 데 비해, 기능직 공무원과 고용직의 감축비율은 각각 22.5%, 56.5%로서 하위직 공무원에 편중되었다.

또한 1998년 당시 24개 공기업 중에서 기업성이 강한 11개 공기업을 민영화 대상으로 선정하여, 1985년 이후 추진하여오던 포항제철, 국정교과서, 한국종합화학, 한국중공업, 한국통신을 포함하여 7개 공기업의 민영화를 완료하였으며, 담배인삼공사 등 4개 공기업의 민영화가 추진 중에 있다. 또한 공기업 내부경영 혁신을 위한 성과관리주의 시스템을 도입하여 임원 및 1급 이상자에 대한 연봉제를 적극적으로 추진하였다. 그러나 통신, 전력 등 자연독점성을 가진 네트워크 산업의 공기업 민영화의 효과적 추진 및 효율성 제고를 위한 전제 조건인 산업정책과 규제기관의 분리가 아직도 이루어지지 않고 있다. 예컨대, 미국 등 선진국들의 경우 자연독점 산업의 규제기관들이 독립되어 공정한 시장감시자로서 기능하고 있으나, 한국의 경우 통신위원회는 아직도 정보통신부 내부 기구로, 그리고 전기위원회는 산업자원부 내부 기구로서 산업 정책과 규제기관의 분리·독립이 이루어지지 않고 있다.

그리고 효율적인 정부 구현을 위해 경쟁과 성과 원리 도입을 통한 운영시스템 개혁도 추진되었다. 먼저 '개방형 임용제'를 도입하였다. 중앙부처 국장급 이상 직위 732개 중 132개를 개방형 직위로 지정하여 충원 시 민간 전문가 및 관련 공무원의 공개 경쟁을 통해 선발함으로써 공직사회의 경쟁력과 전문성 제고를 시도하였다. 실제에 있어서는 2002년 1월까지 117개 직위를 개방 임용하였으나, 민간인 출신은 15명에 불과한 실정이다. 둘째, 정부조직 중 사업적 성격이 강한 기관에 '책임운영기관제'를 도입하였다. 조직 운영에 있어서 독립적 운영이 가능한 집행기관의 경우 기관책임자를 공모로 선정한 후 기관책임자가 예산 및 인사상 상당한 자율권을 가지고 운영토록 하되 운영 실적에 대해 책임을 지도록 하는 책임운영기관제를 도입하여, 국립영상간행물제작소, 국립의료원 등 23개 기관을 책임운영기관으로 지정하여 운영하고 있다. 기관장 등의 공개 모집을 통한 경쟁 도입, 예산집행의 효율성 제고, 고객만족 수준 제고 등에서 긍정적 성과를 올리고 있는 것으로 평가되고 있다. 셋째, 공공 부문 예산 운영의 효율성 개선을 위해 성과주의 예산 제도의 단계적 확대 실시, 예산 절약에 대한 인센티브제 등을 도입하였다. 특히 500억 원 이상의 예산이 소요되는 공공 사업에 대해서는 사업착수 전에 민간 전문가에 의한 '예비타당성 조사' 제도를 도입함으로써 비용·편익 분석에 입각한 과학적 예산편성의 기초를 닦았다.

봉사하는 열린 정부 구현의 인프라로서 전자정부구현 사업이 강력히 추진되었다. 첫째, 고객으로서 시민들이 안방에서 원하는 민원서비스를 공급받을 수 있는 G4C(Government for Customers) 사업은 구축 1단계 사업 완료로 주민, 부동산, 자동차 등 5개 분야에 대해 전자적 민원 신청, 처리, 수수료 결제 등 전자적 민원서비스 제공이 가능하게 되었다. 또한 정부 대표홈페이시(www.egov.go.kr) 개설로 행정정보 소새안내, 정책 포럼, 정보 공개와 각 부처의 입법 예고나 정책 해석 등을 제공함으로써 행정 운영 및 각종 정책 결정의 투명성 개선을 위한 기반을 마련하였다. 둘째, 조달청 중심의 정부·기업 간 전자조달 시스템인 G2B(Government to Business) 구축을 통해 종래 수기식 입찰에서 온라인 입찰이 가능토록 하였으며, 수요기관과 개별적으로 접촉할 필요 없이 인터넷 단일창구를 통해 모든 입찰 정보를 획득하고 업체 등록, 입찰 참가 및 대금 수령이 가능하게 되었다. 셋째, 정부 간 정보공유 활용

과 전자결제를 활성화시키기 위한 시스템(G2G) 구축은 54개 중앙부처
와 행정자치부의 정부고속망을 연결하고, 16개 시·도 간 초고속망과
중앙·지방 간 행정전화망 구축을 완료하였으며, 시·군·구 행정종합
정보화 1단계 사업의 완료로 2단계 사업을 실시하고 있다. 특히 기획예
산처와 전 부처 간에 예산업무 정보망을 구축하여 52개 부처의 예산요
구 서류를 전자문서로 대체하였고, 각종 재정정보 DB를 구축하여 효율
적 예산편성 및 성과 관리를 시현하였다.[18] 그러나 행정 과정이 전자적
방식으로 충분히 개편되지 않고 있으며, 중앙부처와 중앙부처, 중앙
과 지방, 그리고 중앙부처와 산하 기관 사이에 여전히 심각한 정보 유
통의 장벽이 존재해 전자정부의 원래 기능은 아직 충분히 발휘되지
않고 있다.

---

18 이계식(2002), 공공 부문 개혁의 성과와 과제, 한국경제학회 전체회의 발표 논문, 2002.8.12.

제4장 | 구조조정의 성과와 한계

구조조정의 성과와 한계

1. 평가 기준

경제위기 이후 지난 5년 동안 추진된 경제구조조정의 성과를 평가하기 위해서는 그 평가 기준부터 명확히 하여야 한다. 제1장의 분석을 통해 명백해졌듯이, 1997년 총체적 경제위기는 재벌들의 과다차입에 의존한 과잉투자로부터 초래된 대규모 투자 실패에 따른 연쇄도산에서 비롯되었다. 그리고 제2장에서 살펴본 바와 같이 (1) 기업지배구조의 왜곡으로 인한 제1차 투자심사의 실패, (2) 금융기관의 자율성 부족에 따른 제2차 투자심사 및 사후적인 기업감시 기능의 미비, (3) 금융기관의 신용평가 기능이 취약한 가운데 금융감독 당국의 건전성 감독이 미흡하여 시스템 위험관리의 실패가 겹쳐 이와 같은 대규모 투자 실패가 누적되어왔던 것이다.

주주가치를 중시하는 투명한 책임경영 체제로의 전환이 지연되고 재벌총수 개인에게 과도하게 의존하는 경영 방식이 유지됨에 따라 수익성을 제대로 감안하지 않은 투자가 누적되어왔다. 관치경제 하에서 확립된 정부에 의한 은행통제와 암묵적 보증 체제는 급속한 자본 축적에 기여하였으나, 경제구조가 복잡해짐에 따라 정부의 직접적 감시의 유효성이 저하되어 도덕적 해이 문제가 가중됨에 따라 대규모 부실채권을 누적시켜왔다. 결국 1997년 말에 발생한 경제위기는 관치경제의 시스템 실패에서 비롯된 것이었다는 의미에서, 97년 경제위기는 관치경제를 청산하고 시장경제질서로의 체제 전환이 시급함을 보여 준 상징적인 사건이었다.

경제위기의 재발을 방지하기 위해서는 자유경쟁과 자기책임 원칙에 입각한 시장경제질서를 확립하는 것이 필수적이다. 보다 구체적으로는 첫째, 기업지배구조 개선을 통해 투명한 책임경영 체제를 확립함으로써 경영 효율을 제고하여야 한다. 둘째, 정부 및 산업자본의 지배에서 벗어나 독자적으로 중개 기능을 수행하는 금융기관이 발전할 수 있도록 제반 여건을 조성하여야 한다. 셋째, 대마불사의 신화를 종식시키고 금융감독을 강화하는 방향으로 정부의 역할을 재정립할 필요가 있다. 결국 그 동안 추진된 기업 및 금융 구조조정은 이러한 문제점을 개선해 나가는 과정으로 볼 수 있다.

역사적 경로의존성

그러나 현시점에서 지난 5년 동안 경제개혁의 성과를 평가하는 것은 시기상조일 것이다. 김대중 정부에 의해 추진된 경제개혁은 30여 년 동안 한국경제를 지배하여온 관치경제를 청산하고 진정한 시장경제로의 체제 전환을 시도한 역사적 과업이었으며, 그 핵심은 제도의 전면적 개혁이었기 때문이다.

노스(North, 1980, 1990)의 경제사적 혹은 제도경제학적 연구 성과는 우리에게 한 나라의 제도개혁이 얼마나 어려운 것인가를 경고하고 있다. 노스의 영국과 스페인 경제사의 비교연구에 따르면, 16세기까지 만해도 세계에서 가장 선진국이었던 스페인이 사유재산 제도의 미확립 등 비효율적인 제도의 늪에 빠진 이후 몇 차례에 걸친 개혁의 시도에도 불구하고 400여 년이 지난 지금까지도 서구의 후진국으로 머물고 있다. 또한 스페인 식민지 지배의 유산을 이어 받은 남미 여러 나라는 독립 이후 당시 미국의 제도를 도입하였지만, 그 제도들이 정착되지 못하고 겉돌아버려 후진성을 극복하지 못하고 있다.

노스는 이처럼 한 번 어떤 제도가 형성되기만 하면 고착화되는 경향을 갖게 되는 제도의 안정성을 제도의 역사적 경로의존성(path dependency)이라고 불렀다. 한 사회 구성원들 사이의 경기규칙으로서의 제도는 헌법과 각종 법령 등 명문화되어 있는 정규적 제약과 관습·윤리·규범 그리고 이념 등 흔히 문화라고 불리우는 비정규적 제약으로 구성되어 있다. 설사 혁명이나 개혁을 통해 정규적 제약을 전면적으로 뜯어고치더라도 비정규적 제약은 쉽게 변화되지 않기 때문에 한 사회 제도의 변화는 항상 한계적이며 점진적인 것일 수밖에 없으며, 한번 어떤 방향으로 가기 시작하면 그릇된 방향임에도 불구하고 계속 누적적으로 그 방향으로 나아가는 경향성을 갖는다는 것이다.

2. 총평 : 관치경제로부터 시장경제로의 체제 전환

이러한 관점에서 그 동안 추진된 구조조정을 우선 종합적으로 평가해 보면, 아직도 미흡한 점이 적지 않지만, 관치경제로부터 시장경제로 체제 전환의 물꼬를 트는 데에는 성공하였다고 볼 수 있다.

우선 외국 전문가들 및 언론은 경제위기 이후 추진된 한국의 구조조정에 대해 비교적 높게 평가하고 있다(233~239쪽의 Box 내용 참조). 그 대체적인 내용은 한국 국민들은 고통스럽고 극적인 개혁을 통해 총체적 경제위기라는 난국의 돌파구를 확보하였다는 것이다. 한국은 아시아 호랑이들의 공통적인 병폐들을—과잉보호를 받고 있는 금융시장, 취약한 대기업들과 이에 따른 과잉설비와 비효율성, 도산 위기를 숨기려는 정부와 재계의 공모 등—극복하기 위해 시장을 개방하였으며, 은행권 인력의 38%를 정리해고 하는 등 급진적으로 은행시스템을 정리·통합하였으며, 30대 재벌 중 14개를 폐쇄시켰다. 이러한 극적인 개혁을 통해 종래 상의하달(上意下達)식 국가 주도의 경제가 보다 개방되고 역동적이며 하이테크에 의해 주도되는 경제로 근본적인 변화를 이룩하였다고 평가하고 있다. 하지만 한국의 강성 노조, 일부 부실재벌 및 취약한 중소기업들, 부패 등 고질적인 문제들을 종식시키지 못했다는 개혁의 한계도 지적하고 있다.

사실 지난 5년 동안 개혁을 추진한 결과 우리 경제는 질적으로 크게 변화하였다. 우선 80년대 이후 미루어져 왔던 제도개혁 과제들이 1997년 말 이후 수많은 과감한 개혁입법을 통해 단행됨으로써 위기를 초래하였던 많은 제도적 취약점이 해소되고, 경제 제도가 보다 시장 지향적으로 개편되었다. 첫째, 정부는 IMF와 세계은행의 권고에 따라 경제 세계화와 자유화를 강력히 추진하였다. 그 결과 기업들은 사업 의사결정, 재무 관리 그리고 회계 기준 등에 있어서 국제규범(global standard)에 순응하도록 지속적으로 요구받아왔다. 둘째, 수입선 다변화 조치의 해제, 외국인 직접투자의 전면 허용 등을 통해 경쟁압력이 제고되었다. 셋째, BIS 지침에 따라 금융구조조정이 추진됨에 재벌 계열기업이라도 더 이상 자동적으로 은행 융자를 받을 수 없게 되었다(Park Yoon-shik, 2001).

자본 시장의 전면 개방과 시장에 의한 경영감시

관치경제로부터 시장경제로 이행하는 데 커다란 영향을 미쳤던 정책은 1998년 자본 시장의 전면 개방이다. 외국인 지분상한제 등 외국인 주식 매입에 대한 대부분의 규제가 청산되었다. 그 결과 기관투자가를 중심으로 한 외국인 주식투자가 급증하여 상장주식의 30% 정도를 외국인이 소유하게 되었다. 또한 외국인 직접투자가 전면 허용됨에 따라, 1999년 제조업 매출액 중 외국인이 지배주주인 기업의 비중이 96년 5.5%에서 99년 18.5%로 급증하였다. 소액주주의 장부열람권, 이사 및 내부감사 해임 요구권, 경영상의 오류에 대한 파생적 소송권 등 주주권 행사에 필요한 최소지분율이 대폭 낮춰졌다. 기관투자가와 은행의 의결권 행사도 허용되었다. 이에 따라 외국인 투자자를 비롯한 주주들의 발언권이 강화되고 있다.

또한 외국인 투자자들의 선도적 역할에 의해, 회계감사, 회사자산 평가, 투자 프로젝트의 신용평가, 시장에 있어서 기금운용 등 증권시장의 작동과 관련한 기업감시 자원이 급속히 축적되었다.

그 결과 '시장의 힘'이 우리나라 경제 운영을 지배하기 시작했다. 지난 5년간의 기업구조조정을 "부도유예와 확인사살"로 폄하할 수도 있을 것이다. 그러나 우리나라 세2재벌인 대우그룹이 99년에 붕괴되고 동아그룹이 청산되고, 우리나라 최대 재벌인 현대그룹이 현대자동차와 현대로 계열 분리되어, 구조조정 압력을 받았던 것은 시장의 힘이 얼마나 강력하게 작동하고 있는지를 단적으로 증명하고 있다.

대마불사 신화의 청산

경제위기의 근본 원인이 재벌들의 과다차입에 의존한 과잉투자였기 때문에, 재벌개혁은 경제개혁의 역점과제로 추진되었으며, 실제로 재벌의 구조조정은 큰 폭으로 이루어졌다. 지난 5년간 30대 기업집단에 속했던 44개 기업집단 중 16개 기업집단이 법정관리, 워크아웃, 화의절차를 통해 사라졌다. 그 결과 1997년 기준 30대 기업집단에 속했던 재벌들 중 2002년에도 30대 기업집단으로 남아 있는 재벌은 18개에 불과하게 되어, 한국경제의 뿌리 깊은 병폐였던 대마불사의 신화는 더 이상 찾아볼 수 없게 되었다. 사업구조조정을 거치면서 30대 재벌 평균 계열사 수도 1997년 27개에서 2001년 21개로 축소되었다. 30대 재벌 내에서도 구조조정의 성과가 차별화되면서 경영성과의 차이도 더욱 크게 벌어지게 되었고, 구조조정에 성공한 기업들이 새로이 재계를 주도하는 양상으로 변모되었다. 경영투명성과 기업지배구조 측면에서도 새로운 제도를 정착시키는 데 커다란 진전이 있었다.

지난 5년 동안 정부·재벌의 위험공유체제도 커다란 질적인 변화를 경험하였다. 지난 30여 년 동안 관치경제 하에서 형성된 암묵적 보호(implicit guarantee) 장치로 기능하였던 대마불사, 은행불사의 신화가 붕괴되었다. 대우, 동아 그리고 현대 등을 구조조정하면서 기존 소유경영인의 경영권을 박탈하였다. 물론 극히 일부이긴 하지만 대우사태의 경우 회계조작에 가담한 전문경영인 및 회계법인에 대해 책임을 물었다. 뒤늦은 감은 있지만, 2000년 말 예금자보호법 개정을 통해 예금보험공사가 부실기업과 기업주의 고의·중과실로 기업에 손해를 끼진 행위에 대한 손해배상 청구 및 조사를 진행하고 있으며, 상법과 예금자보호법을 적용하여 부실금융 관련자의 재산가압류·가처분 및 손해배상을 추진하고 있다. 이는 1972년 이후 민간·정부 위험공유 체제의 당사자들에게 책임을 묻지 않던 관행으로부터 시장경제의 기본 원칙인 자기책임 원칙으로의 전환을 위한 일보 전진이었다. 그러나 경제관료들에 대한 책임 추궁은 이루어지지 않았으며, 기업개선 작업에 편입된 경우 일부 소유경영인의 경영권을 보장하여 주었다는 측면에서는 자기 책임 원칙을 방기하는 종래의 관행을 완전히 벗어나지 못하는 한계를 드러내었다.

경제위기, 경제주체들을 바꿨다

수많은 선진적인 제도들이 도입되었으나 그것이 곧 바로 선진 경제 질서로의 이행을 의미하는 것은 아니다. 도입된 제도들이 제대로 정착되기 위해서는 국민들의 의식과 관행이 바뀌어야 하고 거기에는 기나긴 시간이 소요되기 때문이다.

사적위험의 공공적 관리에 기초한 낡은 패러다임이 붕괴되자, 위험에 대한 경제주체들의 정신 자세와 태도가 크게 변화되었다. 지난 30여 년 동안 무시하여왔던 리스크 관리의 중요성을 금융기관과 기업들도 인식하기 시작하였다. 대규모 재벌들의 일련의 도산은 기업, 금융기관 그리고 투자자들로 하여금 위험을 고려하여 보다 주의 깊게 행동하도록 유도하였다. 위기 과정에서 대규모 실업과 명예퇴직은 개인들로 하여금 자신의 시장가치를 높이기 위해 노력하도록 유도하였다(W. Lim, 2001).

경제위기로 은행들과 비은행 금융기관들의 전례 없는 폐쇄 및 정리로, 은행들은 위험관리 전담부서를 신설하고 선진적 위험관리시스템을 도입하여 구축하였다. 또한 부채를 과다하게 안고 있는 기업에 대한 대출에 수반되는 위험을 재평가하고, 영업 초점을 기업금융에서 소비자 금융으로 전환하기 시작하였다. 이러한 은행의 영업 전략의 변화는 재벌들로 하여금 직접금융시장에서 자금을 조달하기 위해서는 기업지배구조와 투명성을 개선하도록 유도할 것으로 전망된다. 또한 예금자들도 예금을 하기 전에 은행 자산의 건전성을 점검하기 시작하였다.

　　재벌들의 일련의 도산 과정에서 정부가 더 이상 사적위험을 부담해 주지 않으며 기존 주주의 이익을 보호해 주지 않는다는 것이 명료해지자, 민간기업들도 위험관리의 중요성을 인식하기 시작하였다. 경제위기 이후 대부분의 기업들이 신주발행과 자산매각 등을 통해 부채비율과 현금흐름을 개선하려고 노력하였다. 그 결과, 한국은행에 따르면, 제조업 평균 부채비율은 1997년 396.3%에서 2000년 210.6%로 하락하였으며, 동 기간 중 이자보상배율은 1.29에서 1.57로 개선되었다. 대마불사 신화의 종식과 글로벌 경쟁의 격화에 따라 많은 기업들은 투자에 보다 신중하고, 핵심역량 강화에 집중하는 경향을 보이고 있다. 한국산업은행의 조사에 따르면, 기업들의 설비투자 행태가 경제위기 이후 크게 변화하고 있다. 투자 동기 면에서 합리화투자 비중이 1996~97년 14%대에서 최근 20%대로 높아지고 정보화투자도 1999년 이후 60% 내외의 신장세를 보이는 등 종래의 설비능력 확충 위주에서 생산성 향상에 보다 역점을 두는 방향으로 기업의 투자 행태가 바뀌고 있다. 또한 투자자금의 조달 측면에서도 외부차입 의존도가 1996~97년 중 76%에서 1999년 이후에는 30%대로 낮아졌다.[1]

　　그리고 경제위기로 한국사회의 지배 엘리트들—정치가, 관료, 재벌총수—에 대한 일반 국민들이 종전에 가지고 있었던 신뢰가 크게 흔들리게 되었다. 기업 도산에 대해 대주주 및 최고경영자들이 책임을 져야한다는 원칙이 강력한 여론의 지지를 받았다. 납세자들은 종래의 기존 주주 및 경영자의 이익을 유지하는 기업구제를 위해 공적자금을 제공하는 것에 대해 점점 반감을 갖게 되었다. 국민들은 재벌이 도산하는 경우에도 자기책임 원칙이 관철되어야 한다고 생각하게 되었다.

---

1 장광수·김봉걸(2000), 최근 설비투자의 행태변화 분석, 한국은행 조사통계월보.

종신고용 신화의 종식으로 노동의 이동성이 높아졌고, 연공서열로부터 능력급으로의 임금 체계의 전환에 따라 근로자들은 자신의 시장가치를 높이기 위해 노력하기 시작하였다.

구조조정에 대한 IMF 한국과장의 평가

지난 3년여 동안 한국경제는 커다란 성과를 거두었다. 첫째, 거시적 펀더멘틀(fundamental)이 개선되었고, 경상수지 위기에 대한 취약성은 급격히 감소하였다. 한국경제는 97년 말 위기 직후 깊은 불황으로부터 급속히 회복되었다; 실업률은 하락하고, 인플레는 낮았다. 수출은 붐을 이루었고, 외국인 직접투자와 증권투자가 크게 증대되어 외환보유고는 역사상 최고 수준으로 증가하였다. 그리고 재정 정책은 경제회복을 지원한 이후 재정건전화에 초점이 맞춰져왔다. 둘째, 광범한 구조개혁으로 한국경제는 보다 개방적이고, 경쟁적이며 시장 주도적인 체제로 바뀌고 있다. 금융시스템 안정화 측면에서도 의미 있는 진전이 있었다. 즉, 부실기업을 정리하였고, 기업지배구조와 금융감독을 위한 제도적 틀을 강화하였으며, 자본시장과 외국인 투자를 자유화하고, 투명성을 제고했으며 시장규율이 점점 중요한 역할을 할 수 있는 여건을 창출하였다.

이러한 성과는 인상적이며 다른 위기 경제에 있어서 성과를 웃돌고 있다. IMF 지원 프로그램은 매우 성공적이었으며, 그 목표—신뢰 회복, 금융시장의 안정, 실물경제의 지속적 회복을 위한 기반 구축 그리고 미래 위기발생 확률의 인하—는 달성되었다. 더욱이 지난 3년여 동안 착수한 개혁들은 다가오는 해에 편익을 낳을 것이며, 여러 측면에서 기업하는 방식과 관행이 바뀜에 따라 그 편익은 증대될 것이다.

그러나 개혁은 미완이며, 아직도 중대한 구조적 취약성이 남아 있다. 사실 인상적인 성취에도 불구하고, 2000년 말경 한국에 대한 시장

정서는 악화되었다. 신뢰 저하는 주로 기업 및 금융 부문 구조조정이 지지
부진하다는 인식과 연관되어 있다. 기업 부문 중 커다란 부분이 아직 연약
한 현금흐름과 빈약한 수익성을 벗어나지 못하고 있다는 기업 부문의 건전
성에 대한 의구심이 심화되고 있다. 나아가 기업 부문이 취약한 상태로 남
아 있는 한 금융 부문의 위험은 높은 수준에서 머물러 있게 될 것이다. 국
내 구조조정에 대한 불확실성은 원유가격 상승, 세계경제 성장률의 둔화,
증권가격 하락과 같은 대외 경제 여건의 악화로 심화되어왔다.

〈자료 : Ajai Chopra, South Korea After the IMF-supported Program, 2001〉

구조조정에 대한 해외언론의 평가

THE TIMES(2001.8.23일자 사설)

서울의 노래 : 아시아 각국과 아르헨티나는 한국을 배워야

(Song of Seoul ; Why the rest of Asia, and Argentina, should listen)

- 한국은 22일, 예정보다 2년 8개월 앞서 IMF 차관을 모두 상환. 97년
  금융위기로부터 이렇게 빨리 회복한 것은 극적인 성과이며 한국은 이
  를 충분히 자랑스러워할만 해.
- 아르헨티나가 IMF 구제금융을 또다시 받게 된 상황에서, 이번 한국의
  조기 상환은 신흥시장에 대한 불안감과 미국의 회의론을 잠재울 수 있
  는 일종의 상징적 행위로서, 그 시기도 매우 적절했음.
- 한국인들은 개혁, 특히 기업구조조정이 가속화되어야 한다고 말할 것
  이나, 한국경제는 저금리로 인해 민간 소비가 강화되고 있으며 전반적
  인 상황은 미국의 경제 불황을 잘 극복해 갈 수 있을 정도로 좋은 상태
  를 유지하고 있어.
  • 양호한 한국의 현 경제 상황은 불과 몇 년 전엔 상상도 할 수 없었던 일.
- 한국은 고통스럽고 극적인 개혁을 통해 난국의 돌파구를 확보했으며,
  이는 다른 아시아 국가 정부들이 눈여겨보고 따라야 할 사례임.
  • 아시아 호랑이들의 공통적인 병폐는, 부패한 정부, 과잉보호를 받고
  있는 금융시장, 취약한 대기업들, 이에 따른 과잉설비 · 비효율성 ·

도산 위기를 숨기려는 정부와 재계의 공모 등임.

- 몇몇 국가들은 위기 처방약을 거의 효과를 낼 수 없을 정도로 조금만 삼켰음. 일본은 경제의 거품이 터진 후 은행 부실채권을 숨기고 무익한 공공 사업에 돈을 쏟아 부으며 구식시스템을 유지하기 위해 10년이란 세월을 허비했음. 그러나 이와 대조적으로 한국은 고통을 잘 감내했음.
  - 한국은 외국인 투자가들에게 시장을 개방하고 공무원 사회를 개선했으며, 은행권 인력의 38%를 정리해고 하는 등 급진적으로 은행시스템을 통합·정리했으며, 30대 재벌 중 14개를 폐쇄시켰음.
- 이러한 성과는 김대중 씨의 대통령 피선과 더불어 과거와 정치적 단절을 했다는 것이 도움이 됐으며 한국인의 국민성도 기여했음.
  - 한국은 소란스럽고 내부 갈등이 많으며 심지어 난폭한 사회임. 그러나 이러한 국민 성향과 분단 상황으로 강화된 애국심이 열심히 일하는 한국인들을 더욱 활발하고 적응력 강하게 만들었으며, 또 위기에 직면했을 때 본능적으로 신속히 대처하도록 해.
- 현한국의 문제는 아르헨티나에 비하면 매우 사소한 것임.
  - 아르헨티나는 고평가된 화폐와 1280억 달러의 외채에 발이 묶여 있어. 투자자들은 원금을 회수하기 위해 혈안이 돼 있고 국민들은 재산을 해외로 반출하고 있으며 정부는 138억 달러의 IMF 구제자금을 받은 지 8개월 만에 다시 80억 달러를 더 요청할 수밖에 없는 상황에 처했음.
- 통화 평가절하, 채무재조정, 세금감면은 급진적이고 신속한 개혁 없이는 무의미하며 이것이 아르헨티나가 한국으로부터 배워야 할 교훈임.
  - 멕시코 경제가 침체에 빠져 있고 브라질 경제가 휘청거리는 지금, 부시 행정부는 아르헨티나 경제의 붕괴에 대한 두려움으로 추가지원 반대를 철회했으나, 이것은 고통을 지연시키는 것에 불과할 지도.

〈자료 : KDI경제정보센터 『한국경제 관련 외신보도』 현지 시간 8.24(金)일자〉

Business Week(2002.6.10일자 사설)
- 한국은 98년 경제위기 및 이에 따른 IMF 구제금융이라는 굴욕을 겪은 이후 괄목할만한 전환을 이룩해. 김대중 대통령과 그의 경제자문팀은 많은 칭찬을 받을만한 분명한 자격이 있어.

- 98년 초 집권 후 김대중 정부는 신속하게 재벌들에게 부채 감축, 자산 매각, 2~3개 핵심 사업에의 집중 등을 단행하도록 유도해. 취약한 은행들은 폐쇄, 합병 또는 해외매각 됐음. 현재 한국 주식시장은 세계에서 가장 실적이 좋은 시장 중 하나이며 한국의 신용등급은 일본과 반대로 상향조정되고 있어.
- 또한 한국 사회는 김 대통령 시대에 보다 근본적으로 전반적인 가치 체계가 변화해와.
  - 대기업은 더 이상 우수 대학 출신자들이 선호하는 직장이 아님. 기업가정신이 강한 비즈니스 문화가 번성하고 있으며 98년 이후 약 1만 1000개의 신생 기업이 생겨.
  - 한국인들은 점점 대담해지고 있어. 영화인들은 북한 혹은 범죄 조직 등 한 때 터부시되던 주제들을 다루고 있으며, 한국인들은 삶의 방식에 있어 보다 개성을 추구하고 있어.
- 김 대통령의 후임자는 한국의 번영된 미래를 보장하기 위해 개혁을 계속 이어가야 하며, 정치권의 부패 척결이 좋은 출발점이 될 수 있을 것.
  - 김 대통령의 지지도는 아들과 연루된 이권개입 스캔들로 인해 하락해와. 그럼에도 김 대통령 시대는 상의하달식 국가 주도의 경제가 보다 개방되고 역동적이며 하이테크에 의해 주도되는 경제로 근본적인 변화를 이룩해.

한국경제의 놀라운 변화(커버스토리)

(Cool Korea / Brian Bremner & 문일완)

- 한국은 금융위기 이후 변화를 통해 놀라운 모습으로 재기함으로써 전 세계, 특히 아시아 개도국들의 모델이 되어와. 한국은 이미 권위주의에서 민주주의로, 저가 상품 수출주도의 경제에서 역동적이고 첨단기술 중심의 경제로 이동해와.
  - 한국은 GDP성장률이 −6.7%를 기록했던 98년 이래 부단한 변화를 겪은 후 올 1분기에 5.7% 성장했음. 반면 일본의 힘은 약화되고 있고 동남아 국가들 대부분은 여전히 병든 은행시스템과 FDI 감소로 고전하고 있어.
  - 미래는 중국의 차지이며 한국은 여전히 개혁이 더 필요하다는 일부 논평가들의 말이 맞을지도 모르나, 중국이 한국과 같은 변화를 겪기

까지는 상당한 시간이 걸릴 것.

- 현재 한국은 흑자재정, 외환보유액 1070억 달러, 신용등급 상향, 실업률 3.1%를 누리고 있으며, 주식시장은 세계에서 거의 최상의 실적을 보이고 있는 상태임.

‑ 금융위기로 고통 받던 한국이 변화를 이뤄낸 데는 김대중 대통령과 그 경제팀들의 은행·재벌 간 고리 단절, 수출주도 경제 탈피, 기업 및 문화 혁신 등 세 가지 요인이 있어.

1) 김대중 정부는, 국가 지원을 받으며 방만했던 재벌들에게 규모 축소, 부채 감축, 비핵심 사업의 교환 및 매각 등을 명령했으며, 동시에 외국인에게 투자를 개방했음.

- 전윤철 부총리, "이젠 적대적인 합병까지도 허용되고 있어." 30대 재벌 중 16개사가 폐쇄되거나 규모가 크게 줄었고 생존한 재벌들도 과거의 모습과 달라졌음. 98년 은행 부문을 어지럽혔던 2100개 금융기관 중 1600개와, 24개 주요 시중 은행 중 절반만이 생존해 있어.

- 많은 재벌의 소멸로 은행들의 대출자금이 남아돌게 되자 수십년 간 자금에 굶주렸던 소비자 및 소기업들도 원하던 유동성을 얻을 수 있게 됐고 중소기업 창업 붐이 일어 98년 이후 1만 1396개의 회사가 생겨나.

2) 은행들이 신용카드와 주택담보를 통해 소비자대출을 늘리자 소비 붐이 일어나 수출 주도와 내수 주도 경제성장 사이에 건전한 균형이 이뤄져.

- 미 경기침체로 아시아 경제성장이 정체됐던 지난해 한국의 GDP 성장률은 3%였음.

3) 자본배분의 변화는 한국인의 의식에도 변화를 가져와 완전히 새로운 한국의 가치 체계가 생성된 듯 보여. 금융위기로 인한 기업가 에너지의 분출, IT 부문의 급속한 팽창, 노동시장 유연화, 수출 주도와 내수 주도 경제성장 사이의 균형 등 고무적인 추세들이 관료의 지휘가 아닌 소비자들에 의해 가속화돼. 또한 한국 기업들의 세계적 위상도 달라져. 미국 등 세계 시장에서 삼성의 가전제품이나 현대의 자동차는 더 이상 소니나 토요타를 구입할 돈이 없는 사람들의 대체품이 아님.

- 한국인들은 사업과 금융에서 단기간에 큰 돈을 버는 것을 더 이상 이상하게 여기거나 죄악시하지 않게 되었고, 삼성·LG·현대 같은 대기업 말단직을 선망하지 않게 돼. 현재 많은 젊은이들이 MP3 제작 업체인 디지털웨이나 온라인게임 업체인 엔씨소프트에서 일하길 원해.
- 창의성에 대한 욕구는 대중문화에도 전이돼 한국의 가수·영화·스타에 대한 해외 수요가 크게 증가해와.
- 10년 전만 해도 세계적 브랜드가 하나도 없었던 삼성은 이제 이동전화, 디지털 TV, MP3 플레이어, LCD 등에서 소니, 노키아 등과 어깨를 나란히 하고 있어.
- 한국은 급속히 팽창하고 있는 세계 MP3 플레이어 시장에서 55%의 점유율을 차지. 한국인들의 신기술에 대한 애정은 빠른 제품 회전율, 일관된 수익, 혁신을 의미해.
- 외국자본 및 경영 방식의 도움으로 전통 산업의 수익도 되살아나고 있어. 볼보(스웨덴)는 98년 삼성그룹 산하 건설장비 업체를 인수해 인력의 22%를 감원하고 부채를 리파이낸싱했으며 제품을 굴착기 하나로 줄여 시장점유율이 아닌 수익에 초점을 맞췄는데, 그 결과 볼보 컨스트럭션 이퀴프먼트 코리아는 지난해 4억 1500만 달러의 매출과 4230만달러의 수익을 기록해.

– 한국 업체들의 변화가 더 큰 규모로 반복된다면, 한국을 동북아의 세계적 중심국 및 해외 다국적기업들의 수출 플랫폼으로 만들겠다는 김대통령의 꿈은 이루어질 수 있어.

- 빠르게 성장하고 있는 중국 시장과의 근접성과, 정부와 민간 부문이 한국을 온라인화하기 위해 쏟아 부은 엄청난 자금이 강점이 될 수 있어. 2500만 명의 인터넷 이용자와 3000만 명의 이동전화 사용자들은 한국을 새로운 컨텐츠 서비스와 무선기술들을 실험할 수 있는 독보적인 시장으로 만들고 있어. 또한 제조업 생산 능력과 칩 전문기술은 한국이 IT의 R&D 센터로 부상할 수 있는 완벽한 환경 조성에 일조하고 있어.

– 하지만 한국의 강성 노조, 일부 부실재벌 및 취약한 중소기업들, 부패 등 고질적인 문제들을 완전히 종식시킬 수 있을 지에 대한 의문도 있어.

- 노조는 여전히 강경하고, 일부 재벌은 빈사 상태이며, 수천 개의 중

소기업들은 여전히 국제경쟁력이 떨어져. 최근의 대통령 아들 관련 스캔들은 한국의 정치 부패상을 상기시키고 있어.

- 개혁 진전에 무관심한 대통령이 선출된다면 한국의 기적이 정체될 수도.

- 그러나 많은 아시아 위기 전문가들은 한국이 고비를 넘겼다고 판단해. 이제 한국의 향방은 고진감래를 맛본 한국인들 자신에 달려 있어.

- IMF서울사무소장 폴 그루엔왈드(Paul F. Gruenwald), "요술램프에서 한 번 나온 요정을 다시 넣기는 어려워."

- 엄청난 사회적 충격 이후 한국인들은 고통을 받아들이고 다시 일자리로 돌아가 신기술을 수용했으며 다시 인생을 즐기기 시작했음.

- M&A가 늘어날 것이라는 전문가들의 확신은, "1997~98년의 아시아 경제위기가, 돌이킬 수 없는 아시아 기업 문화의 진화를 초래하는 세계화와 맞물려 현재의 인수합병 물결을 촉진시키고 있다"는 믿음을 기초로 한 것임. 최근 아시아 주식시장의 침체 또한 인수합병 활동을 위축시키기는커녕, 실제로 더 부추기고 있어.

- 해체되고 있는 한국의 재벌들과 같이, 많은 아시아 기업들은 원래 창립일가에 의해 설립되었음. 이들은 사업 논리보다는 개인적인 욕심에서 다양한 사업 영역에 걸쳐 시장점유를 확대해왔으나, 위기 이전에는 이것이 문제가 되지 않았음. 그러나 위기 이후, 산적한 부실채권은 은행여신 흐름을 막았고 주식 투자자들은 대아시아 투자 결정에서 훨씬 더 선별적으로 되었음. 자금조달은 갑자기 매우 어려워졌으며 확실한 사업 계획이 없이는 거의 불가능했음.

- 동시에 일부 국가에서는 위기 이후 보호주의적 장벽들이 낮아지면서 많은 기업들이 처음으로 세계화의 찬바람에 노출되고 있어. 다국적기업들과 정면 대결을 할 수밖에 없게 된 아시아 기업들은 통합하거나 그렇지 않으면 무너지는 수밖에 없어.

〈자료 : KDI 『한국경제 관련 외신보도』〉

3. 신속한 금융구조조정

금융위기에 대응한 금융구조조정은 (1) 경제에 있어서 금융의 기능인 자금순환의 심각한 위축을 방지함으로써 실물경기가 급락하지 않도록 하는 것과, (2) 금융위기는 구조적 문제점에 기인하였으므로 이를 교정하는 것 등 크게 두 가지 과제의 수행을 의미한다. 그리고 금융구조조정에는 공적자금이 소요되는 것이 일반적인바, 효율적 구조조정이란 위의 두 과제를 최소의 공적자금 손실로 달성하는 것을 의미한다. 이 중 한국의 금융구조조정은 적어도 (1)의 목표는 성공적으로 달성하였다.

경제위기 직후 재벌기업에 대한 신뢰도가 크게 저하되고 금융시장의 불안정성이 증대되었으며, 기업 및 금융 부문에 건전한 기업과 부실기업이 혼재하여 있었다. 이로 인한 높은 불확실성 때문에 금융의 자금순환 기능이 크게 위축되어 1998년 심각한 경기침체를 경험하였다. 이를 타개하기 위해 정부는 회생이 불가능한 다수의 금융기관을 신속하게 정리하고, 대규모의 공적자금을 투입하여 부실채권을 매입하고, 잔존 금융기관의 자본 확충을 지원함으로써 금융시스템 리스크를 크게 감축시켰다.

전 금융기관의 부실채권 잔액은 1998년 6월 말 136.3조 원에서 2001년 말에는 35.1조 원으로 감소하였다(〈표 4-1〉). 이에 따라 전 금융기관의 부실채권비율(총부실채권 잔액/총대출금 잔액)은 1998년 6월 말 26.2%에서 2001년 말 6.4%로 하락하였다. 특히 공적자금이 은행 부문에 집중적으로 투입된 결과, 일반 은행의 부실채권비율은 1999년 말 13.6%에서 2002년 3월 말 2.9%로 크게 하락하였다(〈표 4-2〉). 또한 일반 은행의 BIS 자기자본비율도 1997년 말 7.04%에서 2001년 말 10.81%로 상승하였다. 이처럼 은행구조조정은 커다란 진척이 있어서, 은행의 자본

표 4-1 | 금융기관 부실채권잔액(FLC 기준) 추이　　　　　　　　　　　　단위 : 조 원

1997	1998				1999				2000				2001			
12	3	6	9	12	3	6	9	12	3	6	9	12	3	6	9	12
86.4	118.0	136.3	108.1	102.7	89.0	84.4	75.9	88.0	90.4	82.5	76.3	64.6	59.5	49.8	46.3	35.1

자료 : 공적자금백서 및 공적자금관리백서, 금감위, 자산관리공사

표 4-2 | 일반은행의 부실채권비율[1] 추이　　　　　　　　　　　　단위 : %

구분	1997 말	1998 말	1999 말	2000 말	2001 말	2002.3 말
일반은행 (특수은행포함시)		– (-)	13.6 (12.9)	8.8 (8.0)	3.3 (3.4)	2.9 (3.1)
BIS 비율	7.04	8.23	10.83	10.53	10.81	

주 : 1) 총여신 중 고정이하 여신비율.
자료 : 허재성·유혜미, 외환위기 이후 금융 및 기업구조조정에 대한 평가와 향후과제, 한은조사국, 2002.5

충실도와 자산건전성은 크게 개선되어 적어도 은행 부문은 위험한 상태를 벗어났다고 평가할 수 있다.

　그 결과 금융기관의 자금순환 기능, 특히 은행의 여신 기능이, 1999년 이후 복원되어 급속한 경기회복을 뒷받침하였다(〈표 4-3〉). 그러나 회사채 시장은 1999년 8월 대우그룹의 부도로 촉발된 투신사 위기로 투신권으로부터 자금이 이탈하여 사금공급 기능을 사실상 상실하였다가, 2001년 초 산업은행의 회사채 신속인수 이후 금융시장 불안을 초래한 핵심적인 부실대기업의 처리 이후 자금공급 기능을 부분적으로 회복하였다. 여하튼 80년대 외환위기를 경험한 남미 국가들에서와 같은 자금이 국내 금융기관 전체에서 이탈하여 현금·실물자산으로 혹은 외국으로 이탈하는 최악의 사태는 발생하지 않았다.

　그 동안 구조조정이 지연되고 있다는 비판이 종종 제기되었으나, 지난 20년 동안 금융위기를 경험하였던 국가들과 국제비교를 한 손상호

표 4-3 | 금융기관 대출, 회사채 및 CP 순발행 추이

단위 : 조 원

구분	1998 중	1999 중	2000 중	2001 중
은행대출[1]	-14.7	42.3	57.7	49.0
(기업대출)	(-3.6)	(18.0)	(23.5)	(13.0)
(가계대출)	(-9.5)	(19.3)	(26.4)	(44.8)
비은행 금융기관 대출[2]	-16.4	0.0	5.5	4.8
(상호금융)	(-0.2)	(1.4)	(5.1)	(4.3)
(기타)	(-16.2)	(-1.4)	(0.4)	(0.5)
합계	-31.1	42.3	63.2	53.8
CP순발행	16.6	-29.7	-0.6	8.1
회사채순발행[3]	32.6	-3.0	-8.5	8.3

주 : 1) 신탁계정포함, 부실채권정리 및 대출금 출자전환 등과 관련한 장부상의 증감요인 제외 CLO 포함.
　　2) 상호금융, 상호저축은행, 신협 및 생명보험회사.
　　3) 법정관리, 화의 및 워크아웃 기업 발행분, 자산담보부증권(ABS) 등 제외, Primary CBO 및 산업은행 신속인수분
　　　포함.
자료 : 한국은행, 금융시장 동향

와 정지만(2001)에 따르면, 한국의 구조조정은 비교적 단기간에 시행되었다고 평가할 수 있다. 위기감지 시점부터 은행시스템이 어느 정도 안정화된 시점까지로 정의한 금융위기의 지속 기간은 위기의 발생 원인에 따라 다르기는 하나 평균 5.4년이었다. 금융자산 또는 부동산 가격에 거품이 발생하여 금융위기가 초래된 북구 국가들의 경우 정부 주도로 구조조정을 강력히 시행한 결과, 거시경제 여건이 개선되면서 자산 가격도 회복되어 문제가 상당 부분 자동적으로 소멸되었기 때문에 구조조정이 2~3년 정도의 비교적 단기간에 완료될 수 있었다. 반면, 제조업 부문 등의 과잉투자로 위기가 발생한 여타 유럽 국가들의 경우 대규모 설비장치의 매각 또는 청산 작업에 많은 시간이 소요되므로 구조조정에는 대체로 5~9년에 걸친 긴 시간이 소요되었다. 미국의 경우, 저축대부조합(S&L)이라는 소형 금융기관들의 부실이 문제였기 때문에 구조조정기간도 약 10년이라는 장기간에 걸쳐 차분하게 추진되었다.

우리나라가 선택한 신속한 구조조정 방식(quick & dirty approach)은 개별 부실채권에 대한 정밀한 평가 과정이 생략되긴 했지만 금융시장의 신속한 안정을 도모함으로써 빠른 경제회복을 이룩하였다. 이에 비해 비슷한 상황에서 태국은 반대 방식(slow & clean)으로 은행의 부실정리 동기 제고를 우선하고 손실분담의 공정성을 중시하는 방식을 채택하였으나 장기간이 소요됨으로써 구조조정이 큰 진전을 보지 못하였고 결국 경제회복이 지연되었다.

그 동안 추진된 한국의 구조조정을 시기별로 보면, 1998년부터 1999년 상반기에 걸친 제1차 구조조정은 소기의 성과를 거두어 1999년 상반기에는 금융기관의 자금중개 기능이 회복되었다는 의미에서 적기에 과감하게 추진되었다고 평가할 수 있다. 그러나 1999년 하반기부터 제2차 구조조정이 추진되기 시작한 2000년 하반기까지는 기업 및 금융 구조조정은 사실상 정체 상태에 있었다. 특히 대우그룹의 부실 문제는 이미 1997년 말부터 국제금융시장에서 징후가 표면화되었고, 그 후 국내 시장에서도 이를 뚜렷이 인식하기에 이르렀지만, 이에 대해 정부가 적기에 대응하지 못했다.[2] 또한 현대그룹의 일부 계열사 역시 1999년 말 경부터 부실 징후가 노정되기 시작하였지만, 구조조정이 2000년 말까지 지연됨으로써 부실이 확대되고 공적자금 소요액이 늘어나게 되었다.[3]

---

2 당시 한국의 제2대 재벌인 대우그룹이 사실상 파산 상태라는 사실은 이미 국제투자자들 사이에 공공연한 비밀이었으나 정부는 미봉책으로 대응하고 있었다. 당시 KDI는 대우그룹 재무 상태에 대한 정확한 정보를 입수할 수 없었으나, 이동걸 박사가 공시된 재무제표를 분석한 결과 매출액의 중복계상을 공제할 경우, 대우그룹의 부채총액이 매출총액을 웃돌고 있음을 발견하였다. 이러한 분석에 기초하여 대우그룹의 신용위험이 투신권에 내재되어 있는 시스템 리스크와 맞물려 금융 불안이 증폭될 위험을 사전에 경고하고, 대우그룹에 대한 구체적인 구조조정 방안을 1999년 초 수차에 걸쳐 청와대 등에 권고하였다.

3 1999년 5월 KDI 김준경 박사 등이 작성한 보고서는 현대그룹의 구조적 부실화가 시스템 리스크로 발전할 위험성을 청와대 등에 사전에 경고하고 이에 대한 신속하고 정상적인 대응 및 "출자전환 방식"을 중심으로 한 현대그룹의 구조조정 방안을 제시하였다. 그러나 거의 일년이 지난 2001년 2월1일이 되서야 정부는 현대건설 문제의 해결을 출자전환 방식으로 할 것으로 결정하였다.

은행개혁에 대한 해외언론의 평가

Newsweek(2002.10.14일자)

일본은 한국의 은행개혁 배워야 (커버스토리)

(Learning from the student / George Wehrfritz)

* 일본은, 은행권 위기 극복을 원한다면 한국이 걸어온 길을 보고 배워야

• 일본 기업들은 97년 투명성 확보를 위해 도입된 회계절차에 따라 매 회계 연도마다 두 차례 결산을 보고해야 하지만 의례적인 것에 그칠 뿐 나아진 것이 거의 없어.

: 결산이 있는 3월과 9월마다 주가는 폭락하고, 은행들은 재무제표에 숨겨진 잠재 손실로 쩔쩔매며, 분석가들은 개혁을 강력히 촉구하는 등의 과정이 반복돼와.

• 일본경제 전망이 악화될수록 한국의 전망은 더 밝아지고 있는 듯 보여. 일본은 한국이 경제에서부터 스포츠에 이르기까지 훨씬 더 자신 있고 일체감 있게 성장하고 있는 모습을 부러운 시선으로 바라보고 있어.

: 한국경제는 견조한 소비지출, 외환보유액 급증, 무역수지 개선 등에 힘입어 올해 중국에 이어 두 번째로 높은 6%의 성장률을 기록할 것으로 예상돼.

• 전문가들은 한국경제 회생의 주요 원인 중 하나로 97년 금융위기 이후의 은행개혁을 들고 있으며, 일본의 은행권 구제도 대체적으로 한국식을 모방하게 될 것.

: 다케나카 신임 금융상은 지난해 뉴스위크 지와의 인터뷰에서 일본이 한국식 은행개혁을 따라야 한다고 언급하며 부실채권 탕감과 은행권 공적자금 투입을 강력히 지지했음. 최근 인터뷰에서는 부실 채무기업 퇴출 등을 포함한 주요 구조조정 조치가 있을 것임을 시사해.

• 한국과 일본의 은행시스템은 모두 19세기 일본 은행들에 근간을

두고 있어. 이 은행들은 국내 가계저축과 정부차입금을 자신들의 재벌 계열사로 쏟아 부었고 이들 계열사들은 수출을 통해 외화를 벌어들였 으며 이는 국력의 상징이 됐음. 그러나 한국은 80년대부터 그 같은 일 본식 모델을 탈피하고 97년 금융위기 이후 과감한 개혁을 실시해오고 있어.

: 한국은 일본식 경제모델을 모방했고 한국전쟁 이후 현대나 삼성 같 은 재벌이 한국을 세계 주요 수출국으로 올려놓았음. 그러나 한국은 80년대에 일본식 모델을 탈피해 해외차관을 크게 늘리기 시작했음. 97년에는 외채에 짓눌려 IMF 구제금융을 지원받을 수밖에 없는 상 황에 이르렀으나, 이 치욕으로부터 급진적인 변화의 의지가 생겨났 음. 정부는 손실을 감당할 자본이 부족한 은행들을 국유화했고 다른 은행들에 대해서는 부실채권 처리와 자질이 부족한 경영자를 해고토 록 강요했으며 재벌들의 파산을 용인했음. 이로써 한국은 2년 만에 다시 세계에서 가장 빠르게 성장하는 국가 중 하나가 돼.

: 김 대통령은 재벌·은행 간 유착관계를 끊고 6개 주요 은행을 국유 화했으며 수십 개의 중소 은행을 퇴출시켰음. 또한 은행권 인력의 40%를 감축했고 은행권 부양을 위해 1300억 달러의 공적자금을 투 입했음.

: 한국의 은행개혁은 시장의 힘을 일깨웠음. 과거 수출 산업에 집중됐 던 자금은 수익성이 높은 부문으로 흘러가기 시작해. 중소 은행들은 벤처·소비자·주택담보 대출 부문을 개척해왔고, 신용카드에 의한 구매가 급증했음.

• 반면 일본은 여전히 변화의 충격을 기피하고 있어.

: 일본은 대부분의 부실기업들이 외국 은행이 아닌 일본 은행들로부터 차입을 했기 때문에 한국에서와 같은 충격요법을 피해왔음. 모건 (J.P.Morgan, 도쿄) 경제 정책 연구팀장 마사키 카노, "일본과 한국 의 큰 차이점은, 일본은 국내저축으로 생명을 연장하며 시간을 낭비 해 왔다는 점임."

: 일본정부는 대규모 공공 사업을 통해 경제를 구제하려 노력해왔고, 은행들은 오래된 고객들과의 거래 중단을 거부했으며, 기업들은 고

위 경영진 중 불필요 인원을 계속 유지시켰음. 이제 은행들은 늘어만 가는 부실채권에, 기업들은 과잉생산능력과 수익 약화에 짓눌려 있어.
- 일본 은행들은 다케나카 금융상이 부실채권 기준을 강화할 것이라고 우려하고 있어. 기준 강화로 십여개의 일본 기업들이 파산할 위험에 놓여있으며, 이로써 일본은 사상 최대의 산업 재편에 직면하게 될 수도.
  : 현재 일본에서는 채무자가 적어도 이자를 지급할 수만 있다면 무수 익여신으로 분류되지 않지만, 한국과 미국에서는 채무자가 원금과 이자 모두를 지불해야만 무수익여신 분류를 면할 수 있어
  : 일본 은행가들은 또한 외국 전문가들에 대한 선호로 자신들이 해고 당할 것을 두려워하고 있어. S&P(도쿄)의 다카마사 야마오카, "한국 의 은행을 방문하면 최소한 한 명의 외국인 매니저를 만나게 되며 이 들은 주로 신용심사를 담당하고 있어. 이는 현재 일본에서는 불가능 한 일임."
  : 일본정부 고위 관계자, "4대 은행은 자신들의 부실채권 규모 추정치 가 지나치게 낮다는 것이 밝혀질 것을 우려해 공적자금 투입을 원치 않아. 다케나카가 공적자금 투입을 강행한다면 그는 은행들에 제소 당할 것이며 패소할 것."

4. 시장 중심의 견실한 금융시스템 구축

비금융 기업의 자금조달 패턴 변화

경제위기 이전 비금융 기업의 외부자금 조달 패턴을 보면 다음 4가 지 특징이 관찰된다.

첫째, 은행 및 비은행 금융기관의 대출이 1970년대 후반 이후 가장 큰 외부자금 공급원이었다. 1970년대 후반을 예외로 하면, 잔고 기준 그 비중은 35% 수준에서 안정적이었다.

둘째, 주식, 채권, 기업어음(CP)을 포함한 직접금융도 대출과 비슷한 비중을 차지하여왔다. 주식금융은 17% 수준에서 안정세를 보여왔고, 채권발행을 통한 자금조달은 지속적인 증가세를 보여 잔고 기준으로 1970년대 후반 3.3%에서 1990년대에는 15%를 웃돌았다. 이와 같은 회사채 발행을 통한 자금조달의 성장으로 1990년대에는 직접금융이 대출을 웃돌았다.

셋째, 반면 해외로부터 자금조달은 잔고 기준으로 1970년대 후반 13.6%에서 1990년대 전반 4.4%로 저하되었다. 1994~95년에도 그 비중은 5% 수준을 보이다가, 1996년 10%로 상승하였다. 언뜻 보면 이는 한국의 경제위기가 외국채권자들의 인출 사태로부터 촉발되었다는 사실과 모순되는 것으로 보일지 모르나, 해외로부터 주요한 차입자는 은행들이었지 비금융 기업들이 아니었다는 점을 기억할 필요가 있다.

넷째, 무역금융을 포함한 기타 부문 역시 1970년대 후반 34.3%에서 1990년대 전반 20% 이하로 하락 추세를 보였다.

금융기관들 중 종합금융사들이 경제위기로 가장 큰 타격을 받았다. 약 80%의 종금사들이 청산되거나 증권사에 합병되었다. 재벌들의 대규모 도산은 기업어음 시장에 결정적인 타격을 입혔고, 종금사들이 기업어음시장 거래의 내부분을 담당하고 있었기 때문이나. 그 결과 기업들은 만기 도래한 기업어음을 상환하여야 했기 때문에 1998, 99년 기업어음은 순상환을 기록하였다.

경제위기 이후 다른 하나의 큰 변화는 채권 시장의 과열과 붕괴(boom and crash)이다. 유량 기준으로 채권발행을 통한 자금 조달액은 1997년 27조 원에서 1998년 46조 원으로 급증하여 기업 부문 총자금조달액의 80%를 차지하였고, 여타 자금 공급원의 위축을 메웠다. 그러나 1999년 중반 대우 붕괴를 계기로 채권 시장은 사실상 마비 상태를 보이고 있다.

외환위기의 당연한 결과로 한국 기업들은 1998년 해외 자금원에 대해서는 순상환을 보였으나, 1999년 한국경제의 급속한 회복과 더불어 해외로부터 다시 자금을 조달하고 있다(Inseok Shin, 2001).

시장중심형 금융시스템의 형성

경제위기 이후 한국 금융 산업의 가장 두드러진 변화의 하나는 시장 중심형 금융시스템이 형성되어 가고 있다는 것이다. 지난 4년간 주식시장은 2000~2001년 중 침체에도 불구하고 규모 및 내용 면에서 크게 성장하였다. 2001년 말 현재 한국증권거래소 상장주식의 시가총액은 256조 원으로 97년 71조 원에 비해 3.6배 성장하였으며, 연간 거래대금도 491조 원에 달해 97년 162조 원에 비해 3배 증가하였다. 코스닥 시장도 1999~2001년 중 정부의 벤처시장 활성화 정책 등에 힘입어 빠르게 성장하여 2001년 말 시가총액은 51조 원으로 97년 말 7조 원에 비해 7.3배, 연간 거래액은 425조 원으로 97년 말 1조 원에 비해 425배, 등록 기업 수는 721개로 97년 말 359개에 비해 2배로 증가하였다.

또한 1998년 5월 외국인 주식투자 한도가 철폐됨에 따라 외국인투자가 크게 확대되어 전체 상장주식 시가총액에서 외국인투자 비중은 1997년 말 14.6%에서 2001년 말 36.6%로 크게 증대되었을 뿐만 아니라, 선진적인 금융기법에 근거한 자본시장의 기업감시 기능을 대폭 향상시키는 데 선도적 역할을 하였다.

채권 시장 역시 지난 4년간 양적 성장을 거듭하여 2001년 말 현재 발행잔액은 1997년 말의 226조 원에 비해 2.1배 증가한 483조 원을 기록하였으며, 채권 시장의 거래대금 또한 1997년 240조 원에서 꾸준한 증가세를 보여 2001년에는 2756조 원에 이르렀다. 1999년 대우 사태 이후 일반회사채 발행잔액은 감소하였으나 1999년부터 자산담보부증권 (ABS) 발행의 증가로 회사채 전체 발행잔액은 증가하였다. 채권시가평가 제도, 딜러 간 채권중개회사 제도, 채권전문평가기관 도입 등 채권시장 하부 구조도 크게 개선되었다.

자산담보부증권(ABS)을 제외한 일반회사채 시장은 양적으로는 급격한 팽창과 붕괴를 경험하였으나, 경제위기 이후 보증회사채 중심에서 무보증회사채 중심으로 질적으로 크게 변화하였다. 뒤에서 자세히 살펴보듯이, 종래 회사채는 은행 등의 보증에 기초한 일종의 간접 금융적 성격을 띠고 있었다. 그러나 경제위기 이후 은행 등이 회사채 보증을 기피하고, 1998년 8월 예금자보호법시행령 개정으로 보증보험사가 보증한 회사채원리금이 예금자보호 대상에서 제외됨에 따라, 보증회사채 비중이 격감하기 시작하여 1997년 85%에서 2001년 3.5%로 감소하였다. 그 결과 1999년 이후 무보증회사채 비중이 지속적으로 90%를 웃돌아, 회사채 시장은 기업의 신용등급을 담보로 자금을 조달하는 무보증회사채 시장으로 선진화되었으며, 경제위기 전에 존재하지 않았던 회사채 금리스프레드가 형성되어 경제 여건에 따라 민감하게 반응하고 있다. 신용 상태가 양호한 A등급 이상인 무보증회사채의 경우, 2000년 이후에도 대폭적인 승가율을 시현, 경기가 불황일 때도 직접금융시장을 통한 자금조달이 상대적으로 용이함을 보여 주었다.

자산담보부증권(ABS)은 1998년 9월 '자산유동화에 관한 법률' 제정 직후인 99년부터 본격적으로 발행되기 시작하여, 2000년 이후 발행 규모가 대폭 증가하였으며 또한 발행기법도 다양화되고 있다. 초기에는 주로 카드회사, 종금사의 카드론 및 할부금융채권을 유동화하여 발행하였으나, 2000년 이후 투신권의 펀드 클린화를 위한 세컨더리(Secondary) CBO, 비우량 기업의 자금조달 지원을 위한 프라이머리(Primary) CBO,

장래 매출채권을 담보로 하는 자산담보부증권 등 발행기법이 다양화하고 있다. 그 결과 자산담보부증권 발행총액은 99년 4.4조 원, 2000년 40.9조 원, 2001년 39.6조 원으로 꾸준한 증가세를 보이고 있다.

이와 같이 경제위기 이후 주식 및 채권 시장이 성장하고, 금융의 증권화가 진전됨에 따라 기업의 자금조달에 있어서 직접금융 시장이 차지하는 비중이 1997년 37%에서 2001년 98%로 증대되었다. 물론 그 동안 주식 시장 및 회사채 금리 등 금융 시장의 상황 변화에 따라 기업의 직접금융 시장에서의 자금조달 패턴도 변화하였다. 즉 1997~98년에는 주식시장 침체와 고금리 하에서 기업들의 회사채 시장을 통한 자금조달이 크게 증가되었으나, 1999년에는 주식 시장의 활황으로 기업공개 및 유상증자를 통한 자금조달이 급격히 확대되었으며, 2000~2001년에는 주식시장의 침체와 시장금리의 하향 안정화에 따라 회사채 시장을 통한 자금조달이 다시 확대되었다(〈표 4-4〉).

그리고 금융자유화와 국제화에 따라 증대되는 각종 위험을 헤지(hedge)할 수 있는 파생상품 시장이 급격한 성장세를 보이고 있다. 한국증권거래소의 주가지수 선물과 주가지수 옵션 거래량은 2001년 중 각각 3150만 계약과 8억 2329만 계약을 기록, 1997년 대비 각각 9.7배와 182배 성장하였다. 그 결과 거래량 기준으로 주가지수 선물은 세계 3위, 주가지수 옵션은 세계 1위를 차지하고 있다. 또한 국제화에 따른 급격한 가격변동 위험에 대비하기 위해 1999년 4월 선물거래소 개장과 함께 미달러 선물, 미달러 옵션, CD금리 선물, 금 선물이 상장되었으며, 같은 해 9월 국채 선물, 2001년 1월부터는 코스닥 선물이 거래되고 있으며, 국채 선물을 주도로 높은 성장세를 지속하고 있다.

 단위 : 십억 원

	1997년	1998년	1999년	2000년	2001년[1]
자금조달액(A)	118,002	27,664	53,572	66,531	40,589
간접금융	43,375	-15,862	2,052	11,391	5,581
(예금은행)	15,184	259	15,152	23,347	6,381
(비은행 금융기관)	28,191	-16,550	-13,040	-12,597	-1,030
직접금융(B)	44,087	49,494	26,786	18,995	39,666
(기업어음)	4,421	-11678	-16,492	-1,133	9,212
(주식)	9,874	13,515	38,979	20,806	11,976
(회사채)	27,464	45,907	1,733	-2,108	15,554
B/A	0.37	NA	0.5	0.29	0.98

주 : 1) 1/4~3/4분기 잠정치.
자료 : 한국은행, 「자금순환동향」

대형화와 겸업화

경제위기 이후 구조조정을 거치면서 금융 산업의 산업 조직 역시 크게 변화하였다. 지난 30여 년간 보호와 통제를 기본 원리로 한 관치경제 하에서 한국의 금융 산업은 다수의 소형 금융기관들이 유사한 형태의 금융상품 판매를 통해 시중 자금을 흡수한 뒤 이를 정부가 지정한 계획 산업에 공급하는 산업자금 공급시스템이었다. 정부는 금융 산업의 육성자로서 역할하면서, 금융기관의 신규 진입을 과다하게 허용한 결과, 국내금융 산업은 과당경쟁 구조와 저효율 체제를 벗어날 수 없었다. 금융구조조정을 통해 다수의 부실 금융기관들이 퇴출됨으로써, 과당경쟁의 구조적 문제점을 해소하였고, 우량 금융기관들이 대형 금융기관으로 발전하면서 금융 산업은 대형 금융기관과 소형 금융기관들 사이에 계층적인 산업구조를 형성해 가고 있다.

흡수합병을 통해 대형화된 금융기관은 규모의 경제효과를 획득하면서 수익성 제고 및 위험감소 효과를 거둘 수 있다. 또한 대형 금융기관이 업계 내에서 구조조정, 가격결정 및 위험 관리 등의 부문에서 선도적인 역할을 담당하고, 나머지 소형 금융기관들은 특정 분야에 전문화하는 계층적 산업 구조가 형성되면서 금융 산업의 효율성이 증대될 것으로 기대된다. 또한 금융지주회사 방식의 새로운 겸업화 방식을 통해 이종업종이 상호 연계하여 중복 기능을 통합하고 공통의 정보와 영업망을 활용하는 시스템을 구축하면, 범위의 경제효과를 통해 비용절감 및 위험분산 효과를 기대할 수 있을 것이다.

금융기관의 수익성 개선

공적자금의 투입, 적기시정조치 제도의 강화 등 금융구조조정이 은행을 중심으로 이루어짐에 따라 은행의 생산성, 수익성 및 재무구조가 크게 개선되었다. 일반 은행의 충당금 적립 전 손익을 보면, 98년에는 3.5조 원 적자를 보였고 99년과 2000년에는 각각 4.8조 원, 8.5조 원의 흑자를 보였다. 그러나 수십 년 동안 누적된 잠재 부실, 특히 잠재 재벌부실이 경제위기를 계기로 현재화되는 데 따른 거액의 대손충당금 적립으로 일반 은행의 당기순손실 규모는 1998년 11.5조 원, 99년 5.0조 원, 2000년 2.8조 원으로 3년간 누적 적자액은 18.9조 원에 달했다. 2001년에는 부실 문제가 줄어든 반면, 예대 금리차와 이자수익 자산 확대, 신용카드 수수료 급증 등으로 마침내 4.2조 원의 당기순이익을 기록하였다.

일반 은행 수익구조 정상화의 가장 중요한 요인은 대량의 부실채권 정리이지만, 대대적인 구조조정을 통해 제고된 신뢰를 바탕으로 은행으로의 예금유입이 꾸준히 증가함으로써 이자수익이 지속적으로 상승한 것이 주효하였다. 은행은 제2금융권보다 신속하게 부실채권 정리와 자본 확충을 단행하여 신뢰가 크게 제고되었기 때문에 안정성을 선호하는 시중 자금이 은행에 지속적으로 유입되어 예수금이 확대되었고, 동시에 은행들의 강화된 가격결정력을 바탕으로 수신 금리를 인하하면서 2000년 9월 이후 예대 금리차가 상승하면서 은행의 이자수익이 크게 확대되었다. 1997년 경제위기 이후 기업대출의 부실화로 대규모 손실을 경험한 일반 은행들은 기업대출을 기피하고 상대적으로 안전한 주택담보대출을 적극 확대하였다. 그 결과 일반 은행의 원화대출금 중 기업자금대출 비중은 1991년 89%로부터 지속적으로 저하하여 2000년에는 56%로 하락한 반면, 가계자금 및 주택자금 대출의 비중은 1991년 9%에서 2000년 39%로 크게 상승하였다.

또한 신용카드 관련 수수료의 급증 등 수수료 수익이 크게 증가하여 2001년의 경우 총영업이익의 33.4%를 차지하였다. 다른 한편 일반 은행의 수익성 개선은 부분적으로는 금융구조조정 과정에서 인력 및 점포 수 감축, 그리고 은행 간 합병 등을 통한 강력한 경영합리화 추구로 1인당 총자산, 점포당 총자산 등 생산성이 크게 향상된 데 기인한 것이었다(〈표 4-5〉).

표 4-5 | 일반 은행의 당기순이익, ROA, ROE, 생산성 추이

구분	1997	1998	1999	2000	2001
당기순이익	113,944	-125,106	-59,960	-28,405	41,672
ROA	6,177	-3.25	-1.31	-0.57	0.76
ROE	-0.34	-52.53	-23.13	-11.90	15.88
임직원 수(명)	53.2	75,677	74,744	70,559	68,360
점포 수(개)	982.0	5,183	4,882	4,802	4,857
1인당 당기순이익(억 원)		-1.53	-0.80	-0.40	0.61
1인당 총자산(억원)		74.7	75.2	82.3	93.8
점포당 총자산(억원)		1,090.3	1,151.8	1,209.9	1,320.6

자료 : 금융감독원, 은행경영통계

이와 같이 구조조정 이후 일반 은행들이 부실채권 감축, 자본 확충 등 개선된 재무구조를 바탕으로 수익성 위주의 경영을 추구한 결과, 당기순이익이 2001년 4조 1672억 원(특수은행 포함시 5.28조 원) 흑자로 전환되었고, 총자산이익률(ROA) 및 자기자본이익률(ROE)도 각각 0.76% 및 15.88%로 상승하였다. 그러나 우리나라 일반 은행의 ROA는 미국(0.87%) 및 영국(0.94%)의 대형 상업 은행에 비해 아직 낮은 수준이다.

그러나 비은행 금융기관의 부실채권 감축 및 수익성 개선은 상대적으로 저조한 실정이다. 당초 금융구조조정을 추진함에 있어서 정부는 금융시스템의 중추인 은행 부문은 공적자금 투입을 통해 부실채권 매입 및 자본 확충 등을 우선적으로 추진하되, 비은행 금융기관의 경우 대주주가 있으므로 대주주 책임 하에 추진하도록 계획하였다. 그러나 비은행 금융기관들의 경우 구조조정이 미흡하여 아직도 높은 부실채권 비율을 보이고 있고, 불법 영업 등에 따른 신뢰 저하로 영업 기반이 위축되어 큰 폭의 적자가 지속되고 있다. 특히 투자신탁회사들과 증권회사들이 최악의 자산의 질을 보이고 있다. 이들 부문의 여신은 거대 재벌에 집중되어 있었기 때문이다. 2차 공적자금은 대부분 종합금융사의 폐쇄, 대우부실로 인해 커다란 손실을 입은 서울보증보험의 자본 확충, 한국투자신탁과 대한투자신탁을 지원하는 데 사용되었다(〈표 4-6〉,〈표 4-7〉).

그리고 은행 부문 역시 자산건전성 및 자본충실도 면에서 잠재적 불안 요인이 상존하고 있다. 그동안 부실기업의 현재화는 크게 진전되어, 현재까지 드러나지 않는 잔존 부실의 규모는 크지 않은 것으로 추정되지만, 이동걸과 김세진(2001)의 연구에 따르면,[4] 은행의 기업여신에 대

---

[4] 이동걸 · 김세진(2001), 기업신용위험의 현황과 과제, 금융연구, 한국금융연구원, 2001.8. 이 실증연구는 기존 신용평가 3사의 신용등급이 기업의 신용위험을 제대로 반영하지 못하고 있다는 것을 발견하였다.

표 4-6 | 비은행 금융기관의 부실채권[1] 규모 및 비율 추이
단위 : 조 원, ( )안은 %

구분	1998 말	1999 말	2000 말	2001 말
상호저축은행	5.3	5.8	5.8	3.1
	(24.1)	(32.6)	(36.9)	(19.5)
신용협동조합	2.5	2.2	1.6	1.2
	(22.3)	(21.6)	(15.5)	(11.2)
종합금융회사	5.6	2.3	1.3	1.0
	(20.0)	(15.4)	(37.1)	(34.5)

주 : 1) 고정이하 여신.

    2) ( )내는 부실채권비율.

자료 : 금융감독원

표 4-7 | 비은행 금융기관의 당기순이익 추이
단위 : 억 원

구분	FY1998	FY1999	FY2000	FY2001
상호저축은행(6월)	-16,138	-10,787	-5,082	-940
신용협동조합(12월)	1,674	-190	-1,020	-1,440
종합금융회사(3월)	-11,392	-2,113	-24,900	161

주 : 1) 상호저축은행은 7~12월 중, 종합금융회사는 4~12월 중 기준.

    2) ( )내는 결산월.

자료 : 금융감독원

한 선선성 분류가 기업 신용위험을 직질히 반영하지 못하고 있을 가능성이 있다. 더욱이 우리나라 은행의 BIS 자기자본비율은 상당 부분 후순위채 발행을 통한 차입금에 의존하고 있어 핵심 자본을 기준으로 한 자본충실도는 아직 취약하다. 과도한 고금리 후순위채 발행은 은행 당기순이익을 감소시켜 이익잉여금의 내부유보를 어렵게 하고, 증시를 통한 유상증자에도 지장을 초래하여 은행의 핵심 자본 충실화에 장애가 될 우려가 있기 때문이다.

금융시스템 리스크의 감소

금융구조조정 과정에서 금융기관 건전성 감독의 기준 강화와 인프라 정비로 금융시스템 리스크는 경제위기 이전에 비해 크게 감소하였다고 볼 수 있다. 우선 금융기관 자산건전성분류기준이 개선되어 금융기관 부실채권의 조기 인지가 용이해졌고, 대손충당금 적립 기준이 대폭 강화되어 부실채권으로 인한 금융기관의 손실을 흡수할 수 있는 능력이 제고되었으며, 적기시정조치가 강화되어 한 금융기관의 부실이 여타 금융기관으로 전염될 위험이 감축되었다. 또한 금융기관 회계 투명성 제고와 경영공시 강화로 금융기관의 경영성과가 주가에 반영되는 등 시장규율이 제고되었다.

구조조정 과정에서 시행된 각종 제도 및 관행의 개선으로, 금융기관들은 종래 외형 확대 위주의 경영 방식에서 탈피하여 수익성과 효율성을 강조하기 시작하면서, 이를 뒷받침하기 위해 지배구조의 개선, 사업부제 도입, 여신관행 혁신, 수익성 중시의 조직문화 창출, 위험관리 시스템의 구축 등 선진형 시스템의 도입을 서두르고 있다.

금융기관의 지배구조도 개선되었다. 사외이사제도 도입 등으로 은행권의 경우, 종전 행장 중심의 독단적이고 불투명한 의사결정 체제가 이사회 중심으로 개편되어 선진적 감시기능이 작동하기 시작하였고, 사외이사 중심의 감사위원회 제도와 준법감시인 제도의 도입 등으로 금융기관 경영에 대한 내부감시 활동이 강화되고 있다. 그러나 비은행 금융기관들의 경우에는 사외이사 중심의 이사회 구성이 미비되어 있고, 사외이사의 독립성이 취약한 가운데 산하 전문위원회의 구성 및 활동도 취약한 실정이다.

특히 구조조정 과정에서 많은 금융기관들이 대외 신인도 제고, 자본 확충, 선진 금융기법의 획득 등을 위해 외국계 자본의 참여를 적극 유도하였다. 그 결과 상당수 금융기관들에서 외국계 자본이 제1 내지 제2 주주가 되었다. 은행권의 경우, 제일·한미·외환·하나·국민 은행의 제1대 주주가 외국계로서 이들 은행의 국내 은행 여수신 점유율은 50%를 웃돌고 있다. 외국 증권사 국내지점과 외국인이 제1대 주주로 경영에 참여하고 있는 증권사의 시장점유율은 1997년 3.9%에서 2000년 10.7%로, 그리고 외국계 생명보험사의 시장점유율도 1997년 1.3%에서 2000년 말 9.3%로 증가하였다. 특히 외국계 증권사들은 선진 금융기법, 글로벌 영업망 등을 활용하여 국내 시장을 빠르게 잠식하고 있으며, 선진적인 리서치 능력 및 리스크 관리를 바탕으로 기관투자가를 상대로 위탁매매를 하는 법인영업 부문에서 시장점유율이 높아지고 있다. 그 결과 외국계 자본은 금융기관에 대한 정부의 공식적 및 비공식적인 간섭에 대한 견제력으로 기능하고 있다.

경제위기의 핵심적 원인 중의 하나가 국내 금융기관의 취약한 여신심사 기능과 부실한 사후관리였다는 인식 하에 1998년 5월부터 여신관행 혁신이 추진되었다. 선진형 여신심사기법, 등급별 신용위험 관리기법, 여신심사 및 여신취급 결정과 관련한 심사역합의체, 부실징후 여신을 선별하기 위한 여신감리제(loan review system)등 다양한 선진형 여신관리시스템이 도입되었다. 그리고 수익성 위주의 경영 시스템 구축을 위해 임직원의 보수 체계를 연간 경영 실적에 연계하고, 주식매수청구권(stock option) 제도 등을 도입하여 회사 가치의 증대가 임직원의 소득으로 이어질 수 있는 유인책이 활성화되었다. 또한 일부 금융기관들은 기존의 기능별 조직을 시장별 사업본부제로 전환하여 중간 경영층인 사업본부장에게 권한을 위임, 자율 및 책임 경영체제를 구축하고 수익성에 기초한 보상 제도를 시행하고 있다. 또한 1999년 3월 이후 시중은행을 중심으로 선진국 주요 은행의 모범 사례에 기초하여, 시장위험·신용위험·유동성위험·영업위험 등 각종 위험을 종합적으로 관리하기 위한 위험 관리시스템을 단기간 내에 구축하였고, 리스크 관리 조직의 신설 등 리스크 관리시스템을 구축하였다. 그러나 리스크 측정을 위한 기초 자료의 축적 기간이 짧고 모형의 신뢰도도 검증되지 않은 상태여서 리스크 측정 결과의 활용도도 아직 낮은 수준이다.

금융감독 당국도 금융시장의 자율화와 개방화에 따라 증대된 위험에 상응하는 건전성 규제 및 감독 체계의 정비를 강화하고 있으며, 이를 기반으로 위험중심 감독 체제를 구축해 가고 있다. 그러나 강화된 건전성 감독 기준의 엄격한 집행은 아직 미흡한 것으로 평가되고 있다. 특히 금융감독 당국이 다른 정책적 목적을 위해 감독 규정을 엄격히 집행하지 않거나, 금융감독권이 관치금융의 수단으로 이용되는 사례도 없지 않았다. 예컨대, 자기자본비율이 일정 수준 이하로 낮아지면 적기시정조치를 취하도록 법제화되어 있으나, 이를 회피하기 위해 자산건전성 분류에 대한 검사를 완화하는 사례 등이다. 그로 인해 금융기관의 회계 등에 대한 시장의 신뢰가 아직 낮은 수준이다.

5. 기업 구조개선

제1장은 한국의 경제위기의 핵심적 원인을, 기업 부문의 구조적 취약성, 특히 재벌 부문이 비재벌 기업들에 비해 부채비율은 높고 수익성은 낮은 구조적 취약성이, 1980년대 말 이후 추세적으로 악화되어온 결과 광범하게 부실화된 데서 찾았다. 그러나 지난 5년 동안 구조조정을 거치면서, 이러한 문제점들은 상당히 해소되었다고 평가할 수 있을 것이다. 즉 기업 재무구조가 개선되었고 재벌 부문의 위험성도 많이 감소

하였으며, 재벌총수의 전횡으로 방만한 투자가 재연되는 것을 견제하기 위해 선진적인 기업지배구조 제도가 도입되었기 때문이다.

재무 구조의 개선

재벌들의 높은 부채비율은 재벌들의 급속한 성장의 지렛대임과 동시에 불안정성의 기초가 되었다. 제1장에서 살펴보았듯이, 한국 기업들, 특히 재벌들의 부채비율은 너무 높았던 것이 사실이며, 그 결과 경기침체 시 기업의 안전성을 크게 위협하였고, 국민경제에서 커다란 비중을 차지하고 있는 재벌들의 도산은 경제시스템의 위험을 크게 높였다. 30대 재벌들과 주거래은행이 체결한 '재무구조개선 약정', 그리고 부채비율 200%를 초과하는 부채에 대한 이자비용 손비 불인정, 상호지급보증 해소 및 금지 등의 부채비율 인하 정책을 추진한 결과, 제조업의 부채비율(부채/자기자본)은 1997년 말 396.3%에서 지속적으로 하락하여 2001년 말에는 182.2%로 크게 하락하였다.

그러나 이러한 부채비율 하락은, 〈표 4-8〉에서 보듯이, 금융부채 감축보다는 유상증자, 자산재평가 등을 통한 자기자본 확충을 통한 것이었다. 특히 재벌들은 1998년 2월 출자총액제한 제도가 폐지된 이후 계열사 간 순환출자를 통해 부채비율을 낮추는 편법을 사용한 측면도 있었다.[5] 30대 재벌의 출자총액은 1998년 4월 17.7조 원에서 1999년 4월 29.9조 원으로 68.9% 증가하였으며, 계열회사에 대한 유상증자 참여(8.2조 원)가 출자총액 증가(12.2조 원)의 2/3를 차지하였다. 특히 5대 재

---

5 30대 계열기업의 출자총액 추이(금융, 보험업 제외/단위 : 억 원)

1997.4	1998.4	1999.4	2000.4	2001.4
16.9	17.7	29.9	45.9	50.5

자료 : 허재성 · 유혜미(2002), 전게서

표 4-8 | 제조업의 부채비율 추이 및 부채비율 변동 요인별 기여도

구분	1997 말	1998 말	1999 말	2000 말	2001 말
부채비율(%)	396.3	303.0	214.7	210.6	198.3
전기대비변동(%P)	–	-93.3	-88.3	-4.1	-12.3
변동요인별기여도(%P)					
〈자기자본〉	–	–	〈-89.1〉	〈+2.8〉	〈-13.8〉
〈금융 부채〉	–	–	〈-14.0〉	〈-8.3〉	〈-7.4〉
〈출자전환 및 채무면제〉	–	–	(··)	(-4.2)	(-7.1)
〈퇴출기업 부채〉	–	–	(··)	(-2.7)	(··)
〈기타 부채〉[1]	–	–	〈+14.8〉	〈+1.4〉	〈-7.2〉

주 : 1) 외상매입금, 퇴직급여충당금 등 부채성 충당금 등.
　　2) 2000년의 부채비율 하락(-4.1%)이 금융부채 감축(-8.31%)에 주로 기인하였으나, 동 금융부채 감축은 대부분 금융기관부채 상환보다는 출자전환 및 채무면제, 퇴출기업 부채 제외 등에 의해 이루어짐.
자료 : 한국은행, 기업경영분석

벌의 경우 자기 계열사에 대한 유상증자 참여가 7.9조 원에 이르렀다. 30대 재벌 계열사 간 출자총액은 1999년 4월부터 2000년 4월 사이에 또다시 53.5% 증가하였다.

계열회사에 대한 유상증자 참여는 기업집단 전체적으로 볼 때 새로운 자본의 유입 없이도 서류상 기업의 부채비율을 낮춤으로써 기업의 재무적 위험에 대한 정보를 왜곡시킨다. 실제로 이 기간 중 대우와 현대의 경우 부채의 절대적 규모에 있어서 커다란 변동 없이, 계열사 간 출자를 통해 부채비율을 하락시켰다. 이처럼 30대 재벌 계열회사들이 자기 계열사의 유상증자에 참여한 결과, 계열사 내부지분율이 1998년 4월 35.7%에서 1999년 4월 44.1%로 크게 상승하였다. 30대 재벌기업들의 평균 부채비율은 1997년 519%에서 2000년 219%로 하락하였다. 그러나 개별 기업들의 재무제표가 아니라, 동일한 대주주의 영향력 아래 있는 계열사 간의 자금 거래를 상쇄한 결합재무제표에 따르면, 2000년

9월 현재 4대 재벌의 부채비율은 349.4%, 기타 12개 재벌의 그것은 287.7%이다. 즉, 정부가 단기간에 부채비율 축소라는 부분적 목표를 제시하자, 재벌들은 부채를 줄이기보다는 계열사 간 출자를 통하여 자기자본을 확장시킴으로써 서류상의 부채비율을 낮추는 편법을 사용하였다.

이러한 폐해를 방지하기 위해 1999년 12월 관계법령 개정을 통해 2001년 4월부터 개별 계열기업의 순자산(총자산-자본총액)의 25%를 초과하는 타회사 주식 취득을 금지하는 출자총액제한 제도를 재도입하였다. 그러나 2001년 12월 한나라당 주도로 규제 완화와 기업투자를 촉진한다는 명분 하에 관련 법령을 재개정하여 총자산 규모 5조 원 이상인 기업집단으로 동 제도의 대상을 축소하고, 다시 동종 또는 밀접한 관련 업종에의 출자분 등을 출자총액제한 제도의 적용 대상에서 제외하는 등 예외 조치를 대폭 확대하였다.

재벌의 계열사 간 채무보증은 과다차입을 야기하고, 일부 계열사의 부도 시 연쇄도산을 야기함으로써 기업구조조정의 장애 요인이 된다는 인식을 바탕으로, 정부는 1998년 2월 공정거래법을 개정하여 1998년 4월부터 신규 채무보증을 원칙적으로 금지하고, 기존 채무보증은 2000년 3월 말까지 완선 해소토록 하였다. 그 결과 새로 30대 재벌로 지정된 재벌이 기존에 보유하고 있던 2001년 3월 말 현재 363억 원을 제외하고는 30대 재벌의 채무지급보증은 완전 해소되었다. 그러나 채무지급보증의 구체적 해소 방법을 볼 때, 여신상환을 통한 채무지급보증 해소는 약 35%에 불과하고, 약 22%는 계열사의 지급보증 대신 신용대출로의 전환에 의한 것이었다(〈표 4-10〉). 2001년 초부터 현대그룹의 일부 계열사들이 워크아웃 또는 기업구조조정 절차를 밟고 있음을 고려하면, 재벌 계열사 간 채무보증의 해소가 그룹의 재무적 안정성을 보장하

표 4-9 | 기업집단별 채무보증 해소 현황   단위 : 조 원

	1997.12	1998.12	1999.12	2000.12	2001.3
1~5대	11.8	3.5	0.9	0	0
6~30대	21.8	8.8	3.4	0.4	0.04
합 계	33.6	12.3	4.3	0.4	0.04

자료 : 공정거래위원회

표 4-10 | 30대 재벌 규모별 채무보증 해소 현황   단위 : 조 원, ( )안은 %

	계 (해소금액)	여신상환	신용전환	금리조정	담보, 개인입보	합병, 매각	기 타[3]
1998.4. 1 이후 채무보증 해소방법[1]							
1~5대	8.84	2.53	2.49	2.48	0.76	0.35	0.23
(%)	(100)	(28.6)	(28.1)	(28.0)	(8.6)	(4.0)	(2.7)
6~30대	7.38	3.36	1.02	0.09	0.75	1.77	0.39
(%)	(100)	(45.5)	(13.9)	(1.2)	(10.2)	(24.0)	(5.2)
30대 전체	16.22	5.89	3.51	2.57	1.51	2.12	0.62
(%)	(100)	(36.3)	(21.6)	(15.8)	(9.3)	(13.1)	(3.9)
1999.4. 1이후 채무보증 해소 방법[2]							
1~5대	2.29	0.38	0.62	0.20	0.48	0.017	0.10
(%)	(100)	(16.5)	(27.1)	(8.7)	(21.1)	(0.8)	(4.5)
6~30대	5.29	2.08	1.05		1.16	0.37	0.10
(%)	(100)	(39.3)	(19.9)	(0.0)	(21.8)	(7.1)	(2.0)
30대 전체	7.57	2.45	1.67	0.20	1.64	0.39	0.21
(%)	(100)	(32.3)	(22.1)	(2.6)	(21.6)	(5.2)	(2.7)

주 : 1) 「1999년도 대규모 기업집단 채무보증 현황」, 1999.8.5 및 각 연도.
　　2) 98년 이후 신규 지정된 4개 기업집단(새한, 강원산업, 제일제당, 삼양) 제외.
　　3) 워크아웃 기업 간 채무보증 해지, 여신대비 채무보증비율 인하 등.
자료 : 조성욱(2001)

지는 않지만, 적어도 일부 계열사의 부실이 견실한 여타 계열사 부실로 연결되는 고리를 차단하는 효과는 있는 것으로 보인다(조성욱, 2001).

앞에서 살펴본 바와 같이, 경제위기 이후 정부는 재벌 계열사 간 채무지급보증과 출자 그리고 부당내부거래 등을 통한 그룹 위주의 경영은 일부 계열사의 부실이 다른 계열사로 쉽게 전이될 뿐만 아니라 그룹 전체가 부실로 이어지면서 경제 전반에 시스템 위험을 야기할 수 있다는 인식 하에, 그룹 위주의 경영을 지양하고 계열사의 독립성을 강화하는 정책을 추진하였다. 이를 위해 결합재무제표 작성을 의무화하고 계열사 간 지원 행위를 시정하고, 계열사 간 채무보증을 해소할 것과 다각화된 사업 구조에서 탈피하여 핵심 사업에 집중하도록 요구하였다.

조성욱(2001)은 재벌 계열사들의 주식시장 자료를 이용하여 이러한 정부 재벌 정책의 효과를 분석한 결과, 개별 기업의 주가수익률에 미치는 그룹 전체의 주가수익률의 영향이 구조조정 이후 크게 감소하였음을 발견하였다. 즉 5대 재벌 중 대우와 현대를 제외할 경우 그룹 전체의 주가수익률이 개별 기업 주가수익률에 미치는 영향 정도가 작아진 것으로 나타났으며, 6~25대 재벌은 그룹 전체의 주가수익률 계수는 0.67에서 0.01로 작아지고 모형 설명력도 0.34에서 0.02로 떨어지는 등 개별 기업이 그룹 경영성과라는 위험으로부터 완전히 벗어난 것으로 평가하고 있다.[6]

지배 구조의 개선

김대중 정부의 재벌개혁은 출범 초기에는 기업개혁 5대 과제를 달성하기 위해 기업 관련 제도를 국제표준에 맞도록 광범하게 개선하였으나, 1999년 급속한 경기회복에 따른 개혁 의지 퇴색으로, 뒤에 추가된 3대 과제를 실현하기 위한 제도 개선 노력은 미흡하였다.

---

6 조성욱(2001)은 주식시장은 구조조정의 효과를 미리 인식한다는 데 착안하여, 1996.11~1997.7.31을 구조조정 이전 시기로, 1998.7.1~1999.12.31을 구조조정 이후 시기로 간주하여 분석하였다.

기업회계 투명성 제고를 위해 1998년 12월 회계 기준을 국제기준에 부합하도록 개정하였으며, 계열사 간 내부거래 및 지급보증 미게재 등이 문제되었던 30대 재벌에 대해서는 1998년 2월 결합재무제표 작성을 의무화하였고, 외부감사인의 독립성 강화 및 공인회계사의 부실감사에 대한 벌칙을 강화하였다. 금융감독원의 회계법인의 부실감사에 대한 감리도 강화되어, 1998년부터 3년간 일반감리의 경우 29.9%, 전체 감리 기업의 경우 72.1%가 금융감독원의 감리에 적발되었다. 그러나 아직도 한국 기업들의 재무제표에 대한 불신이 주식시장에서 기업가치에 대한 정당한 평가나 외국인에 의한 M&A를 가로막는 중요한 요인이 되고 있다.

사실상 이사제도 및 사외이사 제도의 도입, 소수주주권의 강화 등을 통한 기업지배구조의 개선을 위한 각종 제도가 정비되었다. 그러나 대주주 및 경영진에 대한 소수주주의 경영감시는 아직 미흡한 수준이다. 사외이사 제도는 도입 취지와는 달리 지배주주에 대한 견제 기능을 발휘하지 못하고 있는 것으로 평가되고 있다. 소수주주권을 강화하기 위해 상법 개정(1998.12)을 통해 이사선임 시 소수주주의 집중투표제가 도입되었으나 회사 정관으로 이를 채택하지 않을 수 있도록 규정한 결과, 30대 계열 517개사 중 421개사는 회사 정관으로 집중투표제를 채택하지 않고 있다. 그 결과 계열사의 높은 지분율과 최대 주주가 통제할 수 있는 지분율이 높은 상황에서 최대 주주의 추천에 의한 사외이사 선임이 74%에 이르고 있으며, 사외이사의 의안 찬성률은 99.3%에 이르는 것으로 나타났다.

기업 내부의 이사회 등에서 대주주가 기업의 이익보다는 사적이익을 추구하는 행위를 견제할 수 없는 경우 주주 스스로 감시할 수 있도록 1998년 소수주주권 행사 요건을 대폭 완화하였다. 예컨대, 1998년 5월

증권거래법 개정을 통해 대표소송권, 이사 및 감사 해임 청구권, 이사 위법행위 유지 청구권 등은 전체 주식의 0.01% 또는 0.25%만을 보유해도 가능하게 하였다. 그러나 소수주주로부터 권리 행사를 위임받은 '참여연대' 등의 활동은 적극적인 반면, 소수주주의 직접적인 권리 행사는 이루어지지 않고 있다. 이는 어떤 주주가 주주권을 행사하는 경우 이에 수반되는 비용은 자신만이 부담하면서, 그 편익은 지분율에 따라 모든 주주에게 돌아가므로 무임승차하려는 유인 때문인 것으로 보인다. 따라서 소수주주권 강화가 실질적인 효과를 발휘하기 위해서는 주주권 행사에 소요되는 비용을 감축하기 위한 집단소송제 도입, 혹은 소수주주권 행사의 편익을 제고하기 위한 징벌적 손해배상제의 도입이 필요하다는 주장이 제기되고 있다.

기관투자가는 높은 지분율을 가지고 있으므로 기업성과가 개선될 때 얻는 편익이 크기 때문에 경영감시에 수반되는 비용을 지불하고도 경영감시를 할 유인이 소수주주보다 클 것이라는 인식 하에, 기관투자가의 의결권을 허용하였다. 그러나 신인석(2001)[7]의 투신사 의결권 행사에 대한 실증연구에 따르면, 이들은 소극적이고 기존 경영진에 우호적인 역할을 하고 있는 것으로 나타났다.

요컨대, 경제위기 이후 한국의 기업지배구조가 제도적으로는 크게 개선된 것이 사실이지만, 아직도 사외이사의 독립성과 전문성이 제한적이고, 소액주주권이 행사된 사례도 드물며, 기업 경영의 투명성에 대한 외국인 투자자들의 평가도 낮은 수준에 머무르는 등 아직 개선의 여지는 크다고 볼 수 있다. 그 결과 2001년 4월 말 현재 30대 재벌 계열기업들의 총수 지분율은 평균 3.3%에 불과하나, 계열사 간 상호출자를

---

8 신인석, 투신사의 의결권 행사 실태와 정책대응, 한국개발연구원, 2001.

통해 내부지분율은 45%에 이르러, 재벌총수가 적은 지분으로 많은 계열사를 지배하는 체제가 지속되고 있으며, 상속세법의 미비로 신종 사채나 비상장주식을 이용한 상속이나 증여가 지속되어 혈족 간 경영권 세습 관행도 지속되고 있다.

6. 지속 가능한 성장기반 구축

우선 1997년 경제위기를 촉발시킨 직접적 원인이었던 외환유동성 위기가 재발할 위험성은 2002년 1월 외환보유액이 1049억 달러(약 130조 원)에 육박함으로써 거의 없다고 볼 수 있다. 또한 총외채가 1997년 말 1592억 달러에서 1203억 달러로 크게 감소한 반면 대외 자산은 1052억 달러에서 1636억 달러로 대폭 증가되어 순채권국으로 변모되었다. GDP 대비 총외채비율이 25.6%로서 세계은행 기준으로 외채 문제가 없는 국가로 분류된다. 나아가 기업 및 금융구조조정 과정에서 경제부실이 거의 투명하게 공개되었고 많은 부분이 정리됨에 따라 외평채 가산금리(10년 만기)는 1998년 525.9bps에서 2001년 말 132.0bps로 현저히 하락되었고, 국가신용 등급도 1998년 투기 등급에서 2001년 현재 투자적격 등급으로 상승하였다(〈표 4-12〉).

그리고 경제위기의 근본 원인이었던 기업 부문의 취약성도 상당히 개선되었다. 부실기업이 대폭 정리되었고, 생존한 기업들도 불필요한 조직의 축소와 대규모 인원 감축을 통해 노동생산성이 1998~2001년 기간 중 연평균 10.9%의 상승을 보였지만, 임금은 연평균 5.9% 상승하였다. 그리고 기업부채가 1997년 말 666.0조 원에서 2001년 6월 말 641.1조 원으로 감소함으로써, GDP 대비 기업부채비율은 동 기간 중

1.5배에서 1.3배로 하락하였다. 또한 1998년 하반기 이후 저금리 기조가 정착되어 실질 회사채수익률은 1997년 8.9%에서 2001년 12월 현재 2.6%로 하락하였다. 이와 같이 경제구조가 경제위기 전보다 저비용 구조로 전환됨에 따라 기업 부문의 수익성도 개선되고 있다. 〈표 4-12〉에서 거시경제 지표를 보면, 한국경제는 1998년 극심한 경기침체에서 벗어나 낮은 물가상승률 하의 안정적 성장세를 지속하고 있다.

그러나 제1장에서 지적하였던, 한국 기업들의 이윤을 점점 크게 압박하여 온 상대가격의 왜곡으로 인한 고비용 구조는 부분적으로만 해소되었다. 박종규와 조윤제(2002)는 경제위기 이후 환율은 충분히 조정되었으며, 고금리도 거의 충분히 조정되었으나, 고지가와 고임금은 아직 충분히 조정되지 않은 것으로 평가하였다.

대미달러 환율은 달러 당 1100~1300원대를 유지하고 있어 1996년 평균 803원에 비해 약 37~62% 가량 절하되었으며, 실질 실효환율도 1995~96년 수준 보다 22% 절하되어 1980년대 3저 호황 당시 수준을 유지하고 있다. 그 결과 1999년 4/4분기부터 발생한 교역 조건 악화는 1996년의 그것보다 더 심각한 것임에도 불구하고, 경상수지가 2000년 2001년에도 계속 흑자를 유지할 수 있게 되었던 것이다. 그리고 금리 역시 경제위기 이후 그게 히락히였다. 콜금리의 지속적 인하로 사상 최저 수준인 4% 이하로 낮아졌고, 이와 함께 장·단기 시장금리도 크게 낮아져, 회사채수익률은 경제위기 전 12~18% 수준에서 7% 이하로 낮아졌다.

1998년 임금상승률은 노동생산성 증가율[8]과 소비자물가 상승률을 합한 값에 크게 못 미쳤으나, 1999~2001년 3년 연속 임금상승률이 노

---

8 여기서 노동생산성 증가율은 실질 GDP를 전산업 취업자 수로 나눈 값의 전년대비 증가율을 의미한다.

동생산성 상승률과 소비자물가 상승률의 합을 웃돌고 있다. 따라서 경제위기 이후 정리해고제 도입 등 노동시장의 유연화를 위한 법적, 제도적 장치가 도입되었음에도 불구하고, 우리나라 임금 수준이 뚜렷하게 조정 받았다는 결론을 내리기는 어렵다. 더욱이 제1장에서 한국경제 고비용 구조의 근본 원인으로 지목하였던 고지가 문제가 해소되었다고 보기 어렵다. 경제위기 직전 서울의 사무용 건물의 임대료는 세계에서 네다섯 번째로 높았지만, 위기를 거치면서 부동산 가격 하락과 환율 상승으로 인하여 2002년 7월 20위까지 내려갔다. 그러나 아직도 미국의 워싱턴이나 실리콘밸리보다 비싸다.[9]

부동산 가격 인플레이션의 재연

1960년대 이후 한국은 대체로 10년 주기의 부동산 가격 인플레이션을 경험하였다. 그 결과 전국지가총액의 대 GDP 비율은 1989년 9.03까지 상승하였다. 그러나 1991년 이후 부동산 가격은 대체로 하향 안정세를 보이다가, 경제위기로 인해 전국지가 평균은 1998년 13.6% 하락하였다. 그러나 1999년 2.9% 상승하였다. 그 결과 전국지가총액의 대 GDP 비율은 계속 하락하여 1999년 3.07까지 하락하였다.

그 동안 정부의 부동산 정책들은 부동산 가격 상승을 인위적으로 통제하려는 데 정책 목표를 두어왔고, 1991년 이후 부동산 가격이 안정세를 보이자 부동산 문제가 해결된 것으로 인식하고, 근본적인 제도개혁은 소홀히 하여왔다. 주기적인 부동산 가격 인플레이션을 해소하기 위해서는, 제1장의 분석을 통해 드러났듯이, (1) 금융자유화, (2) 부동산 관련 세제 정비를 통해 자산 증식 수단으로서 부동산의 구조적 우월성

---

9 박종규 · 조윤제(2002), 24쪽 〈표 2〉.

을 제거하고, (3) 도시용 토지 공급에 경쟁적 시장 메커니즘의 도입 등
이 동시에 추진되어야 한다. 이 중 (1)과 (3)은 1997년 경제위기 이후 경
제개혁을 통해 커다란 제도 개선이 있었으나, (3)의 문제는 최근까지 방
치되어왔다.

그 결과 〈표 4-11〉에서 보듯이, 2001년 하반기부터 아파트를 중심으
로 부동산 가격이 가파르게 상승하고 있다. 2002년 2월 전(全) 도시 아
파트 가격지수는 1년 전에 비해 22.5% 상승하여 아파트 가격 상승세가
절정에 달하였던 1991년 4월의 전년 동월대비 상승률 24.4%에 근접하
고 있다. 특히 서울 아파트 가격은 2002년 1/4분기에만 15%의 가파른
상승세를 보였다. 또한 전국지가도 주택 가격 급등과 개발제한구역 해
제 등의 영향으로 비교적 빠르게 상승하여 부동산 시장의 버블 가능성
에 대한 우려가 제기되고 있다.

최근 부동산 가격 인플레이션은 크게 다음 두 가지 요인들이 복합적
으로 작용하여 초래된 것으로 보인다. 첫째, 경제위기 여파로 주택 공
급이 크게 감소하였다. 주택 공급은 경제위기 이전에는 매년 약 60만
호씩이 공급되어왔으나, 경제위기 이후 1998~99년 중 매년 30~40만
호로 감소하였다. 그 결과 상대적으로 주택보급률이 낮은 수도권을 중
심으로 주택 공급부족으로 인해 주택 가격 및 전세 가격이 상승하였다.
우리나라 주택보급률은 1988년 69.4%로부터 급격히 상승하여 2000년
94.1%에 이르렀다.

둘째, 경제위기 이후 지속된 금융완화 정책과 은행을 비롯한 금융기
관들이 위험이 높은 기업여신보다는 상대적으로 위험이 낮은 부동산
담보 가계대출에 주력하면서 가계의 차입이 용이하여졌다. 최근 가계
대출이 급증하였고, 대출 금액의 절반 이상이 부동산 시장으로 흘러가
고 있다.

	2001 3/4	4/4	2002 1/4	2/4	4월	5월	6월	7월	8월
주택매매	4.8	1.7	7.6	2.1	1.0	0.6	0.4	1.0	1.7
서울아파트	8.6	2.6	15.0	2.3	0.9	0.5	0.8	2.6	3.8
수도권아파트	9.2	2.3	13.8	2.3	1.0	0.5	0.8	1.9	3.4
주택전세	6.4	1.1	7.3	1.6	1.3	0.3	0.0	0.3	1.0
서울아파트	9.7	0.1	11.2	1.8	1.9	-0.1	-0.1	1.2	1.9
수도권아파트	10.5	0.5	10.5	1.0	1.3	-0.2	-0.1	0.8	1.5
전국지가	0.3	0.5	1.8	1.3	-	-	-	-	-
소비자물가	4.2	3.3	2.5	2.7	2.5	3.0	2.6	2.1	2.4

자료 : KDI, KDI 경제전망, 2002, 2/4; 2002년 8월 경제동향

위의 첫 번째 요인은 일시적인 것으로 2001년부터 건설경기가 활성화되면서 빠른 속도로 해소되고 있다. 그러나 둘째 요인은, 1980년대 일본 및 북구제국이 경험하였던 것과 유사한, 그러나 종래 한국 부동산 가격 인플레이션 요인과는 다른, 새로운 유형의 부동산 가격 인플레이션 요인이다. 즉 금융통제가 강하였던 시대에는 크게 문제가 되지 않았던 부동산 투자를 우대하는 세제상의 왜곡이 금융자유화와 금융완화 정책과 맞물려 부동산 가격 인플레이션을 초래하고 있는 것이다.

1980년대에 일본뿐만 아니라, 미국, 영국, 북구제국, 오스트리아 등 많은 나라들에서 자산 가격의 대폭적인 상승이 발생하였다. 이들 선진 제국에서 부동산 가격 인플레가 초래된 원인은 공통적으로 다음 세 가지 요인이었다 : (1) 금융규제 철폐 등 금융자유화; (2) 과도한 금융완화 정책; (3) 부동산 투자를 우대하는 세제상의 왜곡(제2장 부록2 참조). 이들 세 요인이 복합적으로 작용하여 부동산 가격 인플레이션을 야기시켰다. 금융자유화와 금융완화가 동시에 진행될 경우, 경쟁 격화로 인한

수익률 저하와 사업 규모의 축소를 두려워 한 금융기관들은, 자산 규모의 유지와 새로운 수익원을 찾아, 전통적인 고객 이외의 부동산업 등에 대한 대출을 증가시켰다. 금융완화 정책이 금융자유화 이전에 비해 금융기관 여신을 대폭 증대시켰다. 금융상품 및 금융기관 행동에 대한 규제가 강하였던 시대에는 효과가 크지 않았던 부동산 투자를 촉진하는 세제상의 왜곡도 차입이 용이하여지자, 세제상의 왜곡을 최대한 이용하기 위한 부동산 투자가 광범하게 이루어져 부동산 가격 인플레를 초래하게 되었다. 특히 부동산 투자를 우대하는 왜곡이 심하였던 일본과 북구제국에서는 특히 심각한 부동산 가격 인플레를 경험하였다.[10]

이와 같은 금융자유화에 따른 새로운 유형의 부동산 가격 인플레이션을 해소하기 위해서는, 부동산 담보비율 축소와 같은 금융규제의 강화보다는, 부동산 투자를 우대하는 왜곡된 부동산 관련 세제를 전면적으로 정비하여야 할 것이다. 부동산 관련 세제 개편의 기본 방향은 현행 '저보유과세·고거래과세' 체계를 선진국형 '고보유과세·저거래과세' 체계로 전환시키는 것이다.

이를 위한 핵심적 정책 과제는 아직도 30% 수준에 머물러 있는 부동산보유세의 과표현실화율을 대폭 인상하는 것이다. 조세저항이 심한 부동산보유세 과표현실화를 실효성 있게 추진하기 위해서는, 과표현실화로 인한 지역 주민들의 세 부담 증가라는 비용과 지역 초·중등 학교 교육의 질 개선이라는 편익을 연계시키는 시스템 구축이 선행되어야 한다. 첫째, 종합토지세를 각 지방자치단체가 설정한 단일 세율로 과세하는 '지방토지세'와 최상위 토지소유자만을 과세 대상으로 누진세율로 종합 과세하는 '국세토지세'로 2원화한다. 둘째, 기초자치단체에게

---

10 Shigemi, Yosuke(1995), Asset Inflation in Selected Countries, Bank of Japan Monetary and Economic Studies, Vol. 13, No. 2.

단위 : 연말기준

	1997년	1998년	1999년	2000년	2001년
• 가용 외환보유액(억 달러)	89	485	740	962	1,049(02.1.15)
• 외평채가산금리(bps, 10년물)	–	525.9	230.3	211.1	132.0(12월)
• 국가신인도(S&P)	B+	BB+	BBB	BBB	BBB+(02.1월)
• 환율(원/달러)	1,695	1,204	1,138	1,264.5	1,314.8(02.1.31)
• 금리					
콜금리(1일)	31.32	6.48	4.74	6.01	3.97(02.1.30)
회사채(3년)	28.98	8.00	9.95	8.13	6.99(02.1.30)
국고채(3년)	14.96	7.23	8.85	6.79	6.05(02.1.31)
• 주가지수(p)	376.31	562.46	1028.07	504.62	748.07(02.1.31)
• 외채					
총대외지불부담(억 달러)	1,592	1,487	1,371	1,363	1,203(11월 말)
총대외채권(억 달러)	1,052	1,285	1,454	1,669	1,636(11월 말)
단기외채비중(%)	39.9	20.6	28.6	32.4	32.8(11월 말)
• 어음부도율	1.49(12월)	0.12(12월)	0.14(12월)	0.27(12월)	0.15(12월)
(연중평균)	(0.40)	(0.38)	(0.33)	(0.26)	(0.23)
• 신설/부도법인(배율)	1.2(12월)	7.0(12월)	12.8(12월)	10.1(12월)	16.0(12월)
• 외국인투자(억 달러)	70	89	155	157	119
• 산업생산(동기대비,%)	4.7	6.5	24.2	16.8	-1.8(3/4분기)
• 실질경제성장률(동기대비,%)	5.0	6.7	10.9	8.8	1.8(3/4분기)
• 명목경제성장률(동기대비,%)	8.3	2.0	8.6	7.1	2.5(3/4분기)
• 실업률(%)	2.6	6.8	6.3	4.1	3.7(12월)
• 실업자수(만 명)	56	146	135	89	82(12월)
• 경상수지(억 달러)	82	404	245	110	87(1~11월)
• 통관수출(억 달러)	1,362	1,323	1,437	1,723	1,507(1~12월)
• 통관수입(억 달러)	1,446	933	1,198	1,605	1,411(1~12월)
• 소비자물가(동기대비,%)	4.5	7.5	0.8	2.3	2.6(02.1월)

주 : 1) 1999년 9월 말 순채권국으로 전환.

    2) 1999년 외국인투자 사상 최초로 세 자리수 달성.

    3) 외평채가산금리는 연평균 값.

지역의 초 · 중등 학교 행 · 재정권을 이양하고, 부동산보유세 과표현실
화율을 자율적으로 책정할 수 있는 권한을 부여하고, 그 세수의 상당
부분을 교육재원으로 사용하도록 한다. 이를 통해 한국경제의 고질적
고비용 구조의 근본 원인인 고지가(高地價)의 해소와 동시에 초 · 중등
교육을 책임질 지방자치단체의 자주적 교육재원을 조달하는 두 가지
문제를 동시에 해소할 수 있을 것이다(이진순, 2002).

7.개혁의 한계와 그 원인

앞에서 살펴본 바와 같이 기업 및 금융 구조조정은 그 동안 상당한
성과를 거두었으나 아직 미흡한 점도 적지 않다.

1) 정착 못한 금융건전성 감독 제도

부실은행들의 정리를 통해 '은행불사'의 신화가 사라지고, 더욱이
상대적으로 우량한 은행들도 상당한 인원 감축을 당하면서, 은행들은
과거에 비해 정부의 금융 정책으로부터 상당한 자율성을 회복하였다.
그러나 아직도 은행에 경제성상과 금융시장 안정 등 일징한 공익적 역
할을 강요하는 과거의 인식과 관행이 지속되고 있다. 예컨대, 대우그룹
의 부실이 현재화된 1999년 중반 채권시장 안정기금 조성, 2000년 말
산업은행 주도의 회사채 신속 인수, 2000년부터 은행의 CBO 인수 및
신용등급 BBB 이하인 기업에 대한 신용공여 등에서, 정부는 금융시스
템 안정성 유지라는 공익을 명분으로 내세워 개별 은행의 상업적 동기
와 의사를 무시하였다.

그리고 경제위기 이후 일련의 증권시장 투명성 및 건전성 제고를 위

한 개혁에도 불구하고, 시세 조정, 내부자거래 등 불공정거래 조사 건수는 1999년 189건에서 2001년 411건으로 증가하였다. 특히 코스닥시장의 불공정거래와 공시 위반에 대한 조사 건수가 크게 증가하였으며, 적발 유형별로는 시세 조정(152건)과 공시의무 위반(119건) 행위가 대폭 증가하였다. 그러나 증권 관련 집단소송제 도입이 지연되어 경영진의 허위 공시 등에 대한 책임 추궁이 어려운 실정이다.

2) 미흡한 투신사 구조조정

앞에서 살펴본 바와 같이, 구조조정을 통해 한국의 금융시스템은 전반적으로 건전화되었으나, 경제위기 이후 회사채 시장이 급팽창하였다가, 1999년 대우사태를 계기로 붕괴됨으로써, 아직 투신권 구조조정은 미흡한 상태이다.

회사채 시장의 급팽창과 붕괴[11]

한국의 회사채 시장은 1973년 이후 급성장하였다. 1963년 쌍용시멘트가 전환사채를 발행한 적은 있지만 1972년까지 한국의 회사채 시장은 활성화되지 않았다. 1972년 정부는 경기침체와 금융 시장의 동요로 기업들의 심각한 자금난을 완화하기 위한 하나의 정책으로 보증회사채 제도를 도입하였다. 이를 계기로 회사채 발행은 폭발적으로 증가하여, 회사채 잔고는 1972년 99억 원에서 1980년 1조 8400억 원으로 증대되었다.

이러한 회사채 시장의 성장은 기관투자가의 설립 등 하부 구조의 정비가 있었기 때문이었다. 1968년 정부는 직접금융시장의 육성을 위한

---

11 Inseok Shin(2001) 참조.

자본시장육성법을 제정하였으며, 투자신탁 업무 및 여타 시장조성 업무를 수행하는 한국투자주식회사를 설립하였다. 이후 투자신탁 업무는 한국 최초의 투자신탁회사로 1974년 설립된 한국투자신탁으로 이관되었으며, 이어 1977년 대한투자신탁, 1982년 국민투자신탁이 설립되어, 이들 3대 투신사들이 1980년대에 회사채 및 주식 시장에서 주도적인 기관투자가 역할을 하였다. 이어 1983년부터 순차적으로 은행들에도 투자신탁 업무가 허용되어 은행의 투신 부문이 제2기관투자가 그룹을 형성하였다. 1980년대 후반 이후 회사채 및 주식 시장은 주로 이들 투신사 및 은행의 투신 부문으로부터의 수요에 기초하여 성장하였다. 주요한 회사채 발행자는 제조업 부문 대기업들이었다. 투신사, 은행의 신탁계정 그리고 은행 및 보험사 등 기관투자가들이 회사채의 주요 보유자였으며, 통계가 존재하는 1999년의 경우 투신사들이 회사채 잔고의 60%를 보유하고 있었다.

이론상 회사채와 대출의 기본적인 차이는 누가 위험을 부담하느냐에 있다. 은행대출에 있어서는 신용위험 및 시장위험을 포함한 모든 위험을 은행이 전적으로 부담한다. 은행 예금자는 이러한 직접적 위험으로부터 자유롭다. 반면 채권의 경우 원칙적으로 모든 위험은 채권보유자에 귀속된다. 이러한 위험부담 구조의 차이를 반영하여, 은행대출의 경우 은행이 감시 기능을 수행하는 데 반해, 채권의 경우 채권소지자가 감시 기능을 수행한다. 다만 무임승차자 문제 때문에 채권의 경우 은행만큼 집중적인 감시 기능이 이루어지지 않는다. 따라서 도덕적 해이 가능성이 낮을 것으로 시장에서 신뢰를 획득한 기업들만이 회사채 시장에서 자금을 조달할 수 있으며, 정직한 회계 관행 등 잘 정비된 하부 구조가 채권 시장 발달의 전제 조건이 되는 것이다.

그러나 한국 채권 시장의 성장 역시 시장경제의 원리에 입각한 것이 아니라 관치경제의 원리-정부의 깊숙한 시장 개입과 암묵적 보험-에 기반을 둔 것이었다. 우선 1990년대 초까지 민간 회사채 발행 이자율은 시장이 아닌 정책 당국자에 의해 결정되었다. 1991년 금융자유화 정책의 일환으로 이자율에 대한 규제는 완화되었으나, 정부는 여전히 수량 통제를 통해 이자율에 영향력을 행사하였다. 즉 1991년부터 모든 채권 발행자는 의무적으로 발행 1개월 전에 채권발행 계획서를 제출하고 채권발행조정위원회가 허용 발행물량을 결정하였다.

둘째, 정부가 시장에 직접 개입할 뿐 아니라, 정부는 사실상 민영화된 은행과 투신사들에 대해 경영권을 행사하여왔다. 은행의 동일인 지분한도의 제한 때문에 은행 소유권은 크게 분산되어 있을 뿐 아니라 은행 경영진을 선임할 때 정부의 승인을 얻어야 했기 때문에 주요 은행들이 사실상 정부 통제하에 있었으며, 투신사들은 다시 은행이 소유하는 구조였기 때문이다. 뿐만 아니라, 은행과 투신사의 신상품 도입, 금융상품의 가격 책정, 신규 점포의 개설 등 주요 경영 사항들에 대해 정부의 승인을 받도록 함으로써 자의적 규제를 통해 금융기관 경영에 깊숙이 개입하였다. 심지어 정부는 증권 시장 부양을 위해 투신사들을 동원하기도 하였다.

셋째, 정부는 투신사와 그 투자자들에 대해 광범한 암묵적 보험을 제공하였다. 정부가 사실상 투신사들의 경영권을 쥐고 있었기 때문에, 투신사 실패시 정부가 보험을 제공하여야 했다. 또한 투신사 및 은행 투신의 자산은 시가평가 제도가 아닌 장부가 평가 방식이었기 때문에, 투자자가 환매를 요구할 경우, 투신사는 장부가에 기초해 현금을 지급하고, 해당 증권을 시장에 매각하는 것이 아니라 고유 계정으로 이관하였다. 이처럼 투자자는 시장위험으로부터 완전히 보호되었다. 사실 투신사가 투자자에게 확정 금액을 보장하여왔다. 투신 상품 투자자들에게 마치 예금보험과 같은 암묵적 보험이 제공되었던 것이다.

1997년 경제위기 이전, 대부분의 회사채는 금융기관이 지급보증하는 보증채였다. 지난 20여 년간 보증채의 비중은 85~90% 남짓이었으며, 단지 채권발행조정위원회가 무보증채 발행을 우선적으로 허가하였던 1992~95년 중에만 예외적으로 60~70% 수준이었다. 1980년대에는 은행들이 보증채의 50% 이상을 보증하였으나, 그 후 보증기금과 증권사들이 주요한 보증자로 부상하였다.

요컨대, 경제위기 전 투신사와 보증기관(금융기관)이 위험을 분담하였다. 보증기관은 신용위험을 부담하고 투신사는 시장위험을 부담하였다. 최종 투자자는 마치 은행 예금자처럼 아무런 위험도 부담하지 않았다. 결국 투신사는 보증기관과 연합하여 사실상 은행을 형성하여 은행처럼 예금을 받았으며, 단지 채권에 투자한다는 점에서만 차이가 있었다. 투신사는 채권에 투자하지만 중간에 거래하지 않고 거의 만기까지 보유하였기 때문에, 회사채는 사실상 대출과 동일한 성질을 가지고 있었다.

이처럼 경제위기 전, 한국에는 두 종류의 은행시스템-본래의 은행시스템과 투신사를 중심으로 한 사실상의 은행시스템-이 존재하고 있었던 것이다. 은행과 마찬가지로 징부가 투신업 진입 규제를 해왔기 때문에 투신사 영업가치는 유지될 수 있었고 회사채 신규발행 물량을 통제함으로써 회사채 시장의 안정을 유지하여왔다. 채권 시장이 발달하기 위한 하부 구조는 미성숙한 상태에서 정부가 회사채시장육성 정책을 추진하다 보니 이러한 기형적인 금융시스템이 형성되었다. 은행 산업과 더불어 투신업도 성장하여왔다.

그런데 1996년 정부는 투신업 진입을 자유화하였다. 그 결과 투신사 수는 96년 23개로 그리고 97년에는 29개사로 급증하였다. 신규 투신사는 영업 개시 첫해에는 오직 주식형만을 취급할 수 있도록 규제하였기 때문에 우연히 97년 경제위기를 전후에 대부분의 신규 투신사들이 채권형 영업을 개시하였다. 투신업 진입 자유화와 더불어 정부의 회사채 시장의 감시와 통제도 사라졌으며, 투신사의 영업권도 사라지게 되었다.

다른 하나의 중요한 변화는 경제위기 후 무보증채의 비중이 급증하였다는 점이다. 보증채의 비중은 97년 85%에서 98년 31% 그리고 99년에는 4%로 급감하였다. 이처럼 보증채의 비중이 급감한 것은 부분적으로 1998년 증권사의 회사채 보증을 금지한 새로운 규제 때문이기도 하지만, 보다 근본적으로는 역사상 최초로 금융기관 도산을 목격하면서 은행 및 여타 금융기관들이 위험 취득에 대해 조심하기 시작한 행태 변화를 반영한 것이었다고 볼 수 있다. 그 이후 회사채에 대한 지급보증은 급감하였으나 회사채 발행자 수가 감소하였다. 현대, 삼성, LG, 대우가 총채권잔고에서 점하는 비중은 97년 68%, 98년 78%에 이르렀다. 97년 말 위기 발발로 차환발행 위험(refinancing risk)이 증대되어 전형적 만기는 3년에서 1년 혹은 2년으로 짧아졌다. 그럼에도 불구하고 대부분의 회사채 최종 투자자들은 아직도 투신사는 부실화할 수 없다는 신화를 믿고 있었다.

이러한 최종 투자자들의 도덕적 해이가 존재하는 상황에서 경제위기 직후의 경제 상황은 투신사들의 무모한 확장에 좋은 여건을 제공하였다. 경제위기 직후인 1998년에는 구조조정에 따른 기업의 자금수요는 증가한 데 반해, 은행에 대한 BIS 자기자본비율 규제 강화 등으로 은행 대출이 감소하고 주식 시장은 침체되어 있었기 때문에, 기업들이 고금리 상황에서 회사채 시장을 통한 자금조달을 확대함에 따라 크게 증가하였다. 당시 은행과 종금사들이 구조조정 상황에 있었기 때문에, 자금난에 빠진 기업들은 이자율을 불문하고 자금 확보에 열을 올리고 있었다. 자금이 투신사에 몰렸고 투신사들은 이 자금을 대우채와 같은 위험한 채권에 투자하였다. 이러한 회사채 및 투신사 붐은 대우 붕괴로 투신 상품이 안전하다는 신화가 붕괴될 때까지 1년 반 동안 지속되었다.

그러나 1999년 7월 대우그룹의 붕괴에 따라 투자신탁회사로부터 자금이 급속히 이탈하였다. 투자신탁회사들은 회사채에의 주요한 투자자였기 때문에 대우 붕괴로 인한 손실을 은행들보다도 더 크게 입었다. 그 결과 주요 투자신탁회사들은 대우 붕괴로 유동성 위기에 빠지게 되었으며, 2000년 안전자산에의 도피(flight to quality)로 100조 원이 넘는 자금이 투신권으로부터 은행권으로 이동하였다. 이에 따라 회사채 매수 기반이 위축되어 대기업의 회사채 발행 규모는 축소되었으며, 1999년 활황을 보인 주식 시장에서 유상증자를 통해 조달한 자금으로 경제위기 직후 발행한 고금리 회사채를 중도 상환함에 따라 일반회사채 발행은 1999년 이후 순상환을 시현하고 있다. 그 결과 2001년 11월 말 일반 회사채 발행 잔액은 83.0조 원으로 97년(90.1조 원)보다 감소하였다.

미흡한 투신사 구조조정

그 동안 다수의 부실 금융기관들이 정리되었으나, 금융시스템에서 큰 비중을 차시하고 있는 부실화된 금융기관들의 정리가 시연되고 있다. 투신사 구조조정 과정에서 시장 안정성을 지나치게 강조한 나머지 일부 부실투신사들을 생존시켰을 뿐 아니라, 부실투신사를 퇴출할 때에도 실적 배당을 무시하고 거액의 공적자금을 지원하였다. 이로 인해 투자자의 도덕적 해이가 개선되지 않아 시장규율을 통한 시장에서의 투신산업 구조조정도 부진한 상태이다. 대우그룹의 붕괴로 부실화된 한국투신, 대한투신에 공적자금을 투입하기 위해 분리된 한국투신증권과 대한투신증권은 소폭 흑자를 보이고 있으나 단기간에 누적 적자 해소는 어려울 것으로 보이며, 현대투신증권의 경우 매각 지연에 따른 영업활동 위축 등의 이유로, 이들 3대 투신증권 모두 거액의 자본잠식 상태가 계속되고 있다(〈표 4-13〉).

더욱이 대형 투신사로 자금이 집중되어 투신권의 안정성이 저해될 위험이 높아지고 있다. 2002년 1월 말 현재 대한투신(19.6조 원), 한국투신(19.1조 원) 및 5대 재벌계열 투신사(서울·삼성·현대·LG·SK 총 49.5조 원)의 수탁고는 총 88.1조 원으로 전체 수탁고(158조 원)에서 차지하는 비중이 55.8조 원에 달하고 있다. 그리고 최근 5대 재벌계열 투신사들의 수탁고 비중이 빠르게 증가함에 따라 이해상충 문제가 발생할 위험성이 높아지고 있다. 5대 재벌로 대표되는 산업자본의 금융 지배가 확대됨에 따라 신탁자산 운용에 있어서 계열사 지원 등 투신사들이 재벌 계열사의 자금조달 창구 역할을 할 수 있으며, 이에 따라 재벌과 계열투신사가 동반 부실화할 위험성이 상존하고 있기 때문이다.

3) 국유화한 금융기관의 경영합리화 지연

시스템 리스크가 없는 소형 부실은행들에 객관적 근거도 없이 공적자금을 투입하여 우리금융지주회사에 편입한 경남, 광주 은행 등의 사업구조 개편은 2002년 7월 이후에 추진하기로 한 노사합의에 따라 실질적인 구조조정이 지연되고 있다. 다만, 부실채권 누적 등으로 경영상황이 악화된 평화은행은 2001년 12월 은행 및 신탁 계정을 우리은행으로 이관하고, 우리은행의 카드 계정을 인수받아 우리신용카드회사로 업종을 전환하였다.

구조조정 과정에서 국유화된 은행들의 경우, 정부가 대주주로서 경영에 간여할 소지가 상존하여 책임경영 체제가 미흡하다. 또한 경영합리화 또는 타 금융기관과의 합병을 추진하는 데 수반될 노사 갈등의 확

구분		2000.7~2001.3[1)		2001.4~12	
		증권사	투신운용사	증권사	투신운용사
한국투신	세전이익	28	11	373	20
	자기자본	-8,007	323	-3,979	329
	(납입자본)	(49,653)	(300)	(49,653)	(300)
대한투신	세전이익	56	27	1,227	28
	자기자본	-3,056	327	-2,061	347
	(납입자본)	(28,963)	(300)	(28,963)	(300)
현대투신	세전이익	-1,691	253	-123	100
	자기자본	-10,639	1,257	-10,791	1,325
	(납입자본)	(10,608)	(1,500)	(10,608)	(1,500)

주 : 1) 현대 투신의 경우 2000.4~2001.3 중.
자료 : 금융감독원, 증권회사 및 투신운용사 영업실적

산을 우려하는 정부를 의식하여 사업 부문 조정, 조직의 정리 등이 원활히 이루어지지 않은 결과, 이들 은행의 생산성 및 주가가 민영화된 금융기관보다 크게 뒤지고 있다(〈표 4-14〉).

4) 미흡한 기업구조조정

기업구조조정의 궁극적인 목표는 경영성과의 개선에 있다. 1998년 말 이후 세계경제의 호황과 환율현실화로 인한 수출 호조, 그리고 이자율이 역사적으로 낮은 수준에서의 안정으로 제조업의 이자보상배율(영업이익/금융비용) 역시 1998년 이후 개선되어가고 있으나, 아직 미국, 일본 등에 비해 크게 낮은 수준이다(〈표 4-15〉).

한국 제조업체들의 경영성과가 개선되고 있는 것은 부분적으로 구조조정의 성과에 기인했다고 볼 수 있다. 박성록(Park, 2002)이 1996~

표 4-14 | 은행의 생산성 관련 지표[1] 및 주가 비교

구분	1인당 총자산(억 원)	1인당 당기순이익(백만 원)	주가[1] (원)
한빛	80.0	53.6	—[2]
조흥	91.6	79.5	6,750
서울	60.0	26.0	—[2]
경남	63.4	48.9	—[2]
광주	59.2	55.0	—[2]
신한	139.9	78.3	17,250[3]
한미	116.4	64.9	12,300
하나	153.9	92.0	20,000
국민	98.5	77.4	55,500

주 : 1) 2001년 중 기준, 2) 2000.12 거래정지, 3) 신한금융 지주회사의 주가
자료 : 허재성 · 유혜미, 외환위기이후 금융 및 기업구조조정에 대한 평가와 향후과제, 한국은행 조사국, 2002. 5.

표 4-15 | 제조업의 이자보상배율 추이

구분	1997	1998	1999	2000	2001	미국 (2001상)	일본 (2000)
제조업체의 이자보상배율(배)	1.291	0.683	0.961	1.572	1.326	2.249	5.510
기업수 비중(%)	..	..	100.0	100.0	100.0		
이자보상비율 100% 미만	..	..	35.2	29.0	31.5	–	–
이자보상비율 100~200% 미만	..	..	26.2	24.4	22.1	–	–
이자보상비율 200% 이상	..	..	38.6	46.6	46.4	–	–

자료 : 한국은행, 기업경영분석

2000년 중 270개의 재벌 계열사를 포함한 4000개의 개별 기업 자료를 이용하여 분석한 결과, 구조조정기에 가장 큰 신장을 기록한 생산성 지표는 노동생산성으로 나타났다. 표본 기업 전체의 노동생산성은 1996년 2.51억 원에서 2000년 4.17억 원으로 대폭 증가하였다. 이를 기업 유형별로 분류하면, 동 기간 중 노동생산성 상승률은 30대 재벌의 경우 92%, 비재벌 기업의 경우 65%, 그리고 공기업의 경우 79%였다. 표본

기업 전체의 자본생산성은 동 기간 중 14.1% 상승하였으며, 특히 30대 재벌의 그것은 1996년 1.79억 원에서 2000년 2.07억 원으로 15.6% 상승하였다. 이러한 결과는 그 동안 인력 감축을 통한 노동생산성 제고가 기업구조조정의 중요한 전략으로 활용되었음을 의미한다. 실제로 1997~98년 중 30대 재벌들은 고용을 14.6% 감축했고, 비재벌 기업과 공기업도 각각 12.4%와 11.3% 감축한 것으로 나타났다.

이자율이 역사적으로 가장 낮은 수준에서 유지되고 있음에도 불구하고, 제조업체들 중 영업이익으로 이자도 낼 수 없는 기업 수가 조사 대상 업체의 30% 수준이고, 이 기업들의 차입금은 전체 제조업 차입금의 절반을 차지하고 있다. 세계은행이 부채상환 능력이 안정적이지 못한 것으로 평가하는 이자보상배율 2.0 미만인 기업체 수가 2000년 이후에도 계속 50%를 웃돌고 있다.

이처럼 그 동안 기업구조조정의 추진에도 불구하고, 재무 구조 및 수익성이 선진국에 비해 여전히 취약한 것은 크게 다음 3가지 요인 때문이었다고 볼 수 있다. 첫째, 정부가 기업의 수익성 대비 부채 규모보다 자기자본 대비 부채비율에 정책의 초점을 맞춘 그릇된 정책 목표의 설정 때문이었다. 물론 부채비율이 높을수록 부도 위험이 높아지는 경향이 있다. 그러나 어느 기업의 부채 규모가 단순히 크다고 해서 혹은 부채비율이 높다고 해서 문제 기업이라고 말할 수는 없다. 아무리 부채비율이 높아도 영업이익이 충분히 발생하여 채무상환 능력이 있는 기업은 정상 기업으로 볼 수 있기 때문이다. 보다 중요한 것은 영업이익의 흐름과 이에 따른 원리금상환 능력 여부가 부실 여부를 결정한다는 점이다. 따라서 기업의 영업이익을 이자비용으로 나눈 배율인 이자보상배율이 기업의 채무상환 능력을 측정하는 보다 우월한 지표라 할 수 있으며, 이러한 관점에서 2000년 11월 이후 제2단계

기업구조조정부터는 이자보상배율을 정리기업 선정 기준의 하나로 고려하기 시작하였다.

둘째, 부실기업의 정리가 미흡했음을 반영한 것이다. 정부는 부실대기업의 정리 방법으로 워크아웃 제도를 도입하였고, 금융기관들은 자신의 생존을 위해 회생가능성이 낮은 일부 대기업까지 워크아웃 대상으로 선정하였다. 그 결과 1998~99년 중 선정된 83개 워크아웃 적용기업 중 2002년 10월 말 현재 대우조선 등 47개 기업만이 정상화되었다. 15개 기업은 회생가능성이 낮아 워크아웃이 중단되었고, 현재 21개 사에 대해 워크아웃이 진행 중이다. 워크아웃이 진행 중이거나 워크아웃이 중단된 기업들은 2001년 5월 이후 기업신용위험 상시평가 대상기업에 포함하여 관리 중이다. 이들 잔존 워크아웃 기업의 대부분은 정부가 지배주주인 은행이 주관 은행임에도 불구하고 근본적인 구조조정을 통해 부실 문제를 해결하기보다는, 정부는 소위 '관치' 논란 등을 핑계삼아, 기업부실에 따른 손실 분담에 관한 투명한 원칙이 없는 상황에서 채무상환유예 및 이자 감면 등에 치중하여 부도유예 기간만 연장하고 있다.

또한 시장에서 회생가능성에 대해 의문이 제기되던 대기업들의 경우 부도처리를 할 때, 하청 업체의 연쇄도산, 노동조합의 저항, 실업 증가 및 부실채권의 확대 등을 우려하여 정부가 이들 기업의 정리에 소극적으로 대응하고 있다. 2000년 하반기부터 회사채 만기가 집중적으로 도래함에 따라 부도 위기에 몰린 현대 4사(하이닉스 반도체·현대건설·현대상선·현대석유화학), 쌍용양회, 성신양회에 대해 2001년 초 산업은행 등의 회사채 신속 인수를 통해 만기 도래 회사채의 차환 발행을 지원하였다가, 기업구조조정촉진법을 적용하여 10월 이후 금융기관 채권의 출자전환, 잔여채권의 만기 연장 등을 통해 구제하였다.

셋째, 화의법·회사정리법·파산법 등 복잡다기한 기업정리 절차도
부실기업의 신속한 정리에 장애 요인이 되어왔다.

5) 개혁의 정치경제학

선진적인 제도의 도입은 비교적 용이하지만, 제도가 도입되었다고
곧바로 기능하는 것은 아니다. 한국의 97년 말부터 98년 사이의 기업
및 금융 개혁은 제도 면에서는 커다란 진보였다. 기업지배구조 측면에
서 선진적 제도들이 도입되었다. 건전성 감독을 기본으로 한 엄격한
금융감독 제도의 도입, 금융감독 기구의 재정경제원으로부터의 분리,
각종 선진적 금융 제도의 도입 등이 그대로 적용된다면, 한국 금융의
해묵은 과제였던 금융기관의 자율화, 즉 금융기관 경영에 대한 정부
개입이 배제되어 시장규율에 입각한 건전한 경쟁적 금융시장이 구축
되었을 것이다.

그러나 실제로 김대중 정부가 출범 초 의욕적으로 추진하던 금융 및
기업 구조조정이 실제로는 미완의 개혁으로 끝난 원인을 다음 몇 가지
각도에서 추론해 볼 수 있을 것이다.

예상보다 급속한 경기회복

1997년 발발한 경제위기를 극복하기 위해 김대중 정부가 지난 4년여
동안 추진하여온 경제개혁 과정을 뒤돌아보면, 1998년부터 1999년 상
반기까지는 당시 직면해 있던 경제난을 돌파하기 위해 온 국민이 일치
단결하여 경제개혁을 과감하게 추진하였으나, 1999년에 접어들면서 경
기가 예상보다 급격히 회복되자, 개혁의 모멘텀(momentum, 추진력)이
급속히 사라졌다.

구조조정과 거시정책 간의 관계를 둘러싼 논쟁은 종종 제기되었다.

예컨대, 1998년 극심한 경기침체가 진행되고 있던 상황에서 경기부양과 구조조정의 우선순위에 관한 논쟁에서 '선 구조조정, 후 경기부양' 주장이 한때 우세하였다. 다시 2001년 하반기 거시경제 여건이 악화되면서 구조조정과 거시정책 간의 우선순위 혹은 상충 여부 등에 대한 논의가 다시 제기되었다. 당시 세계경제 악화에 따른 수출 부진에 대처하기 위해 내수부양의 필요성이 강조되었다. 그러나 다른 한편에서는 일본 장기 불황의 원인이 구조조정 지연에 있음을 강조하면서 다시 '선 구조조정, 후 경기부양'을 강조하는 견해도 공존하였다.

순수경제 논리에서 볼 때 구조조정과 경기부양은 별개의 독립적인 개념이다. 기본적으로 구조조정은 경제 내의 자원배분과 관련된 미시경제 차원의 문제인 반면, 경시부양은 거시경제의 개념으로서, 병행 추진할 수 있는 성질의 것이다. 또한 정책 수단 측면에서도 금리, 재정 등 거시정책 수단은 모든 경제주체에 무차별적으로 적용되는 반면, 기업 및 금융 부실정리, 공적자금 투입, 제도개혁 등을 포함하는 구조조정은 부문·계층 간 비용과 편익이 차별적으로 귀착되고 따라서 이해 상충을 수반하는 경향이 있다.

오히려 경기부양을 통한 경기호전이 구조조정에 유리한 여건을 조성한다고 볼 수 있다. 경기부양을 통하여 거시경제 여건이 호전될 경우, 금융기관과 기업의 수익성이 개선되고 이를 바탕으로 부실을 조기에 정리할 수 있는 여력을 강화시키기 때문이다. 다른 한편 구조조정을 통하여 부실이 축소되고 경제의 유연성이 제고될 경우 경기변동에 대한 경제의 적응력이 강화되는 동시에 경기 조절 수단의 유효성도 제고될 것이다. 그러므로 구조조정과 경기부양은 실질적으로는 상호 보완적인 효과를 창출할 수 있다.

그러나 현실적으로 구조조정에는 계층 및 부문 간 이해 상충을 수반하고 사회적 합의가 전제되어야 한다는 점에서 구조조정과 경기부양 정책 간의 관계를 검토함에 있어 경제적인 논리뿐만 아니라 정치·사회적인 측면도 고려하여야 한다. 구조조정과 경기부양 간의 상충 관계를 강조하는 견해는 기본적으로 경기 여건이 호전될 경우 경제 전반의 구조조정 의지가 퇴색할 가능성에 대한 우려에 기초하고 있다. 그러나 경기침체가 심화되고 있는 상황임에도 불구하고 구조조정 의지의 퇴색을 우려하여 경기부양을 자제할 경우 기업의 수익성 악화 및 부실기업 증가로 경제부실이 오히려 증대될 위험성도 동시에 고려하여야 할 것이다.

그러므로 구조조정 의지 퇴색 문제는 사회적 합의를 이끌어 내는 정치적 노력과 함께 사회안전망 확충 등을 통해 해결하고, 경기조절을 위한 거시정책은 이와는 독립적으로 추진하는 것이 바람직할 것이다. 이러한 관점에서 KDI는 기회가 있을 때마다, 구조조정은 경기 여건에 관계없이 일관되게 지속적으로 추진하고, 거시정책은 경제안정 기조를 유지하기 위해 경기 여건에 맞춰 신축적으로 추진할 것을 주장하였다.

사후적으로 볼 때, 구조조정과 경기부양 정책 간의 관계는 복합적인 것으로 보인다. 1998년 9월 30일 이후 한국은행의 금리인하 정책이 효과를 보이자 1998년의 극심한 경기침체에서는 벗어나게 되었지만, 1999년부터 경기회복이 예상보다 급속히 이루어지자 구조조징의 모멘텀이 크게 약화되었다. 금리가 하락하고 경기가 급속히 회복되자 1999년 하반기부터 정부에서는 부실기업이라도 조금만 더 끌고 가면 살아날 수 있지 않을까 하는 분위기가 형성되었고, 그 결과 기업 및 금융 구조조정이 정체되었다. 이 측면은 1998년 중반 KDI와 한국은행 간 금리 정책을 둘러싼 논쟁에서, 한국은행이 우려했듯이, 금리인하가 구조조정에 부정적인 영향을 미친 부분이다. 반면, 실업 및 부실채권 증가에 따른 재정 부담이 크게 완화됨에 따라 정부가 보다 과감한 정책을 시행할 수 있는 여건이 마련되기도 하였다. 1999년 8월 정부가 대우그룹을 과감히 부도처리 할 수 있었던 것은 부분적으로 급속한 경기회복이라는 당시의 거시경제 여건이 있었기 때문이었다. 이 측면에서는 당시의 금리인하 및 경기회복이 구조조정에 순기능을 하였다고 볼 수 있다.[12]

다수결의 역설

김대중 정부가 출범 초 의욕적으로 추진하던 금융 및 기업 구조조정이 실제로는 미완의 개혁으로 끝난 다른 하나의 원인을 다수결의 역설에서 찾을 수 있을 것이다. 민주주의는 다수결의 원리에 기초하고 있으나, 이는 반드시 다수의 소수에 대한 승리를 의미하는 것은 아니다. 어떤 정책을 추진하는 그룹이 한 나라 국민 전체의 소수에 불과하더라도, 그 정책에 무관심한 국민이 다수이고, 그 정책을 추진하는 그룹의 유권자의 수가 적극적으로 반대하는 그룹의 유권자의 수를 웃돈다면, 그 정책은 실현되기 때문이다.

어떤 정책에 이해관계를 가진 각 개인이 실제로 정치활동을 하는가의 여부는 그 정책이 실현될 경우의 이익과 정치활동에 소요되는 비용의 상대적 크기에 의존한다. 그런데 정치활동의 비용과 이익 모두 이해를 같이하는 그룹의 사람 수가 적으면 적을수록 유리하다. 첫째, 사람들을 정치적으로 조직하는 데에는 막대한 비용이 필요하고, 소수의 사람들을 조직하는 편이 다수를 조직하는 경우에 비해 1인당 비용이 적게 소요된다. 또한 소수의 그룹은 그룹 내 의견을 통일하는 것도 보다 용이하다. 둘째, 정치활동은 공공재적 성질을 가지고 있다. 이 때문에 다수의 사람들은 구태여 자신의 비용을 들여 정치활동에 참여하기보다

---

12 김준경 · 조동철(2002), 경제위기극복, 한국개발연구원, KDI 30년사, 간행 예정.

는 다른 사람들의 정치활동에 무임승차하여 이익만을 향유하려는 경향을 갖는다. 이 때문에 이해를 같이하는 그룹의 사람 수가 많으면 많을수록, 비용을 들여 정치활동을 할 인센티브는 작아지게 된다. 셋째, 개개의 정치적 결정은 찬성 그룹과 반대 그룹 사이에, 명시적 혹은 묵시적인 소득재분배를 반드시 수반한다. 소득재분배는 두 그룹 사이에 동일액의 소득이 이전되기 때문에, 1인당 이익은 소수 그룹 편이 반드시 크다.

따라서 현실 세계에서는 특수이익을 추구하는 소수가 일반이익을 추구하는 다수의 희생 위에 자신의 이익을 관철시키는 것이 보통이다. 한국의 금융 및 기업 구조조정이 절반의 성공에 그친 중요한 하나의 까닭도 재벌총수, 조직화된 관료집단 및 노동조합 등 소수가 불특정 다수인 일반 국민보다 정치적 영향력이 현실적으로는 보다 강력하였기 때문이다.

앞에서 살펴보았듯이, 한국경제의 위기는 재벌들의 과다차입에 의존한 과잉투자에서 비롯되었기 때문에, 경제위기를 극복하기 위해서는 부실기업과 부실금융기관의 대대적인 정리, 따라서 실업자의 급증이 불가피하였다. 이에 김대중 대통령은 당선자 시절인 98년 1월 15일 노사정위원회를 설치하여 사회협약적 해결을 모색하였다. 김대중 대통령은 국민들에게 "고통 분담"을 호소하고 기업지배구조 개혁과 노동 시장의 유연성 확보를 동시에 추구하였다. 당시 노동조합 측도 경제위기 극복을 위해서는 정리해고제의 도입을 완전히 회피하는 것은 불가능하다고 생각하여 노사정위원회에 참여하였지만, 머지않아 기능을 상실하기 시작하였다. 국회에서 소수파 정부인 김대중 정부는 자신의 강고한 지지기반이었던 노동조합 측과 타협하는 것이 불가피한 측면이 있었고, 노동조합의 반발은 구조조정을 지연시키는 결과를 초래하는 중요한 요인으로 작용하였다. 경제위기가 심각했던 당시에는 신속하고 가시적인 구조조정은 여론과 다수 국민들의 지지를 받았지만, 98년 5개 은행을 폐쇄할 때 소수 노동조합의 강력한 반발로 커다란 혼란을 경험한 후에는 개혁이 후퇴하기 시작하였다. 이후 은행구조조정은 당초 예정되어 있었던 폐쇄가 아니고 정부 주도의 합병에 그쳤다. 98년 8월 상업은행과 한일은행의 합병, 9월 국민은행과 장기신용은행의 합병 등의 발표가 잇달았다. 이처럼 금융구조조정이 후퇴함에 따라, 금융기관 주도의 기업구조조정 역시 불철저하게 이루어질 수밖에 없었다. 은행들은 워크아웃 제도 하에서 부도 위기에 몰린 부실 재벌기업들에게 당초 예정되었던 감자와 경영권 박탈과 같은 강력한 조치 없이, 대규모적인 자금지원을 계속하여 공적자금 낭비를 초래하였다.

정치적 지지 기반의 확대를 지향하는 정권이 특수이익의 요구와 타협한 결과 초래된 이러한 개혁의 후퇴 현상은 단지 한국만이 아니다.

중소득국들의 위기 대응을 검토한 하가드와 카우프만(Haggard · Kaufman, 1995)[13]은 노사 간의 협조를 가능케 하는 유기체적인 조합주의적(corporatism) 사회협약 기구를 결여하고 있는 신흥 민주주의 국가들에서는, 위기에 대처하기 위한 광범한 개혁 수요와 특수이익 요구 사이의 긴장에 직면하게 되어, 경제 정책 운영상 곤란한 국면에 빠지게 된다고 주장하였다.

개입주의적 관료의 양면성

김대중 정부 경제개혁이 미완의 개혁으로 끝난 가장 큰 원인을 뿌리 깊은 관치경제의 관성에서 찾을 수 있을 것이다. 노스(1990)가 지적하였

---

13 Haffard, Stephan and Kaufman, Robert R, The Political Economy of Democratic Transitions, Princeton University Press. 1995.

듯이, 공식적인(formal) 제도가 혁명적으로 변화되더라도, 그것에 부수되는 관행과 관습 등 비공식적인(informal) 룰이 변경되지 않으면, 공식적인 제도는 예정된 기능을 수행하지 못하는 것이다. 도입된 제도가 관련 당사자들의 공통된 룰로서 존중되고, 신뢰를 획득하는 제도 학습의 과정이 제도의 정착과정에 필요하다. 새로이 제정된 제도가 신뢰를 획득하지 못할 경우, 관련 당사자들은 제도를 어김으로써 통상적으로는 얻을 수 없는 이익을 획득하려 시도할 것이다. 법의 지배(rule of law) 전통이 확립되지 않은 상황에서 커다란 역할을 하는 정치적 재량, 그리고 금융 산업을 이윤추구를 위한 영리기관으로서보다 하나의 정책 수단으로 간주하는 관치금융의 관행 등의 비공식적 관습들이 새로이 도입된 선진 금융 제도들의 정착에 커다란 걸림돌이었다.

경제개혁을 추진하는 것이 사람인 이상, 중요한 것은 제도 그 자체보다는 개혁을 추진하는 사람들과 그들의 사상과 이념이다. 김대중 정부는 '관치경제를 청산하고 진정한 시장경제질서의 확립'을 목표로 신자유주의적인 개혁을 추진하였지만, 그것을 실제로 집행한 것은 관치경제 가운데 성장한, 정보전달망으로서의 가격기구와 발견 과정으로서의 경쟁을 신뢰하지 않는 개입주의적 관료집단이었다.

한국의 금융구조조정을 정지경제학적 시각에서 분석한 오오니시 유타가(大西 裕, 2002)[14]는, 한국의 관료제가 의회로부터 자립하고 있지만, 대통령에 대해서는 종속적이기 때문에, 한국의 경제개혁이 절반의 성공에 그친 원인을 김대중 대통령이 자신의 정치적 지지 기반인 노동조합과 타협한 것에서 찾고 있다. 이 진단도 일면 타당성이 있다. 그러나 한국의 경제정책 결정 과정은 아직도 찰머서 존슨(Chalmers Johnson)[15]

---

14 예컨대, 오오니시 유타가(大西 裕) (2002), 한국에 있어서 금융위기 후의 금융과 정치, 무라마츠 미치오 · 오쿠노 마사히로(村松岐夫 · 奧野正寬) 편, 평성(平成)버블의 연구, 하권, 동양경제신문사, 2002.

의 "정치가는 군림하고, 관료가 통치"하는 개발지향형 국가(develop-
ment state)에 가깝다고 보는 것이 타당할 것이다. 오오니시 유타가(大西
裕, 2002)가 강조하였듯이, 한국의 대통령은 행정부에 대한 인사권을 가
지고 있지만, 국가 경영을 맡길 인재 풀이 크지 않아서, 위험을 회피하
기 위해서는 결국 관료집단에 의존할 수밖에 없기 때문이다.

시장경제를 신뢰하지 않는 한국 경제관료들의 행태는 우선 소위 '빅
딜' 정책에서 우선 드러났다. 본래 어떤 산업을 어떤 기업이 가장 잘 경
영하는지는 오직 시장에서 자유로운 경쟁을 통해 발견될 수 있을 따름
이다. 그러나 관치경제에서 성장한 일부 경제 정책 결정자들은 중화학
부문에서 30대 재벌들의 중복·과잉 투자가 경제위기의 직접적 원인이
라고 파악하고, 반도체, 항공기, 정유, 자동차 등 7개 업종에서 재벌 간
사업 교환을 통해 중복된 사업들을 한 곳으로 일원화시키는 '빅딜' 정
책을 추진하였다. 시장에서의 경쟁을 통해 이루어져야 할 사업구조조
정이 정부의 '보이는 손'에 의해 추진되었다. 이 정책은 정부가 바람직
한 사업구조에 대해서 관련 기업들보다 많은 지식과 정보를 가지고 있
다는 것을 암묵적으로 전제하고 있다. 일부에서는 시장이 제 역할을 하
지 못하기 때문에 정부가 개입한다고 하나, 시장 기능 이전에 정부의
반시장적 행정지도가 항상 앞서가는 관행이 여기에서도 표출되었던 것
이다. 그러나 과거 실패로 그쳤던 주력업종 제도와 마찬가지로, 빅딜을
통해 경쟁력을 회복하고 경영성과가 개선된 사례는 찾아보기 어렵다.
삼성자동차와 대우전자의 맞교환, 석유화학 산업에서 삼성과 현대의
통합은 무산되었다. LG전자가 현대전자로 합병되었고, 항공기와 철도

---

15 Johnson, Chalmers(1985), Political Institutions and Economic Performance: The
Government-Business Relationship in Japan, South Korea and Taiwan, in R.A.
Scalapino, S. Sato, J. Wananadi eds., *Asian Economic Development*, University of
California Press.

차량의 경우 통합 법인이 신설되었지만 경영성과는 극히 저조하다.

하이에크(1982)가 강조하였듯이, 시장경제는 원칙을 준수할 때만 유지될 수 있고, 편의주의에 따르게 되면 시장경제는 붕괴된다. 한국의 경제 정책 결정자들이 시장경제에서의 기본 원칙을 경시하는 문제점들은 1999년 대우그룹의 붕괴로 초래된 투자신탁의 위기를 공적자금을 동원해 구제하는 조치와 2000년 초 한국산업은행을 동원한 회사채 신속 인수에서 가장 전형적으로 드러났다. 투자신탁회사들이 판매하는 수익증권은 은행 예금과는 달리, 본래 실적배당 상품으로서 공적보호의 대상이 아님에도 불구하고, 정부는 공공자금을 동원하여 구제함으로써, 시장경제의 기본 원칙인 자기책임 원칙을 파괴하였다. 그리고 투자신탁회사의 위기로 98년 중반 이후 형성된 채권시장의 거품이 해소되면서 회사채 시장이 마비 상태에 빠지자, 현대건설 등 현대그룹 계열사들이 자금난에 봉착하였고, 정부는 다시 회사채 신속인수 제도라는 새로운 형태의 부도유예협약을 도입해 은행들에 부담을 강요하는 조치를 시행하였다. 이러한 조치들은 금융 제도에 대한 신뢰를 저하시키고 금융기관 경영의 자율성을 훼손하며 그 경영에 악영향을 끼쳤다.

정부의 과도기적 역할

현실적으로 금융 산업이 정부의 보호막과 공적자금에 기대지 않고 자율적 책임경영 체제를 확립하고 선진적 기업지배구조가 정착되기까지는 많은 시간이 소요될 것이므로, 관치경제로부터 시장경제로 이행하는 과도기 관리에 있어서 역설적으로 정부의 적극적 역할이 요구된다. 위기극복 과정에서 주요 은행 및 여타 금융기관들이 사실상 국유화됨으로써 정부는 위기 이전에 비해 보다 많은 금융 자원에 대한 지배권을 갖게 되었다. 따라서 과도기에 있어서 정부는 국유화된 금융기관의

대주주로서 경제 원칙에 입각하여 생존 가능성이 없는 기업을 솎아내
는 적극적인 역할이 바람직하다. 만약 정부가 이 역할을 적극적으로 추
진하지 않을 경우 국유화된 금융기관의 경영진들은 부실화된 재벌들을
냉정하게 다룰 인센티브가 거의 없기 때문이다. 동시에 장기적으로 상
시적인 기업구조조정을 담당할 시장 기능의 개선을 위해, 정부는 M&A
활성화, 기업퇴출 제도의 정비 등 개혁 조치를 단행하여야 했다.

그러나 관료들은 되살아난 개입주의라는 비난과 차후 있을 수도 있
는 소송을 우려하여 과도기에 필요한 기업구조조정에 있어서 적극적인
역할을 회피하는 경향을 보였다. 대신 '은행 주도 기업구조조정'이라
는 모순어법만을 반복하여왔다. 지난 30여 년 동안 은행들은 부실재벌
처리에 있어서 정부의 지침만을 쳐다보는 데 길들여져왔기 때문에 은
행 주도 기업구조조정은 국유화된 은행의 대주주로서 정부의 지침이
없을 경우 흔히 부도유예로 귀결되기 마련이었다. 수많은 기업개선 작
업 기업들이 회색 지대에 방치되어왔다. 그 결과 희소한 금융 자원이
사양 산업의 부실기업에 묶여 있게 되어 성장 산업의 발전을 저해하여
창조적 파괴 과정이 저상(沮喪)되고, 덤핑을 일삼음으로써 동종 산업의
건실한 기업까지 손상시키고 있다(W. Lim, 2001).

만약 정부가 이들 국유화된 금융기관의 민영화를 지연시키거나 부실기
업에 규율을 확립하는 것을 거부한다면 기업구조조정의 진전은 기대할
수 없을 것이다. 만약 이러한 개혁이 지체될 경우 한국경제의 자원배분의
효율성이 저하되어 또 다른 외부 충격에 취약함을 면할 수 없을 것이다.

개혁주체

관치경제를 청산하고 시장경제를 확립하기 위해서는 개혁주체의 재
정비가 필요하나, 개혁주체 세력이 충분히 축적되어 있지 않았다는 것

이 현실적인 고민이었다. 지난 40년을 되돌아보면 실무 경험이 없는 학자들이 정부에 참여하여 성공한 경우는 많지 않았다. 소위 '회전문 체제(revolving door system)'가 잘 정비된 미국 등 선진국의 경우 정부 부문과 민간 부문의 인재들이 정권 교체와 함께 끊임없이 순환함으로써 국가 경영을 맡길만한 인재 풀이 광범하게 형성되어 있는 데 반해, 우리나라에는 이론과 실무를 겸비한 인재 풀이 극히 부족한 실정이다. 이러한 인식에서 국민의 정부는 정부개혁에서 계약직 개방제를 도입하였다. 그러나 지난 3년 동안 우수한 학자들이 공모에 응한 경우는 많지 않았고, 따라서 대부분 관료들이 그 자리를 차지하여왔다. 앞으로 지식인들이 이러한 기회를 적극 활용하여 국정 운영 경험을 축적하는 것이 나라 발전에 중요하다고 본다.

관치경제의 문화적 뿌리

일본판 나치경제 체제를 원형으로 한 관치경제가 우리 사회에 쉽게 그리고 강고하게 뿌리를 내릴 수 있었던 문화적 배경에 대해 김은희(1999)는 설득력 있는 분석을 제시하고 있다. 그 두 뿌리는 유교 전통으로서 사적영역과 공적영역의 미분화와 소국 열등감에 기초한 민족주의이다.

반면 시장경제의 문화적 기반인 자유주의 전통은 매우 취약하다. 한국 지식사에서 제대로 된 자유주의를 받아들인 것은 비교적 최근이었다. 동양 3국 중에서도 가장 반시장적인 유교 전통이 조선시대 말기까지 지배하였고,[1] 이후 일제 하에서도 충효와 멸사봉공 등 전체주의적이고 국가주의적인 교육이 이루어졌다.[2]

유교적 정치이상, 즉 덕치의 실현에 충실하고자 했던 조선조에서 국가의 목적은, 서구 자유민주주의 사회에서처럼 국민의 생명과 재산을 보호하는 데 있었던 것이 아니라, 국민의 도덕적 심성을 계발하고 발전시키는 데 있었다. 유교에서는 금수와 같은 자연 상태를 벗어나기 위하여 인간의 내면에 덕을 쌓아야 한다고 보았다. 삼강오륜으로 대표되는 인륜과 예를 백성들에게 가르치는 것이 군왕의 책무였다. 유교에서는 이상적인 가족관계를 규정하는 효제의 도덕률이 공적인 영역에서도 질서를 바로 잡는 데 확장되어 적용시킬 수 있다고 보았다. 마치 서구에서 계약을 위반하는 것, 또는 법을 지키지 않는 것이 반사회적인 행위로 규정되듯이, 조선시대에 가족규범인 효에 어긋나는 행위를 하는 것은 사회의 공공질서를 어지럽히는 반사회적 범죄로 인식되었다.

조선시대 초기부터 정부는 주자가례를 책으로 내어 혼례를 어떻게 치러야 할 것인지, 제사를 어떻게 지내야 할 것이지 교육시켰으며, 그러한 일을 전담하는 예조라는 정부기관까지 두었다. 지방관들도 민생을 해결하는 행정보다는 백성들의 예의를 바로 잡는 것을 우선시 하였다.

이처럼 사적인 영역과 공적인 영역의 엄격한 구분이 없었던 조선시대에, 부를 축적하기 위한 경제활동은 사리사욕을 추구하는 행위의 전형으로서 군자로서는 해서는 안 될 일로 여겨졌으며, 상공업에 종사하는 것을 집안의 수치로 여겼으며, 부의 축적 자체가 도덕적으로 잘못된 일이었기 때문에 개인의 사유재산 자체가 엄격한 법 체제에 의하여 보호받지 못하였다. 조선시대에 토지소유권은 있었으나, 근대적 소유권처럼 독점적이고 배타적인 권리는 국가로부터 공인 받지 못했다. 나아가 축적된 부는 언제라도 관료들에게 수탈당할 수 있었다. 당시 부를 축적하는 가장 확실한 방법은 생산적인 일에 종사하는 것이 아니라 관료가 되는 것이었다.

공적인 영역과 사적인 영역이 잘 분리되지 않은 한국의 강한 유교적 문화 아래서 정경유착은 생기기 마련이다. 한편으로 국가권력이 민간 경제활

---

1 이영훈(1999)의 연구에 따르면 이조 말부터 시장경제가 서서히 발전하기 시작하였으나, 난장(亂場)이 그 전형적인 모습이었다.

2 "일제시대 교육의 핵심은 유교적 덕목인 충효와 덕, 공동체를 위하여 개인을 희생하는 멸사봉공을 강조하는 수신교육이었으며, 반개인주의적인 것들이었다." (김은희, 1999, 62쪽)

동에 자의적으로 개입할 수 있을 때 개인은 자기 재산을 보호받기 위해 정치권력에 의존하지 않을 수 없다. 다른 한편 국가가 시장에 개입하여 가격이나 수량을 통제할 때, 지대(rent)가 형성되고 다시 지대 추구로서 정경유착과 부정부패가 번창하게 된다.

소국 열등감에 기초한 민족주의

60년대 이후의 정부 주도 경제개발 자체가 근대적 사유재산권 개념과 이윤추구를 중시하는 자유로운 경제활동에 대한 문화적 인식이 거의 없는 상태에서 이루어졌고, 오직 공동체적·집단주의적 담론 속에서만 경제발전은 정당화되었다. 반기업적 유교전통 하에서 기업은 경제활동의 자유 차원에서가 아니라 오로지 무한경쟁의 세계경제에서 기업의 경쟁력이 바로 국력이라는 민족주의적 논리에서만 정당성을 부여받아왔다.

모리시마가 지적했듯이, 소국 열등감에 기초한 민족주의가 일본판 나치 경제 체제인 소위 '1940년 체제'의 핵심 요소 중의 하나이다. "박정희는 사적인 영역인 민간 경제활동에 국가와 민족의 발전이라는 공적인 의미를 부여했다. 즉, 조선시대에 개인의 도덕적 가치관이 사적인 일이 아니라 공적인 일이었듯, 이제는 잘살고 못사는 일이 공적인 일이 된 것이다."[3] 그래서 정부는 민간기업의 투자와 수출을 촉진하기 위해 적극적으로 나서게 되는데, 공공 부문과 민간 부문의 구분이 모호할 정도로 국가는 민간 기업활동에 개입하게 된다. 저리 특혜융자, 투자위험에 대한 명시적 및 암묵적 보증, 보조금 지급, 세금 감면, 경쟁의 제한 등을 통해 민간 경제활동을 지원하면서 다른 한편으로 민간기업의 투자, 수출, 고용, 경영 등에 대해 적극적으로 통제하였다. 그리고 이러한 민간기업에 대한 정부 지원은 국가발전이라는 민족주의적 논리로 합리화되었다. 한국의 재벌은 주주들의 사적이익을 추구하기 위해 존재하는 사기업이라기보다 공공 목적을 가진 국민기업으로 보았다. 따라서 기업인들은 국가경제에 기여해야 한다는 민족적 사명감을 가져야 했으며, 이들 기업은 마치 태극기를 달고 올림픽에서 뛰는 국가대표 선수와 같았으며, 근로자들은 산업전사라고 불렸다.

---

[3] 김은희(1999), 52쪽.

제5장 | 노무현 정부의 개혁 과제

노무현 정부의 개혁 과제

경제위기를 극복하고 위기 재발을 방지하기 위한 새로운 경제시스템 구축을 위해, 정부는 금융 및 기업 구조조정을 추진하여왔다. 공적자금을 투입하여 부실 금융기관을 정리하고, 은행의 자본 확충 및 부실채권 매입 등을 통해 금융시스템의 건전성을 확보하였다. 또한 재벌들의 과다차입에 의존한 무모한 투자로 누적되어 왔던 기업부실을 정리하고 선진적 기업지배구조를 위한 제도적 기반을 구축하는 등 커다란 성과를 거두었다. 그러나 우리나라의 금융기관 및 기업들은 재무구조, 수익성 그리고 기업지배구조 면에서 선진국에 비해 여전히 취약한 상황이다. 따라서 앞으로도 기업 및 금융 구조조정은 일관성 있게 지속적으로 추진되어야 할 것이다.

지난 40년 동안 고착화된 관치경제의 잔재를 청산하고 시장경제로 이행하는 데 있어서 불과 5년 만에 커다란 개선을 기대하는 것은 비현실적이라고 볼 수 있다. 어떤 공식 · 비공식 제도 체계는 특정 조직 관습을 효율적으로 유지하기 위해 생성된 것이다. 따라서 일부 제도나 규제를 철폐한다고 해서 곧바로 새로운 조직형이 형성되고 다양성이 현실화되는 것은 아니다. 다양성을 생성하는 것 자체가 새로운 규제 체계와 사적인 질서, 비공식적인 관습 등을 필요로 하는 것이다. 특히 관치경제로부터 시장경제로의 이행은 결코 정부의 몇 가지 입법 조치에 의해 달성할 수 있는 것은 아니다. 스티글리츠(J. Stiglitz, 1999)가 지적한 바와 같이, 시장경제는 가장 학습하기 어려운 한 나라의 시스템 자산이다.

기업 부문에서의 경제시스템 전환 또한 쉽지 않은 과제이다. 기업 관련 시스템이 작동되는 데에는 경제적 요인만이 아니라 문화적 관행, 의식구조 등 제반 요소들이 복잡하게 얽혀 있으므로 법과 제도의 개혁만으로는 충분하지 못하다. 선진적 기업지배구조가 원활히 작동하기 위해서는 주변의 사회적 인프라가 축적되어 있어야 한다. 예컨대, 사외이사 제도를 오래 전부터 시행해온 선진국에서는 사회이사 선임이 가능하도록 전문가 풀이 형성되어 있고 이들의 성과가 기록되고 분석되는 평가 장치들이 작동하며 이러한 평가 결과를 투자자들이 적극 활용하는 등 하부구조가 축적되어 있어 제도의 실효성을 높이고 있다.

그러나 한국경제는 올바른 방향으로 나아가고 있다. 무엇보다도 기업과 금융기관의 행태가 질적으로 변화하였다. 재벌과 금융기관들의 행태를 근본적으로 바꾸는 데 가장 큰 영향을 미쳤던 것은 다음 두 가지였다.

첫째, 대우 등 부실재벌의 과감한 정리를 단행하여 대마불사와 도덕적 해이에 대한·근본적 해결을 모색하였다. 1996년 현재 30대 재벌 가운데 절반 이상이 도산 절차를 경험하였으며, 이들 재벌에서 총수들은 경영권을 대부분 포기해야만 했다. 이는 재벌총수들의 방만한 경영을 종식시키도록 독려하는 효과를 발휘할 것이다. 또한 1998년 5개 은행 폐쇄를 시작으로 총 585개의 금융기관이 합병·청산으로 정리되었다. 그 결과 금융기관의 대출 관행 등에 커다란 영향을 미치고 있다.

둘째, 대규모적인 외국인 투자유치, 회계 투명성 제고, 주주 권리의 강화 등을 통해 시장의 힘에 의한 경영규율을 확립한 것이다.

경제위기로 은행들은 거래기업 부실에 따른 자산부실화로 커다란 손실을 경험한 뒤, 위험한 기업여신보다는 가계에 대한 부동산 담보 여신을 대폭 확대하였다. 이에 재벌기업들은 직접금융시장에서 보다 많이 자금을 조달할 수밖에 없게 되어 직접금융시장 규모는 경제위기 전에 비해 약 3배로 커졌다. 직접금융 상품은 간접금융과 달리 투자자가 모든 위험을 부담해야 하므로, 직접금융시장이 확충되기 위해서는 신용정보, 신용평가, 공시 제도, 시장감독 제도 등 하부구조 구축이 선행되어야 한다. 경제위기 이후 재벌 등 대기업이 자금조달을 직접금융시장에 보다 크게 의존함에 따라 정보 하부구조가 크게 개선되었다.

경제지표상으로도 이미 성과가 부분적으로 나타나고 있다. 기업경영 목표가 종래의 차입에 의한 외형 성장으로부터 부채 감축과 수익성 개선으로 전환됨에 따라, 제조업 부문 평균 이자보상배율이 1997년 122.0%에서 2001년 상반기에는 170.5%로 상승한 것과, 은행 역시 위험관리 강화와 수익성 증대노력으로 2001년 은행의 당기순이익이 5.2조 원에 이른 것이 대표적인 증거다.

이러한 구조조정에 힘입어 경제위기로 극심한 침체를 겪었던 우리 경제가 다시 건실한 성장세를 회복하였다. 국가신용 등급도 외환위기 직후 투자 부적격 단계까지 추락하였으나, 1999년 초 투자 적격 단계로 회복한 데 이어 2002년 3월에는 무디스(Moody's) 기준 A등급대(A3)로 상승하였다.

공적자금과 국가부채

경제 전체의 대차대조표를 놓고 볼 때 지난 5년 동안 추진된 기업 및 금융 구조조정은 주로 금융 부문에 있던 부실을 공공 부문으로 옮겨 놓는 작업을 한 셈이다. 금융시스템을 안정시키고 강화하기 위한 주요한 조치들이 1997년 11월부터 2001년 12월 말까지 기간 중 채권발행(102조 원), 재정자금 등 총 155조 원의 공적자금 투입을 통해 이루어졌다. 그 결과 공공부문 총부채의 대 GDP 비율은 위기 전 약 20% 수준에서 50% 수준으로 급증하였다. 지난 3년여 동안 한국은 위기 직후 지게된 IMF 구제금융과 단기외채 만기 연장에 대한 지급보증 등 대외 부채는 크게 감축시켰으나, 금융구조조정 비용과 재정적자와 같은 국내 비용의 증가가 외채 감축을 대부분 상쇄하였다. 한국의 경제위기는 급성 외채국면으로부터 만성적 국내 문제로 진행되어온 측면도 있다.

그러나 이러한 공공 부채 규모는, 우선 중앙정부 채무의 대 GDP 비율이 1996년 말 8.8%에서 2001년 말 20.8%로 증대되었으나, OECD 국가들의 경우 이 비율이 60~70%인 데 비하여 아직 낮은 수준이고, 또한 국제적으로 드물게 정부 부문의 자산 규모가 총부채를 웃돌고 있으며, 매년 국내 저축이 150조 원 수준이라는 것을 고려할 때, 재정건전화 노력이 지속된다면, 아직 감내할 범위 내에 있다고 할 수 있다.

공적자금 투입을 통한 금융 부문 정상화 자체도 외국은 물론 우리의 과거의 경험에 비추어 볼 때 쉽지만은 않은 작업이므로 결코 과소평가해서는 안 된다. 예금자가 보호된다고 하더라도 부실 금융기관과 재벌을 문 닫는다는 일이 정치·사회적으로 용납되지 않는 경우가 비일비재하기 때문이다. 그러나 현시점에서 한국경제의 미래를 위해 냉정히 인식해야 할 점은 어찌됐든 아직은 절반의 성공에 지나지 않는다는 사실이다.

금융 및 기업 구조조정은 미완인 채 1999년 V자형 경기회복과 4·13 총선을 계기로 개혁의 모멘텀을 상실하였다. 앞에서 살펴본 바와 같이, 경제위기를 초래한 2대 근본 원인은 해결되지 않은 채 개혁은 지지부진하게 진행되었다. 즉 기업 경영의 감시자 역할을 담당하여야 할 금융기관의 많은 부분이 아직도 정부와 재벌의 통제를 받고 있고, 사외이사 제도 등의 제도 개선에도 불구하고 재벌의 기업지배구조는 아직도 완전히 구태를 벗어나지는 못하고 있다. 1999년 하반기 이후 정부는 총선을 앞두고 생존 불능 기업이나 금융기관 청산에 점점 소극적이었다. 야당은 마치 국채 발행 없이 거대한 부실채권 문제를 해소할 수 있는 것처럼 국가 부채 논쟁을 불러일으켰으며, 또한 부실기업의 공정가격을 사전적으로 알고 있다는 듯이 헐값으로 매각하였다고 정부를 비판하였다. 총선 과정에서 경제 문제의 정치화는 구조조정에 부정적인 영향을 미쳤다.

1. 향후 경제개혁의 기본 방향

진정한 시장경제의 확립을 위해 향후 추진되어야 할 경제개혁의 기본 방향은 사유재산 제도에 기초한 자유경쟁과 자기책임 원칙을 확립하는 것이다. 이를 위해서는, (1) 탈통제를 위해 정부 기능을 전면적으로 재편하는 것이 가장 시급한 과제이고, (2) '감시자 있는 경영' 체제의 정착을 위해 기업 및 금융 구조조정을 지속적으로 추진하여야 한다.

앵글로색슨형 VS 독일 · 일본형

1989년 11월 베를린 장벽의 붕괴를 계기로 냉전 체제가 해체되고 전세계 경제가 시장경제질서로 재편되는 세계화의 진전에 따라, 앵글로색슨형 직접금융 중심 체제가 세계적으로 확산되는 추세에 있다. 그러나 일부 논자들은 97년 위기 이후 IMF와 세계은행의 권고에 기초해 앵글로색슨형을 추구하는 경제개혁의 기본 방향은 경로의존성 때문에 부적합하다는 주장을 제기하고 있다.

　1997년 경제위기의 근본 원인이 재벌들의 과다차입에 의존한 과잉
투자에서 비롯된 것이었고, 이는 다시 재벌의 기업지배구조 상의 공백
에 기인하였다는 점을 감안할 때, '감시자 있는 경영'을 확립하는 것이
중요한 과제이다. 그러나 이는 결코 쉬운 과제가 아니다. 오랜 관치금
융의 관성 때문에, 일본 고도성장기에서와 같이, 은행이 시장경제에 필
요한 기업감시 기능을 전담할 능력을 발전시키는 것이 쉽지 않을 것이
다. 다른 한편, 경제위기 이후 증권시장에서 외국인 투자자의 비중 및
역할 증대, 금융시장 정보 하부구조의 급속한 발전 등을 배경으로 증권
시장의 기업감시 기능이 크게 높아졌지만, 재벌 계열사들의 경우 내부
지분율이 대단히 높고, 내부자 통제(insider control) 경향이 여전히 강하
기 때문에 기업감시 기능을 증권시장에 전적으로 위탁하는 것도 기대
하기 어렵다. 따라서 기업의 외적 견제 가능성을 제고하기 위해서는 증
권시장과 은행 제도의 발전을 동시·병행적으로 추구하는 것이 바람직
하다.

　관치경제로부터 시장경제로의 이행기에 기업감시 장치로서 금융제
도의 진화론적 발전은, 아오키(靑木, 1995)가 지적한 바와 같이, 여타 경
제시스템 요소와 보완성을 가지며 이루어진다. 은행과 기업내부자가
기업지배 통제권을 분점하는 독일형 기업지배구조, 혹은 기업내부자와
은행 간에 상태 의존적 기업통제권을 이양하는 일본형 기업지배구조는
모두 근로자의 계속적 고용 그리고 내부 훈련시스템과 보완적이다. 이
와는 대조적으로 영국과 미국에서 회사통제권에 관한 시장적 접근은
기능 형성 및 사용에 있어서 시장적 접근과 보완적이다. 경제위기 이후
일부 기업의 노동조직과 기능 형성에 상당한 변화가 관찰되고 있지만,
향후 어떠한 패턴으로 진화할지는 아직 명확하지 않다. 만약 노동조직
이 영·미형처럼 직무 분담이 개인 기능에 기초를 두는 방향으로 발전

해 간다면, 기업감시 장치로서 자본시장 제도의 보완적 발전이 바람직할 것이다. 그와 같은 조직의 내부효율성은 개인 기능에 대한 경쟁시장적 보상이 지불된 후의 잉여에 의해 측정될 것이기 때문이다. 반면, 전형적 일본형 기업에서처럼 정보 공유에 기초한 팀 작업 조직으로 더욱 진화해간다면, 기업감시자로서 은행 제도의 발전이 바람직할 것이다.

그러나 우리의 문제는 앵글로색슨형 직접금융 중심 체제냐 혹은 독일형 간접금융 중심 체제냐의 선택 문제 이전의 보다 원초적인 곳에 있다. 즉 사유재산권을 확립하여 그에 기초해 자유경쟁과 자기책임 원칙이 경제 과정을 관철하도록 하는 것이다.

도덕적 해이문제를 극복하기 위해 앵글로색슨형의 경우 주주가 기업경영을 감시하는 데 비해, 독일형은 은행이 기업 경영을 감시하는 기능을 담당한다. 그러나 전술한 바와 같이, 지난 30여 년 동안 한국에서는 정부의 통제와 보호 하에 있었던 은행은 물론 기관투자가 역시 중립투표제(shadow voting) 등의 제약 때문에 기업경영 감시를 수행할 수 없었다. 1998년 경제개혁 이후에도 재벌총수의 도덕적 해이를 줄이기 위한 은행이나 기관투자가의 기업경영 감시 기능이 작동되지 않고 있기는 마찬가지이다. 위기극복 과정에서 주요 은행은 국유화되있고, 주요 기관투자가들은 재벌의 지배를 받고 있기 때문이다.

경영 감시자가 있어야 한다

자본시장 및 외국인 직접투자 전면 개방을 계기로 작동하기 시작한 시장 주도의 구조조정(market-driven restructuring mechanism)을 더 한층 강화하고, 뿌리 깊은 관치금융의 관행을 혁파하여 '감시자 있는 경영 체제'를 확립하기 위해서는 다음과 같은 세 가지 방향에서 기업 및 금융 개혁을 지속적으로 추진하여야 할 것이다.

사유재산권의 확립 | 첫째 과제는 시장경제의 본질적 기초인 사유재산 제도를 주식회사의 경우에도 명확히 확립하는 것이다. 세계적으로 특이한 한국 재벌 체제의 본질은 30대 재벌총수들이 계열사 주식의 평균 3% 정도의 지분만을 소유하고 있음에도 불구하고, 계열사 간 순환출자를 통해 가공자본을 형성하여 평균 45%의 내부지분율을 확보하여 기업을 지배하고, 사적이익 추구를 위해 기업 경영을 전횡함으로써 일반 주주의 사유재산권을 심각하게 침해하는 사례가 빈발하고 있다는 것이다. 예컨대, 경제위기 전 삼성전자 등 우량 계열사 주주의 돈이 삼성자동차에 투자되었다가 실패하여 우량 계열사 주주들의 재산 가치가 손상되었다. 또한 경제위기 직후 SK텔레콤과 대한텔레콤 사건에서 드러났듯이, 지배주주는 본인의 지분율이 높은 계열사가 이익을 많이 내게끔 계열사 간의 거래 조건을 설정하는 경우도 발생하였다.

이러한 문제를 해소하는 최선책은 선진국들에서처럼 이해당사자 중심의 사적규율이 제대로 작동하도록 기업지배구조를 확립하는 것이다. 출자에 대한 투명성을 전제로 이해당사자 중심의 사적규율이 제대로 작동한다면, 상호출자 금지, 채무보증 금지, 출자총액 제한 등 선진국에는 없는 대증요법적인 행정 규제는 불필요할 것이다. 이러한 대증요법적인 행정 규제는, 제2장에서 보였듯이, 관치경제 하에서 정부개입 악순환의 산물이다. 즉 특혜분배 체제로서 관치경제로 인해 재벌에의 경제력 집중이 급속하게 진행되자, 다시 경제력 집중 억제라는 미명 하에 다변화 전략의 상쇄, 소유분산 유도 등을 목표로 사법적 영역에 속하는 문제에 이러한 공법적 규제들을 도입하였던 것이다. 그 결과 사적 경제력과 국가권력의 유착이 초래되어 권력 집중과 부정부패의 구조화를 초래하였다. 그러므로 경제력집중 억제 정책도 공법적 규제를 청산하되 사법적 규율을 강화하는 방향으로 개편하고, 공정거래위원회의 기능도 경쟁정책 시행이라는 본연의 임무에 충실하도록 개편되어야 할 것이다.

그러나 앞에서 살펴보았듯이, 경제위기 이후 우리나라 기업지배구조는 제도상으로는 선진국 수준에 근접하고 있으나, 아직 제대로 정착되지 않았다. 따라서 아직 이해당사자 중심의 사적규율이 제대로 작동하지 않은 현실을 고려하여, 당분간 가공자본 형성을 억제하기 위한 행정규제를 유효하게 유지하다가, 기업지배구조가 선진국 수준으로 정착된 후 행정 규제를 철폐하는 것이 현실적인 차선책일 것이다. 즉 2001년 공정거래법 개정에서, 유사 업종에 대한 출자, 공기업 민영화 관련 출자, 외국인투자 기업에 출자 등 다양한 예외의 인정으로 인해 허구화된 출자총액제한 제도를 전면 재정비하거나, 상호출자 금지 대상을 확대하여 가공자본 형성을 위한 계열사 간 순환출자를 차단하는 방안을 검토하여야 할 것이다.

사적구제 제도의 정비 | 동시에 이해당사자 중심의 사적규율을 확립하기 위해 지속적으로 기업지배구조를 개선하여야 한다. 이미 회계 투명성 강화, 사외이사 제도와 결합재무제표의 도입 등 상당히 진전되었다. 그러나 소액주주권의 강화를 위해 집중투표제 의무화와 집단소송제 도입 등이 필요하다는 주장이 최근 활발히 제기되고 있다. 즉 집중투표제 의무화를 통하여 소수주주에 의한 이사 선임이 가능하도록 하고 적어도 소수주주가 반대하는 이사를 대주주가 선임하기 어렵게 함으로써 지배주주의 영향을 받지 않는 독립적인 사외이사의 비중을 높여야 한다는 것이다. 또한 분식회계, 주가 조작, 허위 공시 등에 대한 증권집단소송제를 도입함으로써 소액주주에게 사법적 구제 수단을 제공하자는 것이다.

그러나 집중투표제와 증권집단소송제의 부작용에 대한 우려도 일각에서 제기되고 있다. 집중투표제의 경우 미국의 6개주와 멕시코, 러시아, 칠레 등에서만 채택하고 있고, 증권 집단소송은 미국, 캐나다, 중국 등에서만 활성화되어 있어서 사실상 글로벌 스탠더드는 아니라는 지적도 있다. 집중투표제 의무화의 경우 소수주주 이익 옹호보다는 대주주와 2~3대 주주 간 파벌싸움으로 변질될 가능성이 있으며 경영진 교체가 어려워 M&A 활성화가 저해된다는 지적도 있다. 또한 증권 집단소송은 우리 민사소송법 체계와 맞지 않으며 남소를 유발하여 기업 경영에 치명적 영향을 줄 수 있다는 우려도 제기되고 있다.

이러한 장단점을 면밀히 검토하여 부작용은 최소화하면서 긍정적인 효과는 잘 살릴 수 있는 방향으로 기업지배구조를 보완할 수 있는 사적 구제 제도를 정비하는 것이 바람직하다고 판단된다.

나아가 주요 주주로 성장하고 있는 기관투자가와 회계감사인에 대해 보다 적극적인 기업감시 의무를 부과해야 할 것이다. 예컨대, 재벌 계열기업이 비상장 기업과의 거래 내역을 결산시에 공개하도록 보다 엄격한 공시 의무를 부과하고, 사외이사에 대해서도 보다 엄격한 충실 의무(fiduciary duty)를 부과하는 방향으로 회사법 개정이 요구된다.

금융기관의 자율성 확립 | 위기극복 과정에서 국유화된 금융기관의 해외 매각이나 민영화 그리고 산업자본과 금융자본의 분리를 통한 금융 부문의 자율성 확립이다. 관치금융은 정부가 금융기관의 경영에 자의적으로 개입하고 예금자, 주주 등 이해관계자에 대해서는 암묵적인 보험을 제공하는 체제이다. 즉 한국 금융 산업의 근본 문제점은 시장원리와 맞지 않는 정부와 금융기관 간 교통방식(interface)이다. 이제 이 교통방식을 건전성 감독으로 대체하고 금융기관의 자율 경영을 확보하는 것이 금융개혁의 기본 방향이다. 이를 위해 금융감독기관이 통합되고 건전성 감독 기준이 강화되고 새로이 도입되었다. 관치금융의 청산은 암

묵적 보험의 청산을 의미하며, 따라서 시장 참가자의 자기책임 원칙의 확립이 수반되어야 한다. 특히 앞에서 살펴본 바와 같이 한국 금융순환에 있어 커다란 비중을 차지하고 있는 비은행 금융 부문에서 투자자 자기책임 원칙의 확립이 시급한 과제이다.

2. 정부 기능의 전면적 개편

우리는 앞장의 분석에서 김대중 정부가 추진한 기업 및 금융 구조조정이 미완의 개혁으로 그친 근본적 원인의 하나는 결국 관치경제의 법적, 관행적 그리고 인적 잔재 때문이었다는 점을 여러 차례 지적한 바 있다. 따라서 자유롭고 공정한 시장경제를 확립하기 위한 최우선 향후 과제는 정부 기능의 전면적 재편이라고 할 수 있다. 스위스 제네바에 본부를 둔 세계경제포럼(WEF)은 한국의 종합적 국가경쟁력을 세계 80개국 중 21위로 평가하였으나, 정부 부문에서 대체적으로 낮은 점수를 받아 국가경쟁력을 저하시키고 있는 것으로 분석하였다. 창업 단계수(58위), 은행 건전성(55위), 세무 부정(50위), 입법부의 효율성(53위), 사법부의 독립(41위) 등으로 후진국 수준에 머물고 있는 것으로 평가하였나. 논의를 보다 구체화시키기 위해 관치경제의 핵심인 관치금융의 문제점이 경제개혁에도 불구하고 아직도 유지되고 있는 사실부터 검토해 보자.[1]

---

1 신인석(2000), 금융구조조정 : 평가 및 향후 과제, 경제구조조정 : 평가 및 향후 과제, 한국개발연구원 심포지엄 자료 1, 2000.12.8.

보호와 통제

경제위기 이전 우리나라의 금융시스템은 크게 보아 다음 세 가지 문제점을 안고 있었다. 첫째, 자원배분 과정에서 신용위험의 평가 및 관리 기능이 미약하여, 부실 발생확률이 높아 주기적인 기업 및 금융 위기를 경험하였다. 둘째, 이미 발생한 부실 대기업 정리 기능이 사실상 없어 부실 처리가 지체되어 금융부실이 누적되었다. 셋째, 금융시장에 불법·불공정 거래가 만연하여 금융 사고가 주기적으로 발생하고 시장 불안정성이 증폭되었다.

이러한 한국 금융시스템의 문제는, 1960년대 이후 정부의 '보호와 통제'를 기본 원리로 한 관치경제의 소산이었다. 관치경제 하에서 금융기관은 정부가 제시한 각종 개발 계획을 달성하기 위해 기업이 필요로 하는 자금을 공급하는 수단으로 주로 활용되었다. 이 때 금융기관과 기업은 정부의 암묵적 보증으로 생존에 대한 지속 가능성이 보장되었으며, 시스템 전체적으로 발생하는 문제는 정부의 정책으로 해결하였다. 정부는 부실화된 금융기관을 관행적으로 한국은행 특별융자 등을 통해 구제해 줌으로써 금융기관의 주주·종업원·투자자 모두에게 암묵적 보험을 제공하였다.

여기에 더하여 정부가 금융 발전을 주도하면서 은행·투신사의 경우 정부가 경영진을 지배하였고, 모든 금융권에 걸쳐 정부는 건전성 감독보다는 양적 성장 위주의 육성 정책을 우선하였다. 정부의 암묵적 보험 때문에 금융기관의 위험관리 유인이 약화되었고, 정부의 지시에 의한 여신이었기 때문에 부실대기업의 정리에 대한 의사결정은 금융기관의 몫이 아니었다. 금융기관 육성자로서의 기능을 우선한 정부는 시장 침체를 우려하여 금융기관의 불공정거래에 관대했기 때문에 금융시장에 불법·불공정 거래가 만연하였던 것이다. 이처럼 정부가 금융시장에서 공정한 규칙의 시행자로서의 기능보다는 금융기관을 보호하고 통제하는 기능을 주로 담당하여왔기 때문에, 금융 정책의 추진 방식도 준칙주의보다는 재량주의에 입각할 수밖에 없었다.

불씨 남긴 금융개혁 : 국유화와 재량주의

경제위기를 극복하기 위한 구조조정 과정에서도 정부의 역할과 개입 방식이 종래 관치금융 시대와 연속되는 측면이 있어서, 구조조정에도 불구하고 아직도 종래의 금융시스템의 문제점이 유지되고 있는 측면이 있다.

첫째, 구조조정 과정에서 불가피한 측면이 있었으나, 이를 넘어서서 금융시스템의 주요 부분을 국유화함으로써, 금융기관의 명시적 소유자가 되었다. 부실 금융기관 처리에 있어서 1998년에는 시스템 리스크가 없는 한 청산 혹은 P&A 방식으로 정리함으로써 은행불사의 신화에 의존한 도덕적 해이 문제의 본격적 해결을 시도하였다. 이를 통해 우리사회가 얻은 가장 중요한 결실은 부실 금융기관은 퇴출되며 부실 금융기관의 경영진은 민·형사상의 책임을 지게 된다는 인식을 확산시켰다는 점이었다. 종래 정부의 보호와 통제 원칙에 입각한 관치경제 때문에 부실 금융기관이 퇴출되거나 경영신이 부실에 관련되어 법적 책임을 시는 일이 없었다는 점을 고려하면, 이는 시장경제의 자기책임 원칙을 확립하는 데 있어서 커다란 진보였다. 그러나 1999년 중반 이후 거의 모든 부실 금융기관이 국유화되는 정책이 선택되어 시장경제의 자기책임 원칙을 다시 크게 손상시켰다.

둘째, 금융구조조정 추진 방식 역시 과거와 같이 재량주의에 입각하였다. 금융구조조정을 효율적으로 추진하기 위해서는 이익집단의 반발로 인한 정책 결정의 왜곡을 최소화하는 것이 필요하며, 이를 위해서는 준칙을 제정하여 모든 결정을 이에 의거하고, 불가피한 경우 재량권의 범위와 책임 소재를 명확히 하는 것이 필요하다. 예컨대 미국의 경우 부실 금융기관의 처리는 공적자금의 손실을 최소화하는 방식에 의하여야 한다는 '최소비용 원칙'을 법제화하여, 제3자 매각, P&A, 청산 중에서 장기적인 공적자금의 손실을 최소화하는 방안에 의거하여 부실 금융기관의 정리 방식을 선택하고 이 같은 결정의 근거를 문서화하도록 함으로써 책임 소재를 명확히 하였다.

그러나 한국의 금융구조조정은 공적자금의 범위 및 투입 대상, 부실 금융기관의 처리 방식, 사후 관리, 회수 대책 등의 결정이 모두 재량 사항으로 추진되었다. 공적자금(공공자금, 국유재산 포함)의 투입은 일반적으로 예금보험 대상 금융기관에 한정되어야 하나, 명확한 논리의 제시 없이 투신사들에 공적자금을 투입하여 국유화하였다. 2000년 말 '공적자금관리특별법' 제정으로, 공적자금 사용 원칙으로서 최소비용 원칙을 도입하였으나, 원칙의 실질화는 아직 미흡하며, '공적자금관리위원회'가 발족되어 재정경제부, 금융감독위원회, 예금보험공사, 자산관리공사가 모두 결정 과정에 참여하고 있으나, 구조조정의 추진 주체와 책임 소재가 아직도 불명확하다.

또한 건정성 감독 측면에서도 재량주의의 문제점은 존속되고 있어서 자본시장에서 불법·불공정 거래의 중요한 요인이 되고 있다. 즉 금융감독위원회라는 행정부로부터 독립된 통합 감독기구가 발족되어 건전성 감독만을 담당하도록 제도 개선은 이루어졌으나, 과거의 타성 때문에 여전히 행정부의 일부로 간주되고 있으며, 불법·불공정 행위의 감독이 여전히 재량과 관행에 의하여 관대히 처리되고 있어서 분식회계, 주가 조작, 내부자거래 등으로 인한 각종 금융 사고가 이어지고 있다. 이러한 통합 감독기관의 한계는 정부가 주요 금융기관의 소유주인 상태에서 순수한 감독자로서의 역할 변신이 원천적으로 수월하지 않는데 기인한 측면도 있다.

요컨대, 그 동안 금융구조조정이 추진되었고, 금융시스템의 구조적 문제를 해소하기 위해 금융기관의 건전성 규제는 강화되었으나, 정부 기능의 재편이 이루어지지 않음으로써 금융기관의 자율 경영과 금융시장의 자율 작동이 확립될 수 있는 환경이 조성되지 못하였고, 이로 인해 종래 금융시스템의 문제점이 존속되고 있는 측면이 적지 않다.

시장규율을 확립하기 위해서는, 제도의 정비에 못지않게 부실을 초래한 소유경영인 혹은 경영감시자에 대해 엄중한 책임을 물음으로써 '처벌을 통한 학습효과'가 대단히 중요하다. 예컨대, 미국에서는 저축대부조합(S&L) 위기를 처리하는 데 있어서 정리신탁공사(RTC)에 367명의 FBI의 요원을 파견하여 부실에 책임이 있는 임원, 회계사, 변호사 등에 대해 배임 혹은 사기죄로 2333명을 기소하고, 이 중 93%인 2168명에 유죄 판결이 내려졌고, 총 손해배상명령 금액은 6억 달러를 웃돌았다.

우리나라에서도 대우그룹의 도산 사건에 있어서 역사상 최초로 분식결산을 묵인한 회계법인과 회계사들을 처벌하는 선례를 남긴 것은 시장규율 확립에 있어서 역사적 진보였다. 그러나 금융 빛 기업 양 부문에 걸쳐, 부실을 초래한 소유경영인 및 이를 묵인한 경영감시자에 대한 책임 추궁이 미흡하여 '처벌을 통한 학습효과'가 반감되고 구조조정의 공정성에 대한 근로자의 반발을 야기하였다. 다행히 뒤늦게나마 2002년에 접어들어 예금보험공사는 조사부를 확대 개편하여 부실을 초래한 금융기관 및 기업의 임직원의 처벌과 손해배상 청구를 추진하고 있으나, 그 실질적인 처리는 지켜보아야 할 것이다. 2002년 9월 말까지 예금보험공사는 351개 부실 금융기관 및 부실기업들을 조사했거나 조사

중이며, 3700여명의 금융인·기업인을 상대로 1조 2700여억 원의 손해 배상 소송을 제기했으나 회수 금액은 357억 원에 불과한 실정이다.[2]

정부개혁 : '작은 정부'가 아니다

그러므로 향후 지속적인 구조조정을 추진함에 있어 종래 관치경제 하에서 민간 부문을 통제하는 기능을 청산하고, 시장에서 자유경쟁과 자기책임 원칙에 입각한 공정한 게임이 이루어질 수 있도록 엄정한 법 시행과 시장 실패를 보정하는 기능을 강화하는 방향으로 정부 기능의 전면적 재편이 선행 조건임을 알 수 있다.

김대중 정부도 두 차례에 걸쳐 정부개혁을 추진하였으나 그릇된 목 표와 방향 설정으로 실패하였다. 즉 1980년대 이후 선진국들에서 추진 된 '작은 정부론'을 맹목적으로 모방하여 김대중 정부도 부처통폐합, 인력 및 예산 감축 등에 정부개혁의 초점을 맞추었다. 선진국들에서 작 은 정부론의 요체는 비대해진 복지국가의 해체였다. 그러나 한국은 복 지국가에 진입하지도 못한 상태였다. 또한 정부예산의 대 GDP 비율 면에서나, 공공 부문 인력의 총취업자수에서 차지하는 비중 등 어떤 지 표로 보나 한국의 정부는 OECD 국가들 중 이미 가장 작은 편에 속하 고 있었다.

한국에서 올바른 정부개혁의 핵심은 선진국들에서처럼 복지국가의 해체나 작은 정부의 구현이 아니고 바로 관치국가의 청산이다. 이제까 지 논의에서 명백해졌듯이, 관치국가의 문제는 정부의 크기가 아니라 경제에 있어서 정부의 그릇된 역할에 있다. 오이켄이 강조하였듯이, 경 제에 있어서 정부의 임무는 경제 과정에 개입하는 것이 아니라, 질서를

---

2 조선일보, 2002.10.8.

세우는 것이다. 따라서 진정한 시장경제를 확립하기 위해서는, 경제에 있어서 정부의 역할을 엄정한 법질서의 확립과 시장 실패의 보정에 한정하지 않으면 안 된다.

이러한 정부 기능의 전면적 재편을 위해서는 정부 조직의 재편, 규제 완화, 재량형 규제로부터 룰 형 규제로의 개편 그리고 경제법의 전면적 청산 등 광범한 작업이 요구된다.

시장경제에 적합한 정부조직의 재편을 위해서는 경제 각 부처에서, 예컨대 소위 공익가격을 통제하고 있는 재정경제부의 국민생활국 등, 시장경제의 원칙에 비추어 볼 때 명확한 정당성도 없이 민간 부문을 통제하는 국이나 과를 찾아내 없애고, 거기에 종사하고 있던 공무원들을 보건복지부 등 시장을 지원하는 부처 혹은 지방자치단체로 재배치시키는 것이 필요하다. 그리고 산업 정책과 독·과점 규제 정책을 미국에서처럼 분리·독립시키기 위해 통신위원회를 정보통신부로부터, 전기위원회를 산업자원부로부터 분리·독립시키는 것이 필요하다. 마찬가지로 금융감독위원회를 행정부로부터 독립시켜 오직 금융시스템의 건전성 감독만을 담당하도록 하여야 한다.

금융감독 기구의 위상을 재정립하라

경제위기 이후 금융감독 기구의 통합, 금융감독위원회의 설치 등 금융감독 조직은 제도적으로는 크게 개선되었다. 분산되어 있었던 금융감독기관들이 통합됨에 따라 금융감독의 책임성도 상당히 제고되었고, 금융감독 규정을 국제기준에 맞게 개선시키고 감독 기법을 향상시키려는 노력도 상당한 성과를 거두었다. 그러나 금융감독위원회 사무국 조직(공무원조직)이 당초 설립 취지와는 달리 비대화하면서,[3] 금융감독 조직에서 공무원 조직의 영향력이 커지고 재정경제부와 금감위 사무국 공무원 간의 순환 보직이 이루어졌다. 그래서 금융감독과 금융 정책이 혼재되고 감독기관의 독립성과 중립성이 저해되어 관치금융의 소지가 확대되었다.

향후 금융감독의 독립성 및 책임성 강화를 위해 금융감독 기구를 행정부에서 독립시켜 오로지 건전성 감독 업무만을 담당하는 조직으로 정착시켜야 할 것이다. 동태적 비일관성(time inconsistency) 문제를 극복하기 위해 금융 정책은 경제 정책의 일부로서 수행하고 금융감독은 경제 정책과 분리시킴으로써 금융감독의 중립성과 독립성을 강화하여야 한다. 향후 금융 및 기업 구조조정 정책은 '공적자금관리위원회'로 이관시키고, 법이 보장하고 있는 금융감독위원의 임기를 실질적으로 보장하며 금융감독위원회를 행정부의 일부로 인식하는 관행을 없애야 한다.

금융감독의 선진화를 위해서는 종래 금융기관의 금리, 조달 및 운용, 영업활동 등에 대한 직접적인 규제와 제한 조치에 의거한 감독 방식으로부터 최소 규제와 시장 참가자에 의한 자율적인 감시 체제가 중시되는 시장중심형 감독 체계(market-based supervision)로 전환하는 것이 필요하다. 이를 위해서는 금융기관 감독의 초점을 위험관리형 감독 방식으로 전환하고, 이것도 자기자본규제 강화 등 간접적인 방식을 통해 금융기관 스스로가 자체의 위험을 효과적으로 관리하도록 유도하여야 한다. 반면, 부실 금융기관과 경영진에 대한 책임 추궁을 강화하고 출자자 대출 등 금융기관의 고질적인 위법 행위에 대한 제재를 강화하여야 할 것이다.

---

3 금감위 사무국은 1997년 말 '금융감독기구의 설치 등에 관한 법률' 제정 당시에는 "대통령령이 정하는 바에 의하여 금감위 예산, 회계 및 의사관리 기능의 수행에 필요한 최소한의 공무원을 둘 수 있다"(제 15조 1항)는 조항에 근거하여, 금감위 출범 당시에는 대통령령으로 공무원의 정원을 19명으로 정하고 행정보조 목적으로 기획행정실을 설치하였다. 그러나 금감위가 구조조정 업무를 수행하면서 공무원 정원이 61명으로 확대되었고, 구조조정 업무가 줄어든 지금까지 공무원 정원이 축소되지 않고 있다.

금융시장에 만연되어 있는 불법·불공정 거래를 근절하기 위하여 감독 기구는 인력의 전문성 제고 대책과 내부규율 강화를 위한 대책을 수립하여야 할 것이다. 이를 위해 민간 전문인력을 과감히 영입하고 감독 정보의 일반 공개를 통한 감독투명성 제고, 금융감독원 내 비리에 대한 내부고발제 도입 등 내부통제 제도를 강화하여야 한다.

규제는 완화하고 경제법은 청산하라

김대중 정부는 관치경제의 2대 원리인 '보호와 통제' 중 '통제'적 요소를 청산하기 위해 규제완화 정책을 강력히 추진하였다. 1998년부터 정부의 모든 부처에 대해 각 부처가 관장하고 있는 규제 중 절반을 폐지하는 정책을 강력히 추진하였고, 잔존 규제를 심의할 '정부규제개혁위원회'를 설치하였다. 1998~2001년 중 1만 4000여건의 기존 규제를 전면 재검토하여 절반 이상(8000여건)을 폐지하고, 나머지 규제도 합리적으로 개선하였다. 그럼에도 불구하고 김대중 정부의 규제완화 정책은 실효성이 크지 않았다는 것이 일반적인 평가이다. 가장 중요한 이유는, 제2장에서 지적한 것처럼, 관치경제의 법적 기반인 경제법이 그대로 존속해 있기 때문이다.

여기서 '경세법(Wirtschaftrecht)'이란 '조직화된 경제에 고유한 법', 혹은 '개인이나 기업의 경제생활에 대한 국가적인 통제를 규정하는 법체계'이다.[4] 다시 말해 경제법은 조직화된 경제, 즉 전체주의적 통제경제의 고유한 법으로서 국가가 사법을 무시하고 개인과 기업의 활동을 통제하는 법이다. 따라서 시장질서에서는 타당성을 인정받을 수 없으며, 시장질서와 상용할 수 없는 법이다. 이런 의미에서의 경제법은 자

---

4 황적인·권오승, 경제법, 법문사, 1994.

생적 질서로서 시장질서를 파괴하기 때문에 전면적으로 정비되어야 할 것이다. 나아가 관치경제에 헌법적 근거를 제공하여온 헌법 제119조 제2항을 삭제하는 것이 필요하다.[5] 이를 통해 앵글로색슨적 의미에서 사법(민법·상법·형법 등)이 경제 과정을 규율하도록 법 체계를 전면 개편하여야 할 것이다.

규제는 룰형으로 바꿔라

관치경제의 뿌리 깊은 관행을 고려할 때, 한 걸음 더 나아가, 환경과 경쟁질서의 확보 등 시장 실패를 보정하기 위해 잔존시키는 것이 불가피한 규제들도 재향형 규제로부터 룰형 규제로 개편하는 것이 필요하다.

정부의 규제 권한을 얼마나 폭 넓게 인정하는가, 또 권한의 내용과 한계를 얼마나 엄격하게 규정하는가에 따라, 규제는 권한의 범위와 한계를 법에 명기하고 그것을 엄격하게 운영하는 '룰(rule)형 규제'와 행정 당국에 광범한 자의적 권한을 부여하는 '재량형 규제'로 나눌 수 있다.

룰형 규제는 행정 당국의 규제 권한과 재량 범위를 법률 등으로 명확하게 규정하고, 그 권한을 일탈한 규정행정이 이루어질 경우 피규제자가 불복하여 법원에 이의 신청을 할 수 있는 체제이다. 이 경우의 규제행정은 규칙화된 제도적 틀을 비재량적으로 투명하게 적용하는 것에 불과하다. 반면, 재량형 규제 프레임은 상황 변화에 따라 기민하게 대응하기 위해 행정 당국에 광범위한 재량권을 부여하는 체제이다. 그러나 이 경우 규제행정 과정은 불투명하고 애매하기 쉽다는 문제를 안고 있다.

한국의 규제관청들의 규제 권한은 미국의 그것에 비해 크고 강력하

---

5 헌법 제119조에 대한 보다 자세한 분석 및 수정 방안에 대해서는 이진순(1997) 참조.

다. 한국의 규제에 관한 권한은 중앙정부에 집중되어 있고 또한 법률의 제정 및 개정 권한도 사실상 중앙정부에 부여되어 있다. 이처럼 한국에서는 각종 규제에 대한 규제관청의 권한이 매우 강할 뿐만 아니라, 그 권한을 일반적인 룰에 따르기보다는 개별 사안에 따라 재량적으로 행사하고 있다. 이로 인해 규제 권한을 행사함에 있어서 규제 기준과 그 이유가 명백하지 않아 투명성을 결여하고 있다. 즉 진입 및 퇴출 규제, 가격 및 수량 규제 등에 대한 일반적인 방침과 규제 기준을 명확하게 밝히지 않을 뿐 아니라 개별 사안에서도 규제관청의 자의적 재량이 지나치게 크기 때문에 어떤 규제를 언제 하게 될 것인지 예측하기 어렵다.

또한 규제 과정이 비공식적이고 결정한 이유를 분명히 밝히지 않는 것이 일반적이다. 사실 한국의 정치·행정 체제의 최대의 특징과 문제는 그 밀실성에 있다. 중요한 정책 결정은 국회 등 공개적인 장에서 논의되지 않고, 국민들의 눈으로부터 은폐된 장소에서 사적 교섭을 통해 결정되는 것이 일반적이다. 공청회나 심의회가 종종 개최되지만 요식 행위에 불과한 것이 보통이다. 이와 같은 밀실형 행정 체제는 행정에 관련된 정보를 가능한 한 공개하는 미국형 체제와 대조적이다. 미국의 행정 체제는 정보와 의사결정 양면에 걸쳐 공개를 원칙으로 한 투명한 제도이나.

더욱이 한국의 경우 일본을 모방하여, 특정 정책 목표를 실현하기 위해 법적 근거도 없는 권고와 조언으로 특정 경제주체의 행동을 조종하는 불명확한 행정지도(administrative guidance)가 광범위하게 시행되고 있다. 법적 근거가 없는 규제를 피규제자가 자발적으로 받아들이는 까닭은 행정지도를 받아들일 경우의 '혜택'과 거절했을 경우의 '제제'가 행정지도의 실효성을 담보하는 유인 장치로서 충분히 강력하기 때문이다. 예컨대 규제 기관이 그 허가나 인가권을 행사할 때 그 행정지도를 받아들이면 특혜를 주고 거절하면 제제를 가하는 식이다.

행정지도의 특징은 불투명성과 관료 측 의사결정의 자의성에 있다. 법률상으로는 단지 신고서를 제출하고 일정한 기준만 만족하면 자동적으로 인가되도록 규정되어 있는 사항도 관료가 신고나 인가를 위한 신청 서류를 몇 년씩 책상 서랍 속에 방치함으로써, 사실상 당해 사업에의 신규 진입을 금지하는 것이 그 예이다. 더구나 이처럼 은밀한 형태로 신청 서류가 처리되어 관청과 어떤 형태로든지 유착관계에 있는 업자만이 사업을 영위할 수 있도록 허용되고, 담당 관료와 관계가 좋지 않은 업자는 실질적으로 신청이 거부되는 경우가 적지 않다. 본래 관료가 권한을 가지고 있지 않는 사항에 대해서도, 장래의 관계를 고려하면 업자들이 관료의 요구에 따르지 않을 수 없게 된다. 이렇게 은밀하고 자의적인 행정지도는 잠재적 참여 기업 등 아웃사이더의 이익을 침해할 뿐 아니라, 규제가 폐쇄적이고 불투명하게 되어, 규제기관이 피규제기업에 포획될 가능성이 높고, 부정부패의 온상이 되기 쉽다.

재량형 규제에서 규제기관은 피규제기업의 사업 전략에 깊숙이 개입할 수 있다. 그 결과 규제 산업에서 경쟁은 '관리된 경쟁'으로 변질되어, 시장경제의 기본 원칙인 자유경쟁과 자기책임 원칙을 손상시키고, 경쟁의 본래의 기능이 크게 손상된다.

3. 기업구조조정

기업구조조정은 기업이 시장에 진입하는 단계에서부터 다양한 형태로 시장에서 자유로운 경쟁을 추구할 수 있고, 시장 상황의 변화에 신속하게 대응하여 생존 전략을 찾아가는 과정이며, 부실화된 기업은 최소의 사회적 비용으로 퇴출시키는 과정이다. 이러한 기업구조조정이 원활하게 이루어질 수 있는 제도적인 인프라를 정비하는 것이 향후 기업구조조정 정책의 핵심 과제이다. 그 초점은 '경쟁의 자유(freedom to compete)'를 보장하기 위한 제도와 관행의 확립과 민간 주도의 자율적인 '감시자 있는 경영 체제'의 정착이다.

그 동안 역사적 경험은 시장 실패가 정부 실패보다 사회적 비용이 적으며, 어떤 정부 규제보다도 시장에 의한 규율이 훨씬 효과적이라는 것이다. 현행 한국의 기업(회사) 제도는, 앞서 언급한 '경제법'적 잔재가 많이 남아 있어, 신규 진입에 규제가 아직도 많고 사전적 규제로 인해 경영의 자율성은 크게 제한되어 있으며, 퇴출 제도는 비효율적이다(정갑영, 2002).

지난 5년 동안 기업지배구조 개선을 위한 전면적 개혁으로, 우리나라도 적어도 법·제도의 측면에서는 세계적 수준에 미흡하지 않는 것이 사실이다. 그럼에도 불구하고 국내 기업의 지배구조는 여전히 낙후된 것으로 평가되고 있으며, 국제자본시장에서 국내 기업의 저평가, 국내 주식시장의 불안정 요인으로 작용하고 있다.

기업지배구조에 대한 이러한 부정적인 평가는 많은 경우 기업가치를 하락시키는 계열사 간 거래 또는 정보의 불투명성 등에 기인한다. 실제로, 기업가치를 훼손하는 합병 및 계열사에 대한 지원성 출자로 인하여 상장기업의 주가가 하락하는 사례들이 종종 발생하였다. 또한 기업의 부실을 초래한 소유경영인 및 경영감시자에 대한 책임 추궁이 미흡함에 따라 '처벌을 통한 학습효과'가 반감되는 결과를 초래하고 있다. 그리고 경영자시장이 정착되지 않아 제대로 된 전문경영인 체제가 정착되지 않고 있으며, 최고경영자(CEO)로 하여금 기업가치의 극대화를 위해 진력하게 할 인센티브가 충분하지 않은 상황이다.

경제위기의 근본 원인이었던 재벌의 과다차입에 의존한 방만한 과잉
투자를 억제하기 위해서는 보다 장기적인 노력을 요구한다. 투자자와
채권자의 엄격한 감시, 위험관리 체제와 관행의 개선, 반경쟁적 관행의
제거, 보다 강력하고 효율적인 기업퇴출 제도 그리고 기업지배구조의
개선이 요구된다. 기업지배구조 개선을 위해 현재 논의되고 있는 소수
주주권 강화, 사외이사 자격 요건 강화, 내부자거래 단속 강화 등이 시
급히 추진되어야 할 것이다.

부실기업 정리하라

향후에는 정부 주도가 아닌 시장 주도에 의해 상시적인 부실기업 정
리가 이루어지도록, 부실기업 정리를 위한 시장이 원활히 작동하는 데
필요한 법·제도를 지속적으로 보강하여야 한다. 잔존 부실기업을 정
리할 때에는 공정하고 투명한 자유경쟁, 자기책임의 원칙 등 시장의 기
본 원칙을 준수해서 시장의 신뢰를 확보할 필요가 있다.

존속가치가 청산가치에 미달하는 생존불능 기업은 과감히 청산하고,
생존가치가 청산가치를 초과하나 자금난에 빠져 있는 기업은 만기 연
장이 아니라 부채 탕감이 필요하다. 생존불능 기업의 폐쇄는 여타 기업
의 성장을 위한 전제이다. 이들 기업들은 생존가능 기업들의 수익 마진
을 침식하고 자금시장에서 구축 효과를 발휘하고 있기 때문이다. 기업
구조조정 과정에서 발생하는 실업 문제는 강화된 사회안전망과 노동력
재배치를 통해 해소되어야 할 것이다. 기업의 생존 가능성을 제고하기
위해 불가피하게 정리해고 된 노동자에 대해서는 경영이 정상화될 경
우 우선적으로 재고용하는 방안 등을 검토할 수 있을 것이다.

이미 부실화된 기업은 경제성 원칙에 입각하여 신속히 처리될 수 있
도록 제반 여건을 조성하여야 한다. 매각 가능한 기업의 경우 국내외

투자자를 대상으로 조속히 매각하여야 한다. 특히 해외 매각과 관련된 국부유출론 등에 대해서는 정론을 세워 적극적으로 대응하여야 할 것이다. 즉 공정·투명한 경쟁 절차를 통해 기업이 매각될 경우 매각 가격은 기업가치에 대한 시장의 평가를 적절히 반영하는 것이며, 매각 지연에 따른 기회비용은 자원배분의 왜곡을 초래한다는 점에 유의하여야 한다.

금융감독 당국은 부실기업의 정리를 유도하기 위해 기업구조조정촉진법 및 기업신용위험 상시평가 제도가 적절히 운영되는지 여부에 대한 금융기관 감독 및 검사를 강화하여야 할 것이다. 특히 기업구조조정촉진법 적용 기업에 대한 채권금융기관의 철저한 자구노력 점검이 이루어지고 있는지 여부와 금융기관의 여신사후심사(Loan Review)의 적정성 여부에 대한 감독 및 검사를 강화하여야 할 것이다.

그리고 화의법·회사정리법·파산법 등 복잡다기한 도산 관련 법제도 조속히 통합하여 신속한 기업 회생과 퇴출을 법적으로 뒷받침하여야 할 것이다. 정부는 2002년 10월 통합도산법 초안을 내놓았다. 그러나 이 초안에 대해 국내외에서 다양한 비판이 제기되고 있다. 예컨대 부실기업주에게 경영권을 인정하는 기준이 너무 느슨하며, 부실기업주와 채권 은행 산 이해관계를 풀어가는 방안도 명쾌하지 않다는 것 등이다. 그리고 기업정리를 전담할 파산전문법원의 설립이 필요할 것이다.

지배 구조와 투명성을 강화하라

첫째, 기업의 중요정보 공개의무를 확대하고, 기관투자자의 경영감시 기능을 활성화하여야 한다. 기업의 사업보고서 등에 개별 이사의 실제 활동, 역할 등에 관한 정보를 의무적으로 공개하도록 함으로써 사외이사의 경영감시 유인을 강화하여야 할 것이다. 그리고 개별 펀드매니

저의 과거 펀드운영 행태와 성과에 관한 정보를 공시하도록 함으로써 기관투자자의 기업경영 감시 · 평가 유인을 강화하여야 할 것이다.

둘째, 소수주주의 권리행사 인센티브를 강화하여야 한다. 소액주주의 법적 권한 강화는 권리 행사로 얻을 수 있는 혜택이 권리 행사시 지급해야 하는 비용을 초과해야 비로소 실질적인 효과를 발휘할 수 있다.

셋째, 지배주주 및 경영자의 위법 행위에 대한 형사적 법시행을 강화하여야 한다. 특히 내부자거래, 배임, 횡령, 분식회계, 부실감사 등에 대한 형사적 법집행을 한층 강화하여야 한다. 그리고 위법 행위의 최초 자진신고자에 대한 면책 제도, 밀고자 보상 및 보호 제도 도입 등을 통해 법집행 당국의 위법 행위 적발 및 증거확보 능력을 강화하여야 할 것이다.

책임 경영을 위한 인센티브를 강화하라

첫째, 국내외의 유능한 경영진을 발굴하고 육성함으로써 경영자 공급을 확대시키고 경영자 시장의 유연성을 제고하여야 한다. 우선 공적 자금이 투입된 금융기관이나 공기업부터 국적에 무관하게 유능한 경영진 영입을 시도하여야 할 것이다.

둘째, 기업부실을 예방하거나 부실기업을 회생시켜야 할 경영자에 대한 충분한 인센티브가 제공되도록 하여야 한다. 우선 정부가 주주인 공기업부터 경영자에 대한 보수를 성과에 연동시킴으로써 책임 경영을 위한 인센티브를 제고하는 관행을 선도하여야 한다. 이를 통해 경영자로 하여금 비윤리적 거래에서 파생되는 보상이 아니라 기업성과 개선에 따른 보상을 추구하도록 유도하여야 하며, 이를 위해서는 기업 경영 및 회계의 투명성 확보가 필수적 전제 조건이다. 기업 내부의 부패와 기업의 비효율적 운영은 거래 관행 및 회계의 불투명성에 기인하기 때문이다. 예컨대, 인터넷 등을 통한 기업의 구매 판매를 촉진시킴으로써 기업 거래 과정의 투명성을 제고할 수 있을 것이다.[6]

4. 금융구조조정

정부가 공적자금을 투입하여 주도적으로 시도한 금융개혁 조치들, 즉 금융시스템 전반에 걸친 부실 금융기관들의 청산 · 정리 · 통폐합 및 자본 확충, 은행 내부의 구조조정, 그리고 외국자본의 참여 증대 등은 시간을 두고 금융기관의 지배구조, 자산구조, 핵심 사업 등을 강화해 나 갈 것이다. 이미 은행들과 채권시장은 자금공여 기업에 대해 보다 선별 적이기 시작하여서 신인도가 낮은 기업들에게는 신규 자금을 공여하지 않고 있다. 이러한 차별적인 행태는 적절한 것이며 기업구조조정을 촉 진할 것이다. 그러나 그 결과 초래된 정부 개입의 증대는 도덕적 해이를 항구화할 위험성이 있다. 이는 2000년 말 취해진 산업은행을 동원한 회 사채 신속 인수로 인해 채권시장의 규율을 회피하는 데에서 드러났다.

금융시스템 건전성을 확립하기 위해 남은 과제도 적지 않다. 위기 후 부실은행들의 자본 확충은 이들 은행들이 자력으로 시장에서 증자를 할 수 없었기 때문에 정부의 막대한 공적자금 지원에 의존하였다. 한국 의 금융시스템은 전반적으로 규제적 의미에서보다는 경제적 의미에서 아직도 과소자본 상태이다. 기업구조조정이 진전됨에 따라 은행들은 추가적인 부실을 안게 될 것이며, 그 결과 일부 은행들은 다시 부실화 될 위험성이 있다. 사실 금융 부문의 잔존 문제는 대부분 기업 부문(특

---

6 일례로 LG화학의 경우 온라인 구매를 통해 2000년 한 해 동안 850억 원의 구매비용을 절감하고 구매 단가를 최고 15% 하락시켰다.

히 재벌)의 지속적인 취약성의 산물이다. 정부의 2차에 걸친 공적자금 투입도 재벌 체제가 근본적으로 개편되지 않는 한 금융시스템의 지속 가능한 안정성 확보에는 불충분할 것으로 보인다. 이미 추진된 개혁 조치들은 금융시스템의 건전성을 상당히 개선시켰지만, 경제 여건의 변화에는 아직도 취약한 상태이다.

보다 구체적으로는, 우선 제2차 은행구조조정으로 우리금융지주회사에 편입된 6개의 취약한 은행들의 정상화가 가장 시급한 과제이다. 둘째, 정부는 금융감독 기구의 신뢰에 대해 세심한 주의를 기울여야 할 필요가 있다: 특히 감독 당국은 규제 위반에 대한 관용을 베풀어 달라는 각종 압력에 저항하고 자율성을 확립하는 것이 결정적으로 중요하다. 금융감독의 하드웨어적 개선은 거의 완료되었으므로, 소프트웨어적 개선이 요구된다. 특히 금융감독의 초점을 종래의 형식적 규정의 준수여부 심사로부터 금융시스템 위험 평가와 개별 금융기관의 위험 관리를 촉진하는 쪽으로 이동시키는 것이 중요하다.

셋째, 금융 부문 통합은 시장 주도의 인수합병을 통해 자연스럽게 진행될 것이다. 그러나 금융재벌의 창출은 적절한 기업지배구조와 규제 하부구조가 정착된 후에 천천히 추진되어야 할 것이다.

넷째, 재벌 금융계열사와 비금융계열사 사이에 엄격한 방화벽을 설치하는 것이다. 제2장에서 지적하였듯이, 1980년대 말 이후 재벌들이 과다차입에 의존한 과잉투자로 부실화된 중요한 원인의 하나는 1980년대 재벌들에게 제2금융권 소유를 허용한 정부의 조치였다. 재벌의 제2금융권 지배는 경제위기 이후 실제로 더욱 심화되어왔다. 그럼에도 불구하고 경제위기 이후 정부는 재무구조가 부실한 재벌의 금융업 진출을 방관하고, 때로는 권유하는 경우까지 있었다. 예컨대, 벤처기업과 상호신용금고의 결합이라는 새로운 형태의 산업자본과 금융자본의 결합으로 여러 차례에 걸쳐 대형 금융 사고가 초래되었다. 이러한 문제를 해소하기 위해서는 건전성감독 강화 차원에서 비은행 금융기관의 지배 대주주에 대한 감독 규정을 도입하고, 과다 여신공여 및 불법 여신공여 확인 등 필요시 지배 대주주에 대한 검사를 할 수 있는 근거 규정을 마련하는 것이다.

그 동안 생존불능 금융기관의 폐쇄, 자구노력, 자산관리공사의 부실 채권 매입 등을 통해 무수익여신은 크게 감소되었다. 앞으로 은행들은 자산의 질 회계에 있어서 보다 공격적인 태도를 취해서 드러난 부실을 정리하고 미래의 영업이익으로 신규 부실을 소화해 낼 수 있다는 점에 대해 시장의 신뢰를 얻는 것이 은행 스스로 해결해야 할 과제이다. 향후 은행의 수익성 개선을 위해서는 인력이나 점포 감축보다는 위험분석 강화, 신용위험에 대한 적확한 가격 책정 등 포트폴리오 효율 개선에 주력해야 할 것이다. 금융 부문의 건전성은 궁극적으로 금융기관 경영진이 얼마나 잘 신용위험을 평가하여 생존불능 기업을 솎아낼 수 있느냐의 문제이다.

금융기관 민영화하라

앞에서 여러 차례 강조하였듯이, 진정한 시장경제를 확립하기 위해 가장 중요한 과제 중의 하나는 은행을 정부와 산업자본의 지배에서 벗어난 채권자로서 기업 경영을 감시할 수 있는 자율적 금융기관으로 확립하는 것이다. 진정한 시장주도 기업구조조정도 오직 그것이 건전한 민영 은행에 의해 주도될 때만 가능하다. 따라서 정부 소유 은행의 민영화를 조속히 추진하여 정부가 은행 경영에 간여할 수 있는 소지를 제거하여야 한다. 제일은행의 해외 매각은 획기적인 것이었으며, 다른 국유화된 은행들의 민영화와 여타 은행들의 정부소유지분 처분에 향후 정책적 우선순위를 둘 필요가 있을 것이다.

물론 은행 민영화는 급격히 완료할 수 없는 사안이지만, 시장이 허용하는 한 조속히 시작하는 것이 중요하다. 왜냐하면 정부가 이들 은행들을 계속 소유할 때 드는 비용이 좀더 기다려서 주가가 상승함으로써 얻게 될 편익을 웃돌기 때문이다. 따라서 2002년 1월 발표된 정부소유 은행의 민영화 계획을 차질 없이 추진하여야 할 것이다. 특히 은행의 책임 경영 풍토를 조성하기 위해서는 경영권 획득 혹은 이사 파견을 통해 적극적으로 은행 경영에 참여하고자 하는 국내외 전략적 투자자에 대한 매각에 주력하여야 할 것이다(〈표 5-1〉). 정부지분 완전매각 이전이라도 경영 자율성을 철저히 보장하여 실질적인 민영화를 확립함으로써 정부소유 은행의 기업가치를 극대화해야 한다.

외국 은행 공격적으로 유치하라

세계의 많은 나라들이 외국 은행의 진입을 국내 은행 산업에 대한 위협으로 간주하여 제한하고 있다. 그러나 사실은 외국 은행의 진입은 그 나라의 금융시스템을 강화할 수 있는 좋은 방안이다. 몇몇 대국경제를 제외한 거의 모든 나라에서 국내 은행들은 대출이 자국에 집중되어 있기 때문에 포트폴리오를 충분히 다양화할 수 없다. 반면, 다국적 은행들은 보다 다양한 포트폴리오를 가지고 있으며, 대부분 본점을 통해 세계 모든 자금원에 접근할 수 있다. 이 다양성은 외국 은행들이 그 나라 경제의 부정적 충격으로부터 더 적게 영향을 받고, 따라서 보다 덜 위험에 노출되어 있다는 것을 의미한다. 대부분의 신흥 시장 국가들은 선진국들에 비해 보다 변동성이 크므로, 자국의 은행 산업에 보다 큰 외국 은행 부문을 가짐으로써 국내경제의 충격으로부터 자국의 은행시스템을 보호할 수 있기 때문에 더욱 큰 가치가 있다. 따라서 외국 은행의

구분	2002년 상반기	2002년 하반기	2003년 이후
우리금융 지주회사 〈예보:100%〉	•공모 후 국내 상장 (10% 내외, 3~5천 억 원)	•국내의 전략적 투자 자에 매각(10%~ 20% 내외) 〈대안〉 •국내 기관투자에 Block Sale(5~ 10% 내외)	•해외 DR 발행 및 뉴 욕 증시 상장(15% 내외) •선택형 교환사채 전 환(5% 내외) •잔여지분은 2~3년에 걸쳐 단계적 매각
조흥은행 〈예보:80.1%〉	•해외DR 발행(15% 내외, 5억 달러 내외)	•국내에 전략적 투자 자에 매각(10~ 20% 내외) 〈대안〉 •국내기관투자가에 Block Sale(5~ 10% 내외)	•선택형 교환사채 전 환(5% 내외) •잔여지분은 2~3년 에 걸쳐 단계에 매각
서울은행 〈예보:100%〉	•인수희망자에 매각 (50% 내외) •우량은행과의 합병 추진병행	•매각 또는 합병 등 절 차 마무리	•잔여지분은 2~3년 에 걸쳐 단계적 매각
제주은행 〈예보:95.7%〉	•신한금융지주회사에 지분 51% 매각	–	•잔여지분은 2~3년 에 걸쳐 단계적 매각
제일은행 〈정부:3.1%, 예보:45.9%〉	–	–	•정부 및 예보지분은 2~3년에 걸쳐 단계 적 매각

주 : 1) 〈 〉 내는 정부 및 예금보험공사의 지분율.
자료 : 재정경제부, 2002년 정부보유 은행주식 매각 추진방향, 2002.1

국내 진출 장려는 금융시스템을 강화할 수 있고 금융위기가 재발하는 것을 막는 좋은 방안의 하나이다.

외국 은행의 국내 진입을 장려해야 하는 다른 하나의 논거는 국내 은행들이 선진적 관행을 채택하도록 장려할 수 있기 때문이다. 외국 은행들은 위험관리 분야 등에서 세계적인 수준의 전문성을 가지고 들어오기 때문이다. 금융감독원의 은행 검사역들이 외국 은행에서 보다 나은 위험관리를 보게 될 경우, 그들은 이를 채택하지 않는 은행들의 등급을 낮춤으로써 은행시스템 전체에 선진적 위험관리를 보급시킬 수 있을 것이다. 이처럼 선진 은행의 국내 진입은 선진경영 기법과 보다 효율적인 은행 체제를 갖추도록 하는 촉매로서 기능할 것이다.

바로 이런 이유에서 정부는 금융구조조정 과정에서 외국 은행의 국내 진입을 가로막았던 경직적 규제들을 대거 철폐하고 은행 산업을 개방하였다. 또한 국내인들에게 적용하는 경직적인 은행의 소유 제한도 크게 완화시켜 주었으며, 제일은행을 뉴브리지캐피털에 매각함으로써 비로소 정부 통제로부터 자유로운 은행을 갖게 되었다. 그러나 서울은행의 해외 매각은 2002년 하반기 하나은행으로의 국내 매각으로 귀결되었다.

향후 금융시스템의 건전성 강화와 금융기관의 선진 경영기법 확산을 통한 경쟁력 강화를 위해 보다 공격적인 선진 다국적 은행의 유치가 요구된다.

자본 시장도 육성하라

기업의 투자자금 조달이 과도하게 은행 부채에 의존하는 것을 줄이기 위해서는 활기찬 자본 시장 육성 노력이 필요하다. 다른 나라의 경험을 보더라고 진정한 장기회사채 시장의 발달에는 장기간이 소요된다. 경제위기 이후 한국에 있어서 증권화 경향은 긍정적인 발전이다. 보험 산업의 개혁과 구조조정 역시 보다 장기적으로 거래되는 주식에 투자할 장기상품을 제공할 수 있게 함으로써 자본 시장 발전에 기여할 것이다. 정부가 검토하고 있는 연금개혁 역시 자본 시장의 성장에 도움이 되도록 설계되어야 할 것이다.

이미 채권 시장은 자금공여 기업에 대해 보다 선별적이기 시작하여서 신인도가 낮은 기업들에게는 신규자금을 공여하지 않고 있다. 이러한 차별적인 행태는 적절한 것이며 기업구조조정을 촉진할 것이다. 그러나 1999년 대우채 처리 이후, 특히 2000년 말 산업은행을 동원한 회사채 신속 인수 조치 등에서 보듯이, 회사채 시장에서 정부의 점증하는 역할 증대는 많은 우려를 낳고 있다. 산업은행 회사채 신속 인수의 후속 조치들을 조속히 단행하여야 한다. 첫째, 정부의 채권 시장에의 개입이 생존불능 기업의 퇴출을 포함한 기업구조조정을 지연시키지 않도록 주의하여야 할 것이다. 둘째, 정부의 보증이 지나치게 광범하게 이용된 결과, 위험을 평가하고 가격을 매기는 시장 기능을 정부소유 금융기관의 신용에 대한 의사결정에 의해 사실상 대체되는 사태가 발생하지 않도록 주의하여야 한다. 더욱이 정부는 정부보증에 수반될 잠재적 부채로 인해 납세자가 부담해야 할 비용을 명확히 하기 위해 상세한 관련 자료를 공표하여야 할 것이다. 셋째, 회사채 신속 인수 대상 기업이 정규 채권시장을 활용하도록 촉구하기 위해 벌칙성 가산금리를 부과하여야 한다. 넷째, 현대계열사에 대한 지원이 기업구조조정 과정에서 각고의 노력으로 겨우 붕괴시킨 대마불사의 신화가 다시 살아나 도덕적 해이를 불러오는 일이 없도록 각별한 주의가 요망된다. 마지막으로 은행들의 회사채 신속 인수에의 참여 여부는 자발직이어야 한다. 정부가 은행들에 참여하도록 압력을 행사하는 것은 지난 3년 동안의 개혁 노선과 상충된다.

최근 심화되고 있는 채권 시장 유동성압력에 대한 궁극적인 해결책은 기업 부문 부채 감축, 건실한 기업에 부의 외부 효과를 낳고 있는 생존불능 기업의 퇴출, 그리고 진정한 펀드운영 산업의 창출을 위한 투자신탁 산업의 개혁이다.

향후 증권 시장의 건전한 발전을 위해 중요한 정책 과제는 만연되어

있는 불공정거래 행위를 근절하는 것이다. 우선 조사 관련 감독직원을
대폭 보강하고 불공정거래를 통한 부당이득의 전액 환수는 물론 부당
이득의 2~3배에 달하는 손해배상액을 피해자들에게 지급하도록 하고
법정 최고형을 상향 조정하여야 한다. 또한 불공정거래 행위에 연루된
금융사에 대한 무거운 벌금 부과와 아울러 그 직원은 모든 금융 업종에
서 영원히 취업을 금지하여야 한다. 그러나 무엇보다도 중요한 것은 엄
정한 법의 집행이다. 경제위기 이후 회계공시 제도의 강화에도 불구하
고 1999년 이후 약 130건의 불성실 공시에 대하여 금융감독원이 과징
금을 부과한 사례가 거의 없는 실정이다.

마지막으로 투자 은행(investment bank)이 발달할 수 있는 여건을 조
성하는 것도 필요하다. 그 동안 우리나라에서 투자 은행이 발달하지 못
했던 것은 재벌계열 증권사가 계열 기업이 발행하는 증권의 인수 업무
를 독점해온 데도 기인하였지만, 다른 한편 유상증자나 기업공개 시 발
행가격을 지나치게 낮게 책정하도록 하는 규제 때문이었다. 따라서 이
러한 규제를 완화함으로써 발행 기업이 투자 은행의 전문 서비스를 이
용할 유인을 제공하여야 할 것이다.

> 역사에는 혁명은 없다. 단지 진화가 있을 따름이다.
>
> —더글러스 노스(Douglas North)

이 책은 필자가 DJ 정부 전반기 경제개혁 설계에 참여한 경험에 기초하여, 지난 5년 동안 추진된 경제개혁의 성과와 한계를 냉정히 평가해 보고, 진정한 시장경제 확립을 위해 향후 추진되어야 할 개혁 과제를 모색하기 위해 집필되었다. 진정한 시장경제의 확립은 한국경제의 위기 재발을 방지하기 위해서 뿐만 아니라, 선진 다국적기업의 동북아 지역 본부를 유치하여 동북아 중심 국가로 도약하기 위해서도 중요한 필요 조건이다.

이 책은 그동안 축직된 한국 경제위기의 원인에 대힌 신고전학피적 분석을 종합한 후, 전후 독일의 '사회적 시장경제(Social Market Economy)'의 이론적 기초를 제공한 오이켄의 '중앙관리경제질서이론'에 입각하여, 보다 근본적인 경제위기의 원인을 관치경제의 시스템 실패에서 찾는다. 따라서 이 책은 경제위기의 재발을 방지하기 위해서는 관치경제를 청산하고 진정한 시장경제를 확립해야 한다고 주장한다.

1. 경제위기의 원인

1997년 한국의 경제위기는 직접적으로는 국제금융시장의 구조적 불안정성과 정부의 미숙한 정책 대응으로 인한 외환유동성 부족으로 인해 촉발되었다. 그러나 경제위기의 보다 근본적인 원인은 재벌들이 장기간에 걸쳐 과다차입에 의존한 과잉투자를 지속한 결과, 1980년대 말 이후 기업수익률이 추세적으로 저하되어오다가, 마침내 광범위하게 부실화한 것 때문이었다. 그 결과 재벌들에 대한 거액여신이 부실화하면서 금융 부문도 동반 부실화하여 대외 신인도가 저하되었고, 이로 인한 외국투자자들의 대규모 자금인출 사태로 총체적 경제위기가 일어났던 것이다.

이러한 재벌들의 주기적으로 반복되는 과다차입에 의존한 과잉투자는 정부주도형 압축성장을 추진하기 위해 도입하였던 일본판 나치경제를 모델로 한 중앙관리경제질서(소위 관치경제)에서 비롯된 것이었다. 정부는 고도성장을 위해서는 정부가 경제를 이끌어갈 필요가 있다는 신념으로 일부 기업들에게 특정 산업에 투자하도록 유도하였다. 또한 정부는 그에 필요한 자금을 직접 동원하여 배분했을 뿐만 아니라 투자 위험까지 짊어졌다. 이렇게 '통제와 보호'를 기본 원칙으로 하는 관치경제는 경제 규모가 작고 단순하여 주요 민간기업의 경제활동에 대한 정부의 선별적인 지원과 감독이 유효하게 기능하였던 시절에는 상당한 성과를 거두었다.

그러나 지속적인 고도성장의 결과 경제의 규모가 커지고 구조가 복잡해지면서, 관치경제는 우리 경제 전반에 걸쳐 만성적 인플레, 주기적 부동산 가격 인플레, 재벌에의 경제력 집중, 정경유착과 부정부패 등 구조적인 문제점을 누적시켜왔다. 이에 정부는 1980년대부터 은행 민영화, 산업 정책의 완화 등 부분적 탈통제 정책을 추진하였지만, 탈보호를 통한 시장규율 확립에는 소홀하였다. 특히 대마불사 신화가 잔존하고 있는 상황에서 자율적 금융기관과 선진적 기업지배구조 등 재벌 총수의 전횡을 견제할 기업감시 체제가 정비되지 않았기 때문에 기업감시 체제의 공백이 나타났고, 그 결과 재벌들의 과다차입에 의존한 과잉투자가 장기간 지속되어 광범하고 거대한 기업 및 금융부실이 누적되어왔던 것이다.

2. DJ 정부의 경제개혁

김대중 정부는 당면한 외환위기를 조기에 극복함과 동시에, 경제위기에 대한 이상과 같은 인식에 기초하여 경제 정책 패러다임의 전면적 전환을 시도하였다. 즉 설계주의적 합리주의에 기초한 관치경제를 청산하고, 진화론적 합리주의에 기초한 진정한 시장경제를 확립하는 것을 경제개혁의 기본이념으로 설정하였다. 관치경제의 기본 원칙이었던 '통제와 보호'를 청산하고 시장경제의 기본 원칙인 '자유경쟁과 자기책임 원칙'을 확립하기 위해서는, 크게 다음과 같은 누 가지 방향의 개혁이 필요하였다.

〈개혁과제 1 : **탈통제**〉 자유경쟁을 보장하기 위한 탈통제(decontrol)가 요구되었다. 이를 위해서는 경쟁의 자유(freedom to compete)를 보장하기 위한 전면적인 시장 개방, 통제 위주로부터 시장을 보완하고 지원하는 기능 중심으로의 정부 기능의 개편, 사법의 지배를 관철시키기 위한 경제법의 청산 등이 요구되었다.

〈개혁과제 2 : **탈보호**〉 이익을 얻으려는 자는 손실도 부담해야 한다는 자기책임의 원칙의 관철이 요구되었다. 투자수익은 재벌들이 수취하면서, 리스크는 일반 국민들에게 전가하는 경제질서에서는 투자 결정에 필요한 시장조사나 비용 계산 등에 충분한 배려가 이뤄지지 않아 비효율적인 투자가 나타나기 쉽다. 이러한 문제는 책임을 완전한 것으로 만드는 것(de-protection)에 의해서만 극복될 수 있다. 즉 대마불사의 신화를 종식시키고 '감시자 있는 경영 체제'를 확립해야 한다.

관치경제로부터 시장경제로의 체제 전환을 위한 이러한 2대 개혁과제 중, 김대중 정부의 경제개혁은 위의 〈개혁과제 1〉보다는 〈개혁과제 2〉에 초점을 맞추어왔다. 따라서 위의 〈개혁과제 1〉, 특히 정부 기능의 개편과 경제법의 청산을 통해 경제과정을 사법이 지배하도록 하는 과제는 차기 정부의 몫이 되었다.

김대중 정부는 IMF 및 IBRD의 권고에 따라 금융 및 기업 부문의 구조조정을 경제개혁의 핵심 과제로 선정하고, 이를 강력히 추진해왔다. 그 핵심은 부실기업 및 금융기관의 정리를 통한 대마불사, 은행불사 신화의 종식과 시장의 불확실성 제거, 그리고 '감시자 있는 경영 체제'를 확립하기 위한 제도 및 관행의 개선이었다.

신속하게 공적자금을 투입하여 부실 금융기관을 정리하고, 은행의 자본 확충과 부실채권 매입 등을 통해 금융시스템의 건전성을 확보하였다. 또한 재벌들의 과다차입에 의존한 무모한 투자로 누적되어왔던 기업부실을 정리하고 선진적 기업지배구조를 확립하기 위한 제도적 기반을 구축하였다. 그 결과 기업과 금융기관의 행태가 질적으로 변화하였다. 재벌과 금융기관들의 행태를 근본적으로 바꾸는 데 가장 큰 영향을 미쳤던 것은 다음 두 가지였다.

첫째, 대우(大宇) 등 부실재벌의 과감한 정리를 단행하여 대마불사와 도덕적 해이에 대한 근본적 해결을 모색하였다.

둘째, 대규모적인 외국인투자 유치, 회계 투명성 제고, 주주 권리의 강화 등을 통해 시장의 힘에 의한 경영 규율을 확립한 것이다.

경제위기로 은행들은 거래 기업 부실에 따른 자산부실화로 커다란 손실을 경험한 뒤, 위험한 기업여신보다는 가계에 대한 부동산 담보 여신을 대폭 확대하였다. 이에 재벌 기업들은 직접금융시장에서 보다 많이 자금을 조달할 수밖에 없게 되자 직접금융시장의 규모는 경제위기 전에 비해 약 3배로 커져, 시장중심형 금융시스템이 구축되었다. 경제위기 이후 재벌 등 대기업이 자금조달을 직접금융시장에 보다 크게 의존함에 따라 신용정보, 신용평가, 공시 제도 등 정보 하부구조가 크게 개선되었다.

경제지표 상으로도 이미 성과가 부분적으로 나타나고 있다. 기업 경영 목표가 종래의 차입에 의한 외형 성장으로부터 부채 감축과 수익성 개선으로 전환됨에 따라, 제조업 부문 평균 이자보상배율이 1997년 122.0%에서 2001년 상반기에는 170.5%로 상승한 것과, 은행 역시 위험관리 강화와 수익성 증대 노력으로 2001년 은행의 당기순이익이 5.2조 원에 이른 것이 대표적인 증거다.

이러한 구조조정에 힘입어 경제위기로 극심한 침체를 겪었던 우리 경제가 다시 건실한 성장세를 회복하였다. 국가신용 등급도 외환위기 직후 투자 부적격 단계까지 추락하였으나, 1999년초 투자 적격 단계로 회복한 데 이어 2002년 3월에는 무디스 기준 A등급대(A3)로 상승하였다.

3. 노무현 정부 경제개혁의 기본 방향

진정한 시장경제의 확립을 위해 향후 추진되어야 할 경제개혁의 기본 방향은 사유재산 제도에 기초한 자유경쟁과 자기책임 원칙을 확립하는 것이다. 이를 위해서는, (1) 탈통제를 위해 정부 기능을 전면적으로 재편하는 것이 가장 시급한 과제이고, (2) '감시자 있는 경영 체제'의 정착을 위해 기업 및 금융 구조조정을 지속적으로 추진하여야한다.

1) 정부개혁

김대중 정부가 추진한 경제개혁이, 미흡한 기업 및 금융 구조조정, 정착 못한 금융감독 제도 등의 측면에서 '미완의 개혁'에 그친 근본 원인의 하나는 관치경제의 법적, 관행적 그리고 인적 잔재 때문이었다. 따라서 경제위기의 재발을 방지하고, 선진 다국적기업 유치를 통해 동북아 중심으로 발돋움하기 위한 최우선 과제는 정부 기능의 전면적 재편이라고 할 수 있다. 한국에서 올바른 정부개혁의 핵심은 선진국들에서처럼 복지국가의 해체나 작은 정부의 구현이 아니고 바로 관치국가의 청산이다.

이러한 정부 기능의 전면적 재편을 위해서는, 입법과 행정의 명확한 분리, 정부조직의 재편, 규제 완화, 재량형 규제로부터 룰 형 규제로의 개편 그리고 경제법의 전면적 청산 등 광범한 작업이 요구된다.

'작은 정부'가 아닌 정부 기능의 재편이 필요 | 종래 관치경제 하에서 민간 부문을 통제하는 기능을 청산하고, 시장에서 자유경쟁과 자기책임 원칙에 입각한 공정한 게임이 이루어질 수 있도록 엄정한 법 시행과 시장 실패를 보정하는 기능을 강화하는 방향으로 정부 기능의 전면적 재편이 선행 조건이다.

경제 각 부처에서, 민간 부문을 통제하는 기능이 있는 국이나 과를 찾아내 없애고, 거기에 종사하고 있던 공무원들을 보건복지부 등 시장 지원을 담당하고 있는 부처 혹은 지방자치단체로 재배치시키는 것이 필요하다. 그리고 산업 정책과 독·과점 규제 정책을 미국에서처럼 분리·독립시키기 위해 통신위원회를 정보통신부로부터, 전기위원회를 산업자원부로부터 분리·독립시키는 것이 필요하다. 마찬가지로 금융감독위원회를 행정부로부터 독립시켜 오직 금융시스템의 건전성 감독만을 담당하도록 해야 한다.

규제완화와 경제법의 청산 | 김대중 정부가 규제완화 정책을 강력히 추진하였음에도 불구하고 실효성이 크지 않았다는 것이 일반적인 평가이다. 그 가장 중요한 이유는 관치경제의 법적 기반인 '경제법(Wirtschaftrecht)'이 그대로 존속해 있기 때문이다. 따라서 전체주의적 통제경제에 고유한 법으로서 경제법을 청산하여, 사법(민법·상법·형법 등)이 경제 과정을 규율하도록 법 체계를 전면 개편하여야 할 것이다.

재량형 규제로부터 룰형 규제로의 개편 | 한국은 각종 규제에 있어서 규제 관청의 권한이 매우 강하고, 또한 그 권한을 일반적인 룰(rule)에 따르기보다는 개별 사안에 따라 재량적으로 행사하고 있다. 규제 권한을 행사하는 데 있어서 규제 기준과 그 이유가 명백하지 않아 투명성을 결여하고 있다. 이러한 규제행정을 규칙화된 제도적 틀을 비재량적으로 투명하게 적용하는 룰형 규제로 전면 개편해야 한다. 또한 행정 체제를 정보와 의사결징 양면에 걸쳐 공개를 원칙으로 한 투명한 제도로 개편해야 한다.

2) 감시자 있는 경영 체제의 정착

그 동안 추진된 기업 및 금융 구조조정에도 불구하고, 우리나라의 금융기관과 기업들은 재무구조, 수익성 그리고 기업지배구조 면에서 선진국에 비해 여전히 취약한 상황이다. 따라서 앞으로도 기업 및 금융 구조조정은, 다음 세 가지 점에 초점을 맞춰 일관성 있게 지속적으로 추진되어야 할 것이다.

사유재산권의 확립 | 시장경제의 본질적 기초인 사유재산 제도를 주식회사의 경우에도 명확히 확립하는 것이다. 세계적으로 특이한 한국 재벌 체제의 본질은 30대 재벌총수들이 계열사 주식의 평균 3% 정도의 지분만을 소유하고 있음에도 불구하고, 계열사 간 순환출자를 통해 가공자본을 형성하여 평균 45%의 내부지분율을 확보하여 기업을 지배하고, 사적이익을 추구하기 위해 기업 경영을 전횡함으로써 일반주주의 사유재산권을 심각하게 침해하는 사례가 빈발하고 있다는 것이다.

이러한 문제를 해소하는 최선책은 선진국들에서처럼 이해당사자 중심의 사적규율이 제대로 작동하도록 기업지배구조를 확립하는 것이다. 출자에 대한 투명성을 전제로 이해당사자 중심의 사적규율이 제대로 작동한다면 상호출자 금지, 채무보증 금지, 출자총액 제한 등 선진국에는 없는 대증요법적인 행정 규제는 불필요할 것이다. 경제력 집중 억제정책도 공법적 규제를 청산하되 사법적 규율을 강화하는 방향으로 개편하고, 공정거래위원회의 기능도 경쟁정책 시행이라는 본연의 임무에 충실하도록 개편하여야 할 것이다.

그러나 현실적으로 이해당사자 중심의 사적규율이 제대로 작동하지 않은 여건에서는 가공자본 형성을 억제하기 위한 행정 규제를 유효하게 유지하다가, 기업지배구조가 선진국 수준으로 정착된 후 행정 규제를 철폐하는 것이 현실적인 차선책일 것이다. 그러므로 허구화한 출자총액제한 제도를 전면 재정비하거나, 상호출자금지 대상을 확대하여 계열사간 순환출자를 차단하는 방안을 검토하여야 할 것이다.

사적구제 제도의 정비 | 이미 회계투명성 강화, 사외이사 제도와 결합재무제표의 도입 등 상당히 진전되었으나, 소액주주권의 강화를 위해서는 집중투표제와 집단소송제에 대한 활발한 논의와 검토가 있어야 할

것이다. 나아가 주요 주주로 성장하고 있는 기관투자가와 회계감사인에 대해 보다 적극적인 기업감시 의무를 부과해야 할 것이다.

금융기관의 자율성 확립 | 위기극복 과정에서 국유화한 금융기관의 해외 매각이나 민영화 그리고 산업자본과 금융자본의 분리를 통한 금융 부문의 자율성 확립이 필요하다. 관치금융에서의 '통제와 보호'를 시장 참가자의 자기책임 원칙과 건전성 감독으로 대체하고 금융기관의 자율 경영을 확보하는 것이 향후 금융개혁의 기본 과제이다.

■ 참고문헌

김대수 · 박형수(2000), 우리나라의 자본이윤율 분석, 한국은행 조사월보 2000년
        6월호.
김동원(1998), 경제위기의 원인과 금융구조 분석, 경제학 연구 제46집 제4호.
김은희 · 함한희 · 윤택림, 문화에 발목잡힌 한국경제, 현민시스템, 1999.
김준경(1991), 은행부실채권 정리방안에 대한 고찰, *KDI 개발연구*, 제13권 제1
        호.
────(1999), 재벌의 제2금융권 금융기관 소유에 따른 문제점, *KDI 경제전망*,
        제16권 1호.
────(2000), 기업부실의 실상과 금융정상화방안, KDI 내부자료.
김준경 · 조동철(2002), 경제위기극복, 한국개발연구원, *KDI 30년 사*, 간행예정
김태기 · 전병유(2002), 구조조정과 노사관계, 한국경제학회 전체회의 발표논문,
        2002. 8. 12.
박영철 · 김동원 · 박경서, *금융 · 기업구조조정: 미완의 개혁*, 삼성경제연구소,
        2000.
박종규 · 조윤제(2002), 한국경제의 구조적 문제점: 위기 이전과 이후, *금융연구*
        16권 별책, 한국금융연구원, 2002. 8
사공일 · L.P. 존스, *경제개발과 정부 및 기업가의 역할*, 한국개발연구원, 1981.
손상호 · 정지만(2001), 국내 금융산업의 과거 · 현재 · 미래, *한국금융산업의 과
        거 · 현재 · 미래*, 한국금융연구원 개원 10주년 국제심포지엄 발표
        논문집.

신동영(1999), 도산기업의 재무적 특성과 도산예측모형, 한일경상논총, 한일경
상학회

신인석(1998), 한국의 외환위기: 발생메커니즘에 관한 일고, *KDI 정책연구*, 1998
III-IV.

―――(2001), 투신사의 의결권 행사실태와 정책대응, 한국개발연구원, 2001.

―――(2000), 금융구조조정: 평가 및 향후 과제, 경제구조조정: 평가 및 향후 과
제, 한국개발연구원 심포지엄 자료 1, 2000. 12. 8.

이동걸 · 김세진(2001), 기업신용위험의 현황과 과제, *금융연구*, 한국금융연구
원, 2001. 8

이종규(2001), 1997년 한국경제위기의 원인-구조적 접근, 2001년도 한국경제발
전학회 국제학술심포지엄 발표논문

이진순(1997), 자유주의와 헌법상의 경제질서; 이진순 · 배순훈, *시장경제질서와
헌법*, 자유기업센타

―――(2002), *학교 시스템 효율성 개선을 위한 교육 행 · 재정 체제의 개혁-탈
통제와 진정한 지방자치의 확립*, 한국조세연구원.

임원혁(2000), 기업구조조정 : 평가 및 향후 과제, 한국개발연구원 심포지엄 〈경
제구조조정 : 평가 및 향후 과제〉, 2000. 12. 8

장광수 · 김봉걸(2000), 최근 설비투자의 행태변화 분석, 한국은행 조사통계월보

정갑영(2002), 기업 구조조정의 평가와 과제, 한국경제학회 세미나 발표논문.

정운찬, *금융개혁론*, 법문사, 1991.

조성욱(1999), 한국기업의 수익성에 관한 연구-대주주와 소수주주 간의 이해갈
등을 중심으로, KDI 정책연구 1999-II.

조성욱(2001), 경제위기 이후 재벌정책의 성과에 대한 실증분석, 정책연구시리즈
2001-15, 한국개발연구원.

최도성(1997), 기업부실화와 차입경영, 한국재무학회 추계학술발표회 발표논문.

프리드리히 A. 하이에크(1943), 김영청 역, 노예의 길, 자유기업센터, 1999.

프리드리히 A. 하이에크(1949), 박상수 역, *개인주의와 경제질서*, 1998.

한진희(1999), 재벌기업의 과잉투자 및 그 원인에 관한 실증분석, *KDI 정책연구*
제 21권 1호.

아오키 마시히코(靑木昌彦), *경제시스템의 진화와 다원성*-비교제도분석 서설,

동양경제신문사, 1995.(일본어)

오오니시 유타가(大西 裕, 2002), 한국에 있어서 금융위기 후의 금융과 정치, 무라마츠 미치오 · 오쿠노 마사히로(村松岐夫 · 奧野正寬) 편, 평성(平成)버블의 연구, 하권, 동양경제신문사, 2002.

노구치 유끼오(野口悠紀雄), *1940년 체제*, 동양경제신문사, 1995(일본어)

Ajai Chopra(2001), South Korea after the IMF-supported program, The Korea Economic Institute of America.

Cole, David and Young Chul Park(1983), *Financial Development in Korea, 1945-1978*, Harvard Uninversity Press, 1983.

Corsetti, Giancarlo, Paolo Pesenti and Nouriel Roubine, What caused the Asian Currency and Financial Crisis, mimeo, The Asian Crisis Home Page, 1988

Dani Rodrick(1996), Understanding Economic Policy Reform, *Journal of Economic Literature*, Vol.34, 1996.

Dooley, Michael and Inseok Shin(2000), Private Inflows when crisis are anticipated: a case study of Korea, Shin ed. *The Korean Crisis: before and after*, KDI, 2000.

Dumenil, Gerard and Dominique Levy(1993), *The Economics of the Profit Rate -competition, crisis and historical tendencies in capitalism*, Edward Elgar, 1993.

Eucken, Walter(1940), *국민경제학의 기초*, 大泉行法 역(일본어), 1958.

────── (1952) / 안병직, 황신준 옮김, *경제정책의 원리*, 민음사, 1996.

Feldstein, Martin and Lawrence Summers(1977), Is the Rate of Profit Falling?, *Brookings Papers on Economic Activity*, 1. 1977.

Flood, R. P. and Garber, P. M.(1980), Market fundamentals versus price level bubbles: the first test , *Journal of Political Economy*, 88, pp. 745~770.

Joh, Sung Wook, Corporate Governance and Firm Profitability : Evidence from Korea before the Economic Crisis, Journal of Financial Economics.

Hayek, F. A(1982), *Law, Legislation and Liberty*, Routledge and Kegan Paul Ltd.

Haggard, Stephan and Kaufman, Robert R(1995), *The Political Economy of Democratic Transitions*, Princeton University Press. 1995.

Hahm, Joon-Ho and Frederic S. Mishkin(2000), Causes of the Korean financial crisis: Lessons for policy, Shin ed. *The Korean Crisis: before and after*, KDI, 2000.

Johnson, Chalmers(1985), Political Institutions and Economic Performance: The Government-Business Relationship in Japan, South Korea and Taiwan, in R.A. Scalapino, S. Sato, J. Wananadi eds., *Asian Economic Development*, University of California Press.

Kim, Dae-Il and Ju-Ho Lee(2000), Changes in the Korean Labor Market and Future Prospects, Kenneth L. Judd and Young Ki Lee ed. *An Agenda for Economic Reform in Korea-International Perspectives*, Hoover Institution Press, 2000.

Krueger, Anne and Jungho Yoo(2001), Falling profitability, higher Borrowing costs, and Chaebol Finances during the Korean crisis, Presented at the conference on the Korean Crisis and Recovery, Seoul, Korea, 2001.

Krugman, Paul(1979), A Model of Balance of Payment Crisis, *Journal of Money, Credit and Bankng* ,Vol. 11, 1979.

Lee, Jin S. (1997), An Ordo-liberal Perspective on Land Problems in Korea, *URBAN STUDIES*, Vol.34, No.7.

Leff, Nathaniel(1978), Industrial Organization and Entrepreneurship in the Developing Countries, *Economic Development and Cultural Change*, July, 1978.

Lim, Won-hyuk(2001), Market-led corporate restructuring in a state-led economy: a problem of transition, The Korea Economic Institute of America.

─────── (2001), The rise and fall of the Korean model of economic development, Nira-KDI.

Lynde, C.(1992), Private Profit and Public Capital, *Journal of Macroeconomics*, vol.14, No.1.

Nordhaus, William D,(1974), The Falling Share of Profits, *Brookings Papers on Economic Activity, 1:1974*

North, Douglass C(1980), *Sturucture and Change in Economic History*, W.W. Norton &Company, New York, London, 1980.

───────── (1990), *Institutions, Institutional Change and Economic Performance*, Cambridge University Press, 1990.

OECD(1996), *Employment and Growth in the Knowledge-Based Economy*, 1996.

Park, Seung-Rok(2002), Economic Performance of Korean Chaebul, Non-Cheabul and Public Firms during the Restructuring Period of the Late 1990s, mimeo.

Park,Yoon-shik(2001), Corporate Governance reform in Korea: a work-in-process, The Korea Economic Institute of America.

Radelet, Steven and Jefferey Sachs(1998), The East Asian Financial Crisis: Diagnosis, Remedies, Prospects, mimeo, Harvard Institute for International Development, 1998.

Scharfstein, David(1996), The Dark Side of Internal Capital Market Ⅱ: Evidence from Diversified Conglomerates, NBER Working Paper #5969, 1996.

Seichi Masuyama, Donna Vandenbrink, Chia Siow Yu ed., *East Asia's Financial Systems: evolution and crisis*, Nomura Research Institute, Tokyo, 1999.

Shin, Inseok ed. *The Korean Crisis: Before and After*, KDI, 2000

Shin, Inseok and Hongkyu Park(2001), Historical Perspective on Korea's Bond Market: 1980~2000, Working Paper 2001-02, Korea Development Institute.

Stiglitz, J. E.(1999), Public Policy for a Knowledge Economy, a manuscript.

World Bank(1998), *World Development Report: Knowledge for Development 1988/99*, Washington, D,C., 1998.

World Bank · OECD(2000), 국민경제자문회의 사무처 역, *한국의 지식기반경제*, 2001.

KI신서 491

한국경제 : 위기와 개혁

지은이 | 이진순

1판 1쇄 인쇄 | 2003년 3월 22일
1판 1쇄 발행 | 2003년 4월   1일

펴낸곳 | (주)북21
펴낸이 | 김영곤
책임편집 | 김성수
영업마케팅 | 김중현 · 안경찬 · 박성인 · 김진갑 · 박진모

등록번호 | 제10-1965호
등록일자 | 2000. 5. 6

주소 | 서울시 마포구 서교동 464-41 미진빌딩 2 · 4층(121-841)
전화 | 02-336-2100(대표)
팩스 | 02-336-2151(대표)
이메일 | book21@book21.co.kr
홈페이지 | www.book21.co.kr

값 15,000원
ISBN 89-509-0557-4 13320